QUATRO MIL SEMANAS

Oliver Burkeman

Quatro mil semanas
Gestão de tempo para mortais

TRADUÇÃO
Paulo Geiger

1ª reimpressão

Copyright © 2021 by Oliver Burkeman

Grafia atualizada segundo o Acordo Ortográfico da Língua Portuguesa de 1990, que entrou em vigor no Brasil em 2009.

Título original
Four Thousand Weeks: Time Management for Mortals

Capa
Filipa Damião Pinto | Foresti Design

Preparação
Isis Pinto

Índice remissivo
Probo Poletti

Revisão
Jane Pessoa
Clara Diament

Dados Internacionais de Catalogação na Publicação (CIP)
(Câmara Brasileira do Livro, SP, Brasil)

Burkeman, Oliver
   Quatro mil semanas : Gestão de tempo para mortais / Oliver Burkeman ; tradução Paulo Geiger. — 1ª ed. — Rio de Janeiro : Objetiva, 2022.

   Título original: Four Thousand Weeks : Time Management for Mortals
   ISBN 978-85-390-0728-8

   1. Administração do tempo 2. Felicidade I. Título.

22-105190   CDD-650.1

Índice para catálogo sistemático:
1. Administração do tempo   650.1

Cibele Maria Dias — Bibliotecária — CRB-8/9427

Todos os direitos desta edição reservados à
EDITORA SCHWARCZ S.A.
Praça Floriano, 19, sala 3001 — Cinelândia
20031-050 — Rio de Janeiro — RJ
Telefone: (21) 3993-7510
www.companhiadasletras.com.br
www.blogdacompanhia.com.br
facebook.com/editoraobjetiva
instagram.com/editora_objetiva
twitter.com/edobjetiva

Para Heather e Rowan

É realmente a última coisa, não é mesmo,
pela qual somos gratos: ter acontecido.
Sabe, você não precisava ter acontecido.
Não precisava ter acontecido. Mas você aconteceu.

Douglas Harding

O que faz isso ser insuportável é sua crença
equivocada de que isso pode ser curado.

Charlotte Joko Beck

Sumário

Introdução: A longo prazo, estaremos todos mortos 11

PARTE I: ESCOLHENDO ESCOLHER

1. A vida abraçando o limite 23
2. A armadilha da eficiência 37
3. Enfrentando a finitude 52
4. Tornando-se um melhor procrastinador 62
5. O problema da melancia 75
6. O interruptor íntimo 83

PARTE II: FORA DE CONTROLE

7. Nunca temos tempo realmente 91
8. Você está aqui 99
9. Redescobrindo o descanso 111
10. A espiral da impaciência 126
11. Ficando no ônibus 134
12. A solidão do nômade digital 142
13. Terapia da insignificância cósmica 155
14. A doença humana 163

Posfácio: Além da esperança 173
Apêndice: Dez ferramentas para abraçar sua finitude 177
Agradecimentos 185
Notas 187
Índice remissivo 199

Introdução
A longo prazo, estaremos todos mortos

A duração média da vida humana é absurdamente, terrivelmente, insultuosamente curta. Eis aqui um modo de pôr as coisas em perspectiva: os primeiros humanos modernos apareceram nas planícies da África pelo menos 200 mil anos atrás, e os cientistas estimam que a vida, em alguma forma, continuará existindo por mais 1,5 bilhão de anos ou mais, até que o calor cada vez mais intenso do Sol condene à morte o último dos organismos. Mas e você? Assumindo que viva até completar oitenta anos, teria tido cerca de 4 mil semanas.

Claro, você pode ter sorte: corrija para noventa anos, e terá tido quase 4700 semanas. Pode ser *realmente* sortudo, como Jeanne Calment,[1] a mulher francesa que se pensava ter 122 anos quando morreu, em 1997, o que fez dela a mulher mais velha de que se tem registro. Calment dizia que se lembrava de ter se encontrado com Vincent van Gogh — lembrava principalmente que ele cheirava a álcool — e ainda vivia quando do nascimento do primeiro mamífero clonado com sucesso, Dolly, a ovelha, em 1996. Biólogos preveem que tempos de vida tão impressionantes quanto o de Calment[2] poderiam logo se tornar lugar-comum. Mas até mesmo ela só teve cerca de 6400 semanas.

Expressar essa questão em termos tão chocantes torna fácil entender por que filósofos desde a Grécia antiga até os dias atuais consideraram a brevidade da vida o problema que define a existência humana: nos foram concedidas as capacidades mentais para fazer planos quase infinitamente ambiciosos, mas nenhum tempo para pô-los em ação. "Este espaço de tempo que nos foi dado passa tão veloz e rapidamente que todos, salvo muito poucos, encontram o fim da vida justamente quando estavam ficando prontos para viver", lamentou Sêneca, o filósofo romano, numa carta conhecida hoje sob o título *Sobre a brevidade da vida*.[3] Quando fiz pela primeira vez o cálculo das 4 mil semanas, senti-me nauseado; mas assim que me recuperei, comecei a questionar meus amigos, pedindo que adivinhassem — de improviso, sem recorrer mentalmente à aritmética — quantas semanas em média eles achavam que uma pessoa poderia esperar viver. Um deles citou um número com seis dígitos. Contudo, como me senti obrigado a lhe informar, um número de semanas razoavelmente modesto, com seis dígitos — 310 mil —, era a duração aproximada de *toda a civilização humana* desde os antigos sumérios da Mesopotâmia. Em quase toda escala de tempo significativa, como escreveu o filósofo contemporâneo Thomas Nagel, "estaremos todos mortos a qualquer minuto".[4]

Disso se segue que a gestão do tempo, numa definição ampla, deveria ser a principal preocupação de cada um de nós. Possivelmente, o ato de gerenciar o tempo é tudo que a vida é. Mas essa disciplina moderna — assim como sua prima mais descolada, a produtividade — é um caso de deprimente estreiteza mental, focada em como avançar de forma mecânica por meio do máximo possível de tarefas de trabalho, como conceber a rotina matinal perfeita, como preparar todos os jantares da semana de uma só vez nos domingos. Essas coisas importam em certa medida, sem dúvida, mas dificilmente são tudo que importa. O mundo está repleto de maravilhas, porém é o raro guru da produtividade que parece ter considerado a possibilidade de que o principal objetivo de todo o nosso frenético *fazer* poderia ser experimentar mais dessas maravilhas. O mundo também parece estar indo de mal a pior — nossa vida se tornou insana, uma pandemia paralisou a sociedade, e o planeta está ficando cada vez mais quente —, mas com sorte se encontre um sistema de gestão de tempo que abra espaço para você se envolver de forma produtiva com seus camaradas cidadãos, com os eventos recentes ou com o destino de nosso meio ambiente. No mínimo, no mínimo, você poderia ter imaginado que haveria diversos livros sobre produtividade que levam a sério os duros fatos sobre a brevidade da vida, em vez de fingir que podemos apenas ignorar o assunto. Mas você estaria errado.

Assim, este livro é uma tentativa de ajudar a restabelecer o equilíbrio — ver se não podemos descobrir, ou recuperar, alguns modos de pensar sobre o tempo que façam justiça à nossa situação real: à ultrajante brevidade e às cintilantes possibilidades de nossas 4 mil semanas.

A VIDA NUMA ESTEIRA ROLANTE

É claro que hoje em dia, em certo sentido, ninguém precisa dizer que não tem tempo suficiente. Estamos obcecados por nossas caixas de entrada superlotadas e pelas longas listas de tarefas por fazer, assombrados por sentimentos de culpa de que deveríamos estar fazendo mais coisas, ou coisas diferentes, ou ambos os tipos de coisas. (Como você pode ter certeza de que as pessoas se sentem tão atarefadas? É o mesmo que querer saber se alguém é vegano: não se preocupe, ele vai lhe dizer.) Pesquisas confiáveis demonstram que estamos nos sentindo mais pressionados em relação ao tempo do que jamais estivemos;[5] ainda em 2013, um estudo feito por uma equipe de acadêmicos holandeses apresentou a divertida possibilidade de que as pesquisas estejam subestimando a escala dessa epidemia de ocupação[6] — porque muitas pessoas sentem que estão ocupadas demais para participar de pesquisas. Recentemente, com o crescimento da *gig economy*,* negócios foram redenominados como "*hustle*" — o trabalho incansável visto não como um fardo a ser suportado, mas como uma estimulante escolha de estilo de vida, digna de ser vangloriada nas mídias sociais. Na realidade, no entanto, é o mesmo velho problema levado a um extremo: a pressão por encaixar quantidades sempre crescentes de atividade numa quantidade não crescente de tempo diário.

Contudo, na verdade isso é apenas o começo. Muitas outras reclamações, quando você se detém para pensar nelas, são em sua essência sobre nossa limitação de tempo. Tome como exemplo a batalha diária contra a distração online e a alarmante sensação de que o âmbito de nossa atenção encolheu a tal ponto que mesmo aqueles de nós que devoravam livros quando crianças agora lutam para completar um parágrafo sem experimentar um impulso de pegar o celular. Isso é preocupante porque representa um fracasso em fazer o melhor uso possível de um pequeno suprimento de tempo. (Você sentiria menos aversão a si mesmo por ter desperdiçado uma manhã numa rede social

---

* Termo referente ao setor da economia ocupado por autônomos de todos os tipos. (N. T.)

se o suprimento de manhãs fosse inesgotável.) Ou talvez seu problema não seja estar ocupado demais, e sim insuficientemente ocupado, sofrendo num emprego tedioso, ou desempregado. Essa é uma situação que se torna ainda mais aflitiva pela brevidade da vida, porque você está *gastando* seu limitado tempo de um modo que não gostaria nem deveria. Mesmo alguns dos piores aspectos de nossa época — como nossa política viciosamente hiperpartidária e terroristas radicalizados em vídeos do YouTube — podem ser explicados rotundamente pelos fatos subjacentes que concernem à brevidade da vida. É devido ao fato de que nosso tempo e nossa atenção são tão limitados,[7] e portanto valiosos, que as companhias de mídia social são incentivadas a agarrar o máximo deles que conseguirem, por quaisquer meios necessários — motivo pelo qual elas mostram aos usuários material que os levará a um furor, em vez de algo mais maçante e preciso.

Depois há todos os dilemas humanos atemporais, como com quem se casar, se é para ter filhos, que tipo de trabalho buscar. Se tivéssemos milhares de anos para viver, *todas essas coisas* seriam muito menos angustiantes também, uma vez que haveria tempo suficiente para passar décadas tentando cada tipo de existência possível. Enquanto isso, nenhum catálogo de nossas preocupações relacionadas com o tempo estaria completo sem mencionar o fenômeno alarmante, familiar a qualquer pessoa com mais de trinta anos, de que o tempo parece ganhar velocidade à medida que se envelhece — acelerando constantemente até que, a julgar por relatos de pessoas com 78 anos, os meses começam a passar como se fossem minutos. É difícil imaginar um arranjo mais cruel: não só nossas 4 mil semanas estão se esgotando sem parar, como parece que quanto menos delas nos restam, mais rapidamente as estamos perdendo.

E se nosso relacionamento com nosso limitado tempo tem sido sempre difícil, eventos recentes levaram essa situação ao extremo. Em 2020, em lockdown durante a pandemia do coronavírus, com nossas rotinas normais suspensas, muita gente relatou ter sentido que o tempo estava se desintegrando por completo, fazendo surgir a desorientadora impressão de que os dias estavam, de algum modo, passando correndo e ao mesmo tempo se arrastando interminavelmente. O tempo nos dividiu, ainda mais do que antes: para os que tinham emprego e filhos pequenos em casa, não havia tempo bastante; para os licenciados ou desempregados, havia tempo demais. As pessoas se viram trabalhando em horas estranhas, apartadas dos ciclos de luz diurna e escuridão, curvadas sobre notebooks em casa ou arriscando a vida em hospitais e armazéns de mercadorias para entrega em domicílio. Era como se o futuro tivesse sido posto em modo de espera, deixando muitos de nós emperrados, nas palavras de um psiquiatra, "num novo tipo de eterno presente"[8] — um ansioso limbo de mídia social rolando, desconexas chamadas pelo Zoom e insônia, no qual parecia ser impossível fazer planos significativos ou mesmo enxergar com clareza como seria a vida após o próximo fim de semana.

Tudo isso faz com que seja extremamente frustrante que tantos de nós sejamos tão *ruins* em gerenciar nosso limitado tempo — que nossos esforços para aproveitar o máximo dele não apenas fracassem, mas pareçam piorar ainda mais as coisas. Há anos somos bombardeados de conselhos sobre como ter uma vida otimizada, em livros com títulos como *Produtividade extrema*, *A semana de quatro dias*, *Mais rápido e melhor*, além de sites cheios de *lifehacks*, dicas para a vida, para reduzir segundos das tarefas domésticas diárias. (Note a curiosa sugestão, no termo "lifehack", de que sua vida deve ser considerada uma espécie de engenhoca defeituosa, que precisa ser modificada a fim de deixar de ser subaproveitada.) Existem inúmeros aplicativos e dispositivos para maximizar as recompensas de seu dia de trabalho, de seus exercícios, e até mesmo de seu sono, além de bebidas que substituem alimentos, como Soylent, para não desperdiçar tempo com uma refeição. E o principal argumento de venda de mil outros produtos e serviços, desde aparelhos de cozinha até bancos online, é que eles o ajudam a alcançar o objetivo amplamente perseguido e defendido de espremer o máximo de seu tempo.

O problema não é que essas técnicas e produtos não funcionem. É que eles funcionam, sim — no sentido de que você vai fazer mais coisas, correr para mais reuniões, matricular seus filhos em mais atividades extracurriculares, gerar mais lucro para seu empregador — e ainda, como resultado, paradoxalmente, você apenas se sentirá mais ocupado, mais ansioso, e de certo modo mais vazio. No mundo moderno, disse uma vez o antropólogo americano Edward T. Hall,[9] o tempo parece ser uma imparável esteira rolante, trazendo-nos novas tarefas assim que terminamos as antigas; e o fato de nos tornarmos "mais produtivos" parece que só faz a esteira acelerar. Ou então, posteriormente, quebrar: agora é comum deparar com relatos, em especial de adultos mais jovens, de um abrangente, profundo esgotamento, caracterizado por uma incapacidade de completar tarefas diárias básicas — a paralisante exaustão de "uma geração de ferramentas bem afiadas, trabalhadas desde os embriões para serem máquinas de produção enxutas, banais", nas palavras do crítico social dos millennials, Malcolm Harris.[10]

Essa é a enlouquecedora verdade sobre o tempo, que parece alheio a todos os conselhos de como gerenciá-lo. Ele é como uma barulhenta criancinha: quanto mais você luta para controlá-la, fazê-la aceitar sua agenda, mais ela escapa a seu controle. Considere toda a tecnologia que pretende nos ajudar a ter o controle do tempo: por qualquer lógica sã, num mundo com lavadoras de louças, micro-ondas e motores a jato, o tempo deveria parecer *mais* expansivo e abundante, graças a todas as horas liberadas. Mas ninguém tem essa experiência real. Em vez disso, a vida se acelera, e todo mundo fica mais impaciente. De certo modo é muito mais irritante esperar dois minutos pelo micro-ondas do que duas horas pelo forno — ou dez segundos para baixar uma página da web irritam mais do que os três dias para receber a mesma informação pelo correio.

O mesmo modelo que se autoderrota se aplica a muitas de nossas tentativas para sermos mais produtivos no trabalho. Alguns anos atrás, mergulhado em e-mails, eu implementei com sucesso o sistema conhecido como Inbox Zero, mas logo descobri que, quando você se torna muito eficiente em responder a e-mails, o que acontece é que você começa a receber muito mais e-mails. Ao sentir que estava mais atarefado — graças a todos esses e-mails —, comprei *A arte de fazer acontecer*, do guru da gestão de tempo David Allen, atraído por sua promessa de que "é possível uma pessoa ter um número avassalador de coisas para fazer e ainda assim funcionar produtivamente com a cabeça lúcida"[11] e ter "o que os artistas marciais chamam de 'uma mente como água'".[12] Mas eu não cheguei a apreciar a implicação mais profunda de Allen — que sempre haverá coisas demais a serem feitas — e, em vez disso, tentei fazer uma quantidade de coisas impossível de ser feita. Na verdade, comecei a correr com minha lista do que fazer só para descobrir que mais volumes de trabalho começaram magicamente a aparecer. (Na verdade, não se trata de mágica; é simplesmente psicologia, mais capitalismo. Mais deste último.)

Nada disso é como se deveria, supostamente, perceber o futuro. Em 1930, num discurso intitulado "Possibilidades econômicas de nossos netos", o economista John Maynard Keynes fez uma famosa previsão: dentro de um século, graças ao crescimento da riqueza e ao avanço da tecnologia, ninguém terá de trabalhar mais do que quinze horas por semana. O desafio seria como preencher nosso redescoberto tempo de lazer sem enlouquecer. "Pela primeira vez desde sua criação", disse Keynes a sua audiência, "o homem vai se deparar com seu problema real e permanente — como usar sua liberdade da pressão do sustento."[13] Mas Keynes estava errado. Constata-se que quando as pessoas ganham dinheiro suficiente para satisfazer suas necessidades, elas acham novas coisas das quais necessitar e novos estilos de vida aos quais aspirar; nunca deixam de tentar se igualar aos Jones,* porque sempre que estão próximas disso, nomeiam novos e melhores Jones aos quais tentar se igualar. Como resultado, trabalham cada vez mais duro, e logo estar ocupado se torna um emblema de prestígio. O que é, óbvio, completamente absurdo: durante quase toda a história, toda a questão de ser rico era *não* ter que trabalhar tanto. Além disso, essa condição dos bem-sucedidos de estar sempre ocupados é contagiosa, porque um modo extremamente eficaz de ganhar mais dinheiro, para os que estão no topo da pirâmide, é cortar custos e melhorar a eficiência em suas companhias e indústrias. Isso significa maior insegurança para os que estão mais abaixo, que são então obrigados a trabalhar mais duro só para os alcançar.

SOBRE FAZER COISAS ERRADAS

Mas agora estamos chegando no centro das coisas, num sentimento que se aprofunda e que é difícil de expressar em palavras: a sensação de que, apesar de toda essa atividade, mesmo os relativamente privilegiados entre nós raramente conseguem fazer as coisas certas. Sentimos que há maneiras importantes e satisfatórias de como poderíamos passar nosso tempo, mesmo sendo incapazes de dizer exatamente quais são — mas sistematicamente, em vez disso, passamos nossos dias fazendo outras coisas. Esse anseio por mais significado pode assumir muitas formas: está, por exemplo, no seu desejo de se dedicar a alguma causa maior, na intuição de que este momento particular na história, com todas as suas crises e sofrimento, pode exigir de você mais do que usualmente se consegue e se gasta.** Mas está também no

---

* Referência à atitude de observar os vizinhos ricos (os Jones) e tentar se igualar a eles. (N. T.)
** Referência a um poema de Woodsworth. (N. T.)

sentimento de frustração por ter que trabalhar um dia inteiro para poder comprar lascas de tempo e fazer o que você gosta, e no simples anseio por passar mais de seu breve tempo na terra com seus filhos, com a natureza, ou, no mínimo, não na condução, indo e vindo do trabalho. O ambientalista e escritor Charles Eisenstein se lembra de ter tido pela primeira vez essa sensação de "algo errado" em nosso uso do tempo quando era criança e vivia com conforto na América da década de 1970:

> A vida, eu sei, deveria ser mais alegre do que esta, mais real, mais cheia de significado, e o mundo deveria ser mais bonito. Não deveríamos odiar as segundas-feiras e viver para os fins de semana e feriados. Não deveríamos ter que erguer a mão para que nos permitam ir urinar. Não deveríamos ficar dentro de casa num dia bonito, dia após dia.[14]

E esse sentimento de que algo está errado só é exacerbado por nossas tentativas de nos tornarmos mais produtivos, que parecem ter o efeito de empurrar as coisas verdadeiramente importantes mais para longe, além do horizonte. Passamos nossos dias tentando "atravessar" as tarefas, para "tirá-las do caminho" como resultado de que vivemos mentalmente no futuro, esperando por quando enfim vamos nos ocupar com o que de fato importa — e nos preocupando, enquanto isso, com a possibilidade de não darmos conta, de que podemos perder o impulso ou a energia para acompanhar o ritmo no qual a vida parece agora se mover. "O espírito do tempo é de uma urgência sem alegria", escreve a ensaísta Marilynne Robinson, observando que muitos de nós passamos nossas vidas "nos preparando, e a nossos filhos, para sermos meios para fins inescrutáveis que, absolutamente, não são os nossos".[15] Nossa luta para estar no topo de tudo pode servir aos interesses de *alguém*; trabalhar mais horas — e usar qualquer renda extra para comprar mais bens de consumo — nos transforma em melhores engrenagens na máquina econômica, mas não resulta em paz de espírito ou nos leva a passar mais de nosso tempo finito com as pessoas e as coisas que mais profundamente nos importam.

Quatro mil semanas é mais um livro sobre como fazer melhor uso do nosso tempo, mas é escrito com base na crença de que a gestão de tempo, do modo como a conhecíamos, fracassou miseravelmente, e que precisamos parar de fingir que não. Esse estranho momento na história, quando o tempo parece estar tão livre de amarras, pode na verdade prover a oportunidade ideal para reconsiderar nosso relacionamento com ele. Pensadores mais antigos enfrentaram esse desafio antes de nós, e quando sua sabedoria é aplicada aos dias atuais, certas verdades ficam mais aparentes. A produtividade é uma armadilha. Tornar-se mais eficiente só faz você se apressar mais, e tentar esvaziar as bancadas apenas faz com que se encham de novo mais rapidamente. Ninguém na história da humanidade jamais atingiu o "equilíbrio vida-trabalho", o que quer que isso possa ser, e você decerto não vai chegar lá copiando as "seis coisas que pessoas bem-sucedidas fazem antes das sete horas da manhã". Nunca chegará o dia em que você por fim terá tudo sob controle — em que a inundação de e-mails será contida; em que suas listas do que fazer terão parado de crescer; em que terá cumprido com todas as obrigações no trabalho e em sua vida doméstica; em que ninguém está zangado com você por ter perdido um prazo ou deixado a peteca cair; e em que a pessoa totalmente otimizada na qual você se tornou possa se voltar, enfim, para as coisas que se supõe sejam as que realmente importam na vida. Comecemos por admitir uma derrota: nada disso jamais acontecerá.

Mas quer saber? Isso é uma *excelente* notícia.

Parte I

Escolhendo escolher

1. A vida abraçando o limite

O real problema não é nosso tempo limitado. O real problema — ou assim espero convencer você — é que, involuntariamente, herdamos, e nos sentimos pressionados a viver de acordo com isso, um incômodo conjunto de *ideias* sobre como usar nosso limitado tempo, todas elas com toda a certeza tornam as coisas ainda piores. Para ver como chegamos a isso, e como escapar para um melhor relacionamento com o tempo, precisamos fazer o relógio andar para trás — para quando não havia relógios.

Em compensação, você deveria ser definitivamente grato por não ter nascido como um camponês na Inglaterra medieval. Para começar, você teria muito menos probabilidade de chegar à idade adulta; mas, mesmo se chegasse, a vida que se apresentaria à sua frente seria definida por servidão. Você passaria seus extenuantes dias trabalhando a terra em que seu proprietário local lhe permitiria que vivesse em troca de entregar a ele uma escorchante proporção do que você produzisse ou a renda que conseguisse obter por isso. A Igreja também exigiria contribuições regulares, e você estaria assustado demais com a possibilidade de danação eterna para desobedecer. À noite, você se recolheria a sua cabana de um só cômodo, junto não só com o restante de sua família (que, assim como você, raramente tomava um banho ou escovava os dentes) como também com seus porcos e galinhas, que você traria para dentro durante a noite; afinal, ursos e lobos ainda rondavam as florestas e se serviriam de qualquer animal deixado do lado de fora depois do pôr do sol.

A doença seria outra companhia constante: enfermidades familiares, desde sarampo e gripe até peste bubônica e fogo de santo antônio,[1] uma forma de intoxicação alimentar causada por grão mofado, que deixava o delirante sofredor sentindo como se a pele estivesse ardendo ou tivesse sido mordida por dentes invisíveis.

O TEMPO ANTES DE HORÁRIOS

Mas há um conjunto de problemas que você quase com certeza não teria experimentado: problemas com o tempo. Mesmo em seus dias mais exaustivos, provavelmente não lhe ocorreria que você tivesse "coisas demais para fazer", que precisava se apressar ou que sua vida estivesse transcorrendo rápido demais, muito menos que tivesse dosado erradamente sua rotina de trabalho. Pelo mesmo critério, em dias mais tranquilos, você nunca se sentiria entediado. E, embora a morte fosse uma presença constante, com vidas sendo interrompidas cedo demais com muito mais frequência do que são hoje, o tempo não pareceria ter uma provisão limitada. Você não se sentiria pressionado a encontrar maneiras de "economizá-lo". Nem se sentiria culpado por desperdiçá-lo: se fizesse uma pausa na debulha de grãos para ir assistir a uma briga de galos na arena da aldeia numa tarde, não seria como se estivesse vadiando durante "a hora do trabalho". E nada disso seria simplesmente porque tudo andasse mais devagar naquela época ou porque os camponeses medievais fossem mais relaxados ou mais resignados com sua sina. Era porque, até onde podemos dizer, eles em geral não vivenciavam o tempo como uma entidade abstrata — como uma *coisa*.

Se isso soa confuso, é porque nosso modo moderno de pensar sobre o tempo está tão profundamente entrincheirado que esquecemos que isso é um modo de pensar; somos como o peixe da metáfora, que não tem ideia do que é a água, pois ela o cerca completamente. No entanto, ponha nisso uma pequena distância mental, e nossa perspectiva começa a se mostrar bem peculiar. Imaginamos o tempo como sendo algo separado de nós e do mundo a nossa volta, "um mundo independente de sequências matematicamente mensuráveis",[2] nas palavras do crítico cultural americano Lewis Mumford. Para ver ao que ele se refere, considere alguma questão relacionada com o tempo — como você planeja passar a tarde de amanhã, digamos, ou o que realizou no ano passado — e, sem estar plenamente consciente disso no início, você provavelmente vai se achar visualizando um calendário, uma trena de madeira, uma fita métrica, os números no mostrador de um relógio ou algum tipo mais nebuloso de linha do tempo abstrata. Você então vai tratar de medir e julgar sua vida real em relação à linha do tempo em sua cabeça. Edward Hall estava dizendo a mesma coisa com sua imagem do tempo como uma esteira rolante constantemente passando por nós. Cada hora, semana ou ano é como um contêiner sendo transportado pela esteira, que temos de preencher quando ela passa se quisermos sentir que estamos fazendo bom uso de nosso tempo. Quando há atividades demais para serem acomodadas confortavelmente nos contêineres, nós nos sentimos desconfortavelmente atarefados; quando há demasiadamente poucas, nos sentimos entediados. Se acompanhamos o ritmo dos contêineres que passam, congratulamo-nos conosco mesmos por estarmos "por cima de tudo" e sentimos como se estivéssemos justificando nossa existência; se deixamos muitos passarem sem os preenchermos, sentimos que os desperdiçamos. Se usamos contêineres com o rótulo "tempo de trabalho" para propósitos de lazer, nosso empregador pode se irritar. (Ele pagou por esses contêineres, pertencem a ele!)

O camponês medieval simplesmente não tinha motivos para adotar essa ideia bizarra, para começar. Trabalhadores levantavam-se com o sol e iam dormir ao escurecer, a duração de seus dias variava com as estações. Não havia necessidade de pensar no tempo como algo abstrato e separado da vida: você ordenhava as vacas quando elas precisavam ser ordenhadas e fazia a colheita quando era o momento da colheita, e alguém que tentasse impor um cronograma externo ou algo assim — por exemplo, fazendo a ordenha de um mês inteiro num único dia para se livrar logo disso, ou tentando fazer com que a colheita viesse antes — teria, com razão, sido considerado um lunático. Não havia tampouco uma pressão ansiosa por "terminar de fazer tudo", porque o trabalho de um agricultor é infinito: sempre haverá mais uma ordenha e mais uma colheita, sempre, de modo que não faz sentido correr para algum momento hipotético em que tudo estará completado. Historiadores chamam esse modo de vida de "orientado para tarefa", porque os ritmos da vida emergem organicamente das próprias tarefas, e não por estarem alinhados ao longo de uma abstrata linha do tempo, abordagem que se tornou natural para nós hoje em dia. (É tentador pensar na vida medieval como se ela transcorresse lentamente, mas é mais preciso dizer que o conceito da vida "transcorrendo lentamente" seria visto pela maioria das pessoas como sem sentido. Lentamente comparado com o quê? Nesses dias anteriores aos relógios, quando você precisava explicar quanto alguma coisa iria durar, sua única opção era comparar com alguma outra atividade. Pessoas na Idade Média poderiam se referir a uma tarefa que tinha a "duração de um Miserere"[3] — o tempo aproximado de recitar o Salmo 50 da Bíblia, conhecido como Miserere — ou, alternativamente, a "duração de uma urinada", o que não exigiria nenhuma explicação.

Vivendo dessa maneira, pode-se imaginar que a experiência poderia parecer expansiva e fluida, impregnada de algo que não seria exagero chamar de uma espécie de magia. Não obstante as muitas privações reais de sua existência, nosso camponês agricultor poderia ter sentido uma dimensão luminosa, inspiradora de reverência, do mundo a seu redor. Não perturbado por qualquer noção do tempo "indo embora nos tique-taques", ele pode ter experimentado uma consciência elevada da vividez das coisas, a sensação de atemporalidade que Richard Rohr, um sacerdote franciscano e autor contemporâneo, chama de "viver em tempo profundo".[4] Quando escurecia, o camponês medieval podia ouvir espíritos sussurrando na floresta, junto com ursos e lobos; arando os campos, podia sentir-se como uma parte minúscula de uma vasta varredura da história, na qual seus antepassados remotos estavam quase tão vivos para ele quanto seus próprios filhos. Podemos afirmar tudo isso com alguma certeza porque ocasionalmente ainda encontramos hoje em dia ilhas de tempo profundo — nesses momentos em que, para citar o escritor Gary Eberle, deslizamos para "um reino onde há bastante de tudo, onde não estamos tentando preencher um vazio em nós mesmos ou no mundo".[5] A fronteira que separa o "eu" do resto da realidade fica mais nebulosa, e o tempo se imobiliza. "O relógio não para, é claro", escreve Eberle, "mas não ouvimos seu tiquetaquear."[6]

Isso acontece com algumas pessoas na oração, na meditação ou diante de paisagens maravilhosas; tenho quase certeza de que meu filho pequeno passou toda a sua infância nesse estado e só agora está começando a deixá-lo. (Até nós os submetermos a horários, bebês são decididamente seres "orientados para tarefas", o que, juntamente com a privação do sono, pode explicar a sensação de estar em outro mundo nesses primeiros meses com um recém-nascido: você é arrastado do tempo do relógio para o tempo profundo, queira ou não.) Enquanto visitava o Quênia em 1925, o psicólogo suíço Carl Jung estava saindo para uma caminhada ao primeiro albor do alvorecer quando ele, também, mergulhou de repente na atemporalidade:

> De uma colina baixa nesta ampla savana, uma perspectiva maravilhosa abriu-se para nós. Até o limite do horizonte vimos gigantescos rebanhos de animais: gazelas, antílopes, gnus, zebras etc. Cabeças inclinadas, pastando, os rebanhos avançando como lentos rios. Quase não havia som a não ser o grito melancólico de uma ave de rapina. Era o silêncio de um ser eterno, o mundo como ele sempre foi, no estado de não ser... Afastei-me de meus companheiros até estarem fora de vista, e saboreei a sensação de estar completamente só.[7]

O FIM DA ETERNIDADE

Contudo, há um enorme retrocesso em dedicar tão pouco pensamento à ideia abstrata do tempo, pois isso limita gravemente o que você pode realizar. Você pode ser um agricultor em pequena escala, baseando-se nas estações para montar seu cronograma, mas nesse caso não poderá ser muito mais do que um agricultor em pequena escala (ou um bebê). Assim que quiser coordenar as ações de mais do que um punhado de pessoas, vai precisar de um método confiável, de comum acordo, para medir o tempo. Foi por isso, assim se afirma amplamente, que os primeiros relógios foram inventados por monges medievais, que tinham que começar suas orações matinais quando ainda estava escuro, e precisavam de algum modo garantir que todo o mosteiro despertasse no momento requerido. (Suas primeiras estratégias incluíram encarregar um monge de ficar acordado a noite inteira, observando o movimento das estrelas — sistema que funcionava somente quando não estava nublado e o monge do turno da noite não adormecia.) Fazer o tempo ficar padronizado e visível desse modo estimulava inevitavelmente as pessoas a pensar nele como uma coisa abstrata com uma existência independente, distinto das atividades específicas nas quais se poderia passá-lo; "tempo" é o que vai indo embora quando os ponteiros avançam no mostrador. A Revolução Industrial é comumente atribuída à invenção da máquina a vapor; mas, como Mumford demonstra em sua obra magna de 1934, *Técnica e civilização*, ela também provavelmente não poderia ter acontecido sem o relógio. No final do século XVIII, populações rurais estavam migrando para cidades inglesas, empregando-se em oficinas e fábricas, em cada uma das quais se requeria a coordenação de centenas de pessoas, trabalhando durante horas fixas, com frequência de seis dias por semana, para manter as máquinas funcionando.

Por se pensar no tempo como algo abstrato, é natural que se tenha começado a tratá-lo como um *recurso*, algo a ser comprado e vendido o mais eficazmente possível, como carvão, ferro ou qualquer outro material bruto. Antes, trabalhadores tinham sido pagos por um vagamente definido "dia de trabalho" ou por peça produzida, recebendo determinada quantia por um fardo de palha ou um porco abatido. Mas aos poucos tornou-se mais comum ser pago por hora — e o dono de fábrica que usasse eficientemente as horas de seus operários, espremendo o máximo possível de labor de cada empregado, iria ter um lucro maior do que o de quem não fizesse isso. De fato, alguns industriais rabugentos acabavam achando que operários que não trabalhassem duro o bastante eram literalmente culpados de estarem roubando alguma coisa. "Fui horrivelmente ludibriado por todo tipo de pessoas", esbravejou o magnata do ferro Ambrose Crowley, do condado de Durham na Inglaterra, num memorando da década de 1790, anunciando sua nova política de deduzir do pagamento todo tempo passado "fumando, cantando, lendo notícias, em brigas, disputas, tudo que seja estranho a meu negócio [ou] qualquer tipo de vadiagem".[8] Do modo como Crowley via isso, seus indolentes empregados eram ladrões, servindo-se ilegitimamente dos contêineres que passavam na esteira rolante do tempo.

Você não precisa acreditar, como Mumford às vezes parece insinuar, que a invenção do relógio é a única coisa a se culpar pelos problemas relativos ao tempo hoje em dia. (E eu certamente não vou reivindicar um retorno ao estilo de vida dos camponeses medievais.) Mas um limiar foi ultrapassado. Antes, o tempo era apenas um meio no qual a vida se desenrolava, aquilo de que a vida era feita. Depois, quando "tempo" e "vida" foram separados na maioria das mentes das pessoas, o tempo tornou-se uma *coisa* que você *usava* — e é essa mudança que serve como precondição para todas as formas singularmente modernas com que lidamos com o tempo hoje. Uma vez sendo o tempo um recurso a ser usado, você começa a se sentir pressionado, seja por forças externas, seja por você mesmo, a usá-lo bem, e a se recriminar quando acha que o desperdiçou. Quando se depara com tantas exigências, é fácil assumir que a única resposta tem que ser a de fazer *o melhor uso possível* do tempo, tornando-se mais eficiente, sendo mais duro consigo mesmo ou trabalhando mais — como se você fosse uma máquina na Revolução Industrial —, em vez de perguntar se as próprias exigências não seriam insensatas. É cada vez mais tentador apelar para a multitarefa — isto é, usar a mesma porção de tempo para fazer duas coisas simultaneamente, como o filósofo alemão Friedrich Nietzsche foi o primeiro a observar: "Uma pessoa pensa com um relógio na mão", ele reclamou num ensaio de 1887, "até mesmo quando come seu almoço enquanto lê as últimas notícias do mercado de ações."[9] E fica ainda mais intuitivo projetar seus pensamentos sobre sua vida num futuro imaginário, deixando-o ansiosamente a pensar se as coisas vão se desenrolar como você quer. Logo, sua percepção de autovalorização fica totalmente ligada a como você usa seu tempo: ele deixa de ser meramente a água em que você nada e passa a ser algo que você sente que tem que dominar ou controlar se quiser evitar sentir-se culpado, em pânico ou sobrecarregado. O título de um livro que chegou outro dia em minha mesa resume isso lindamente: *Master Your Time, Master Your Life* [Comande seu tempo, comande sua vida].[10]

O problema fundamental é que essa atitude perante o tempo cria um jogo manipulado no qual é sempre impossível sentir que você está se saindo bem o bastante. Em vez de apenas viver nossa vida à medida que se desenrola no tempo — em vez de apenas *ser* o tempo, poder-se-ia dizer —, fica difícil não valorizar cada momento primordialmente de acordo com sua utilidade para algum objetivo futuro ou para algum futuro oásis de relaxamento que você espera alcançar uma vez que suas tarefas estejam por fim "fora do caminho". Superficialmente, isso parece ser um modo sensível de viver, em especial num clima econômico hipercompetitivo, no qual a sensação é de que você tem que fazer constantemente o mais judicioso uso do tempo se quiser se manter na disputa. (Isso também reflete o modo como a maioria de nós foi criada: priorizar benefícios futuros a satisfações atuais.) Mas no fim o tiro sai pela culatra. Isso nos arranca do presente, nos levando a uma vida que passamos apoiados no futuro, preocupando-nos se as coisas vão funcionar, vivenciando tudo em termos de algum esperado benefício ulterior, de modo que a paz de espírito nunca realmente chega. E isso faz ser totalmente impossível experimentar o "tempo profundo", essa sensação de um tempo atemporal que depende de que esqueçamos a fita métrica abstrata e mergulhemos de novo, em vez disso, na vividez da realidade.

Quando essa mentalidade moderna chegou a dominar, escreveu Mumford, "a eternidade deixou gradualmente de servir como medida e foco das ações humanas".[11] Em seu lugar vieram a ditadura do relógio, o cronograma e o alerta do Calendário Google; a "urgência desprovida de alegria" de Marilynne Robinson e a constante sensação de que você tem algo mais a fazer. O problema de tentar comandar seu tempo, acaba se revelando, é que o tempo acaba comandando você.

CONFISSÕES DE UM NERD DA PRODUTIVIDADE

O restante deste livro é uma exploração de uma maneira mais sadia de se relacionar com o tempo e um conjunto de ideias práticas de como fazer isso, extraídas da obra de filósofos e psicólogos que rejeitaram, todos, a luta por dominá-lo ou comandá-lo. Creio que ele esboce um tipo de vida que é muito mais sereno e significativo — e também, assim se constata, melhor para uma produtividade sustentada a longo prazo. Mas não me entenda mal: passei anos tentando — e fracassando — adquirir domínio sobre meu próprio tempo. Na verdade, os sintomas eram especialmente gritantes na subespécie a que eu pertencia. Eu era um "nerd da produtividade". Sabe como algumas pessoas são apaixonadas por fisiculturismo, por moda, por escalar rochas ou por poesia? Nerds da produtividade são apaixonados por ticar itens em suas listas de coisas por fazer. Assim, é quase a mesma coisa, mas infinitamente mais triste.

Minhas aventuras com a caixa de entrada zerada foram apenas a ponta do iceberg. Eu tinha desperdiçado um incontável número de horas — e uma boa quantia de dinheiro, gasta sobretudo em notebooks sofisticados e canetas com ponta de feltro — a serviço da crença de que, se eu apenas achasse o sistema correto de gestão de tempo, contraísse os hábitos certos e aplicasse uma autodisciplina suficiente, realmente conseguiria vencer a luta com o tempo, de uma vez por todas. (O que me permitiu ter essa ilusão foi escrever uma coluna sobre produtividade num semanário, o que me deu um pretexto para experimentar novas técnicas com base no fato de estar fazendo isso por motivo de trabalho; era como se um alcoólatra estivesse sendo empregado como especialista em vinhos.) Numa ocasião, tentei programar todo o dia em períodos de 25 minutos, intercalados com cinco minutos de pausa. (Essa abordagem tinha um nome oficial, a Técnica Pomodoro, e era cultuada online.) Dividi minhas listas em prioridades A, B e C. (Adivinhe quantas tarefas de prioridade B e C eu nunca cheguei a completar?) Tentei alinhar minhas ações diárias com meus objetivos, e meus objetivos com meus valores essenciais. O uso dessas técnicas quase sempre me fez sentir como se estivesse à beira de inaugurar uma era dourada de calma, produtividade sem distrações e atividade significativa. Mas isso nunca aconteceu. Em vez disso, só fiquei mais estressado e infeliz.

Lembro-me de estar sentado num banco, num parque perto de minha casa no Brooklyn, numa manhã de inverno de 2014, sentindo-me ainda mais ansioso do que comumente devido ao volume de tarefas não cumpridas, e de repente me dar conta de que *nada daquilo jamais iria funcionar*. Eu nunca conseguiria mobilizar bastante eficiência, autodisciplina e empenho para abrir caminho em meio ao sentimento de que estava no topo de tudo, que estava cumprindo todas as minhas obrigações e não precisava me preocupar com o futuro. Ironicamente, a constatação de que isso tinha sido uma inútil estratégia para obter paz de espírito me trouxe certa imediata paz de espírito. (Afinal, uma vez tendo se convencido de que algo que se está tentando é impossível de se conseguir, fica muito mais difícil continuar a se repreender por ter fracassado.) O que eu ainda teria de compreender, àquela altura, era *por que* todos esses métodos estavam condenados ao fracasso, e era porque eu os estava usando para tentar obter um sentimento de que controlava minha vida, sentimento que sempre estaria fora de alcance.

Embora eu estivesse amplamente inconsciente disso, minha obsessão por produtividade tinha estado a serviço de uma agenda emocional oculta. Por um lado, isso me ajudara a combater a sensação de precariedade inerente ao mundo de trabalho moderno: se eu conseguisse atender a toda demanda de todo editor, enquanto deslanchava meus próprios projetos paralelos, talvez um dia eu me sentisse seguro quanto a minha carreira e minhas finanças. Mas isso também mantinha à distância algumas questões assustadoras quanto ao que eu estava fazendo com minha vida, inclusive se não seriam necessárias mudanças importantes. Se eu conseguisse terminar trabalhos o suficiente, concluíra aparentemente meu subconsciente, não precisaria perguntar se era tão saudável extrair tanta percepção de autovalorização do trabalho, para começar. E enquanto eu estivesse sempre bem no ápice de dominar meu tempo, poderia evitar o pensamento de que o que a vida realmente exigia de mim poderia envolver a *rendição* da ânsia por estar no comando, e em vez disso mergulhar no desconhecido. Em meu caso, isso passou a significar o compromisso com um relacionamento a longo prazo e, depois, a decisão, junto com minha mulher, de tentar dar início a uma família — duas coisas que eu tinha notavelmente fracassado em realizar usando vários sistemas destinados a fazer com que as coisas fossem postas em prática. Tinha sido mais reconfortante imaginar que eu poderia me "otimizar" posteriormente para ser o tipo de pessoa capaz de enfrentar decisões sem medo, sentindo-me totalmente senhor do processo. Eu não queria aceitar que isso nunca iria acontecer — que o medo era parte do acordo, e que experimentá-lo não iria me destruir.

Porém (não se preocupe!), não vamos ficar aqui tratando de meus contratempos pessoais. A verdade universal por trás de minhas questões específicas é que a maioria de nós investe um bocado de energia, de um modo ou de outro, tentando evitar experimentar plenamente a realidade na qual nos encontramos. Não queremos sentir a ansiedade que poderia surgir se tivéssemos que perguntar a nós mesmos se estamos no caminho correto, ou quais ideias sobre nós mesmos estaria na hora de abandonar. Não queremos nos arriscar a nos magoar em relacionamentos ou fracassar profissionalmente; não queremos aceitar que podemos nunca conseguir agradar nossos pais ou mudar certas coisas de que não gostamos em nós mesmos — e certamente não queremos adoecer e morrer. Os detalhes diferem de pessoa para pessoa, mas o núcleo é o mesmo. Nós nos distanciamos da noção de que as coisas são assim — de que *isto* é a vida, com todas as suas falhas e inescapáveis vulnerabilidades, sua extrema brevidade, e de que nossa limitada influência sobre como ela se desenrola é a única que teremos. Em vez disso, lutamos mentalmente contra o modo como as coisas são — de maneira que, nas palavras do psicoterapeuta Bruce Tift, "não tenhamos que participar conscientemente do que parece ser claustrofóbico, aprisionado, impotente, e restringido pela realidade".[12] Essa luta contra as angustiantes restrições da realidade é o que alguns psicanalistas da escola antiga chamam de "neurose", e que assume incontáveis formas, desde a dedicação exagerada ao trabalho (workaholismo) e a fobia a comprometimento até a codependência e a timidez crônica.

Nosso relacionamento atribulado com o tempo surge muitas vezes desse mesmo esforço por evitar as dolorosas restrições da realidade. E a maioria de nossas estratégias para nos tornarmos mais produtivos piora ainda mais as coisas, porque, na realidade, são apenas maneiras de levar adiante essa evitação.

Afinal, é doloroso confrontar quão limitado é nosso tempo, porque isso significa que escolhas duras são inevitáveis e que você não tem tempo para tudo que uma vez sonhou que poderia fazer. Também é doloroso aceitar o limitado controle que você tem sobre o tempo: talvez simplesmente lhe faltem a energia, o talento ou outros recursos para desempenhar bem todos os papéis que você acha que deveria. E assim, em vez de encarar nossas limitações, nos envolvemos em estratégias de evitação, num esforço de continuar nos sentindo como se não tivéssemos limites. Esforçamo-nos mais duramente, perseguindo fantasias de um perfeito equilíbrio entre trabalho e vida; ou implementamos sistemas de gestão de tempo que prometem arranjar tempo para tudo, de modo que não sejam exigidas duras escolhas. Ou procrastinamos, que é outro meio de manter a sensação de controle onipotente sobre a vida — porque, obviamente, você não precisa se arriscar à perturbadora experiência de falhar num projeto intimidador se nem sequer começá-lo. Enchemos nossa mente com negócios e distrações para nos embotar emocionalmente. ("Vamos labutar em nosso dia de trabalho mais ardente e duramente do que o necessário para sustentar nossa vida", escreveu Nietzsche, "porque para nós é ainda mais necessário não ter lazer para parar e pensar. A pressa é universal porque todo mundo está fugindo de si mesmo."[13]) Ou planejamos compulsivamente, porque a alternativa é confrontar quão pouco controle sobre o futuro de fato temos. Além do mais, a maioria de nós busca um tipo especificamente individualista de domínio do tempo — nosso ideal de cultura é que somente você deveria controlar sua agenda, fazendo o que preferir, quando quiser — porque é assustador confrontar a verdade de que quase tudo que vale a pena fazer, desde o casamento até a paternidade, os negócios ou a política, depende da cooperação com outros, e, portanto, de se expor às incertezas emocionais dos relacionamentos.

No entanto, negar a realidade nunca funciona. Pode prover algum alívio imediato, porque permite continuar pensando que em algum momento no futuro você poderá, enfim, sentir-se totalmente no controle. Mas nunca poderá trazer a sensação de que você está fazendo o bastante — de que você é suficiente — porque isso definiria "suficiente" como um tipo de controle ilimitado que nenhum humano pode atingir. Em vez disso, o interminável esforço leva a mais ansiedade e a uma vida menos satisfatória. Por exemplo, quanto mais você acreditar estar conseguindo "dar conta de tudo", mais compromissos aceitará naturalmente, e menos necessidade sentirá de se perguntar se cada novo compromisso de fato vale uma parte de seu tempo — e assim seus dias inevitavelmente vão se encher com mais atividades que você não valoriza especialmente. Quanto mais você se apressa, mais frustrante é encontrar tarefas (ou crianças pequenas) que não exijam urgência; quanto mais compulsivamente você planejar o futuro, mais ansioso se sentirá quanto a incertezas remanescentes, das quais sempre haverá um monte. E quanto mais soberania individual você alcançar sobre seu tempo, mais solitário ficará. Tudo isso ilustra o que poderia ser denominado *paradoxo da limitação*, que incide em tudo que se segue: quanto mais você tentar gerenciar seu tempo com o objetivo de alcançar uma sensação de controle total e de liberdade das inevitáveis restrições do ser humano, mais estressada, vazia e frustrante ficará a vida. Mas, em vez disso, quanto mais você confrontar os fatos da finitude — e trabalhar com eles, em vez de contra eles —, mais produtiva, significativa e alegre a vida se tornará. Não creio que a sensação de ansiedade passe completamente; somos limitados, aparentemente, até mesmo em nossa capacidade de abraçar nossas limitações. Mas não tenho conhecimento de nenhuma outra técnica de gestão de tempo que seja nem de perto tão eficaz quanto a de enfrentar as coisas como elas realmente são.

UMA GÉLIDA EXPLOSÃO DE REALIDADE

Em termos práticos, ter uma atitude que considere o tempo como algo limitado significa organizar seus dias com o entendimento de que você definitivamente *não* terá tempo para tudo que quer fazer, ou que outras pessoas querem que você faça — e assim, no mínimo, você pode parar de se debater por ter fracassado. Uma vez que escolhas difíceis são inevitáveis, o que importa é aprender a fazê-las conscientemente, decidindo no que focar e o que negligenciar, em vez de deixar que isso seja feito automaticamente — ou enganando a si mesmo com a ideia de que, com bastante trabalho duro e os truques corretos de gestão do tempo, talvez você não tenha que fazê-las. Isso também significa resistir à sedutora tentação de "manter suas opções em aberto" — que é na realidade outro modo de tentar se sentir no controle — em favor de, deliberadamente, assumir grandes, assustadores, irreversíveis compromissos, que você não pode saber com antecedência se vão resultar no melhor, mas que, confiavelmente, se mostrarão mais gratificantes no fim. E significa ficar firme ante o Fomo (*fear of missing out*), o "medo de ficar de fora", porque você se deu conta de que perder alguma coisa — na verdade, quase tudo — é algo basicamente garantido. O que, assim se revela, não é de forma alguma um problema, porque "perder" é o que faz nossas escolhas serem significativas. Toda decisão de usar uma parte do tempo em alguma coisa representa o sacrifício de todas as outras formas de como você poderia passar seu tempo, mas não passou — e fazer voluntariamente esse sacrifício é tomar posição, sem reservas, naquilo que mais lhe importa. Eu provavelmente deveria esclarecer que ainda tenho que chegar à perfeição em qualquer dessas atitudes; escrevi este livro para mim mesmo, assim como para todos os outros, depositando minha fé nas palavras do escritor Richard Bach: "Você ensina melhor aquilo que mais precisa aprender".

Esse confronto com a limitação revela também a verdade de que a liberdade, às vezes, será encontrada não ao obter maior soberania sobre seu próprio cronograma, mas ao se permitir ser restringido pelos ritmos da comunidade — participando de formas de vida social nas quais você *não* chega a decidir exatamente o que faz ou o que não faz. E isso leva ao insight de que uma produtividade significativa com frequência vem não de apressar as coisas, mas de deixá-las tomar o tempo que tomam, rendendo-se ao que, em alemão, se chamou de *Eigenzeit*,[14] ou o tempo inerente ao próprio processo. Talvez mais radicalmente do que tudo, ver e aceitar nossos limitados poderes sobre o tempo possa nos levar a questionar, em primeiro lugar, a própria ideia de que o tempo é algo que você *usa*. Existe uma alternativa: a ultrapassada mas poderosa noção de *deixar que o tempo use você*, encarando a vida não como uma oportunidade de implementar seus planos predeterminados de sucesso, mas como uma maneira de responder às necessidades de seu lugar e de seu momento na história.

Quero deixar claro que não estou sugerindo que nossos problemas com o tempo estejam, de algum modo, todos na mente, ou que uma simples mudança de perspectiva fará com que todos desapareçam. A pressão do tempo vem mormente de forças que estão fora de nós: de uma economia agressiva e predatória; da perda de redes de segurança sociais e familiares que costumavam ajudar a aliviar o fardo do trabalho e do cuidado com filhos; e da expectativa sexista de que mulheres têm que se destacar em suas carreiras enquanto assumem a maior parte das responsabilidades em casa. Nada disso será resolvido somente com autoajuda; como escreve a jornalista Anne Helen Petersen,[15] num ensaio amplamente compartilhado sobre o burnout dos millennials, não se pode resolver esses problemas "com férias, livro de colorir para adultos, cozinhar como terapia para ansiedade, a técnica Pomodoro, ou passar a noite fazendo coisas absolutamente excêntricas ou desnecessárias". Mas o que estou querendo dizer aqui é que, por mais privilegiada ou desafortunada que seja sua situação específica, enfrentar plenamente a sua realidade só pode ajudar. Enquanto você continuar a responder a demandas impossíveis — considerando o tempo de que dispõe —, tentando se convencer de que um dia poderá encontrar um modo de fazer o impossível, você está implicitamente colaborando com essas demandas. Uma vez tendo percebido profundamente que elas *são* impossíveis, você estará empoderado para resistir a elas, e focar, em vez disso, em construir a vida mais significativa que é capaz de levar, em qualquer situação em que esteja.

Essa noção de que a realização está em abraçar, e não em negar, nossas limitações de tempo não teria surpreendido os filósofos das antigas Grécia e Roma. Eles compreenderam que o ilimitado era terreno preservado dos deuses; os mais nobres objetivos humanos não eram se tornarem divinos, mas serem totalmente humanos. Seja como for, isso é exatamente o que a realidade é, e pode ser surpreendentemente energizante confrontá-la. Na década de 1950, um esplendidamente rabugento autor britânico chamado Charles Garfield Lott Du Cann escreveu um breve livro, *Teach Yourself to Live* [Ensine você mesmo a viver], no qual recomendava a vida que aceita o limite, e respondia acidamente à sugestão de que seu conselho era deprimente: "Deprimente? Nem um pouco. Não mais deprimente do que um banho frio. Você deixa de ficar confuso e desnorteado por uma falsa e equivocada ilusão quanto a sua vida — como a maioria das pessoas fica".[16] É uma excelente postura com a qual enfrentar o desafio de usar bem o tempo. Nenhum de nós é capaz de, sozinho, derrubar uma sociedade dedicada a uma ilimitada produtividade, distração e velocidade. Mas bem aqui, bem agora, você pode parar de comprar a ilusão de que qualquer uma dessas coisas vai lhe trazer satisfação algum dia. Você é capaz de enfrentar os fatos. Pode ligar o chuveiro, preparar-se para uma revigorante água gelada e entrar.

2. A armadilha da eficiência

Comecemos com os negócios. Esse não é nosso único problema com o tempo, e não é um problema de todo mundo. Porém, é uma ilustração singularmente vívida do esforço que investimos na luta contra nossas limitações intrínsecas, graças a como se tornou normal sentir como se você *tivesse*, absolutamente, que fazer mais do que é capaz de fazer. "Negócios" é um nome inadequado para esse estado de coisas porque, realmente, certas formas de negócio podem ser deliciosas. Quem não gostaria de viver em Busytown, o cenário dos icônicos livros infantis da década de 1960, do ilustrador americano Richard Scarry? Seus gatos merceeiros e seus porcos bombeiros estão certamente atarefados, ninguém em Busytown é ocioso — ou, se for, é cuidadosamente oculto pelas autoridades, no estilo de Pyongyang. O que eles não são, contudo, é *sobrecarregados*. Eles exalam o divertido autodomínio de gatos e porcos que têm muito a fazer, mas também toda a confiança de que suas tarefas vão caber confortavelmente nas horas disponíveis — enquanto nós vivemos na constante ansiedade de temer — ou de saber com certeza — que as nossas não cabem.

Pesquisas demonstram que esse sentimento surge em todas as camadas da pirâmide social.[1] Se você está trabalhando em dois empregos que pagam um salário mínimo para pôr comida no estômago de seus filhos, há uma boa probabilidade de que esteja se sentindo assoberbado. Mas se está em uma situação melhor do que essa, vai se sentir assoberbado por razões que lhe parecem não menos convincentes: porque você tem uma casa melhor com custos mais elevados de hipoteca; porque as exigências de seu (interessante, bem pago) emprego conflitam com seu anseio por passar algum tempo com seus pais, que estão envelhecendo, por estar mais envolvido na vida de seus filhos ou por dedicar sua vida a lutar contra a mudança climática. Como demonstrou o professor de direito Daniel Markovits,[2] mesmo os vencedores em nossa cultura obcecada por conquistas — aqueles que conseguem ir para universidades de elite e depois colhem os mais altos salários — descobrem que sua recompensa é uma interminável pressão para trabalhar com "esmagadora intensidade" para poder manter a renda e o status que agora parecem ser pré-requisitos para a vida que querem levar.

Não é só que essa situação pareça ser impossível; em termos estritamente lógicos, é de fato impossível. Não é plausível que você *tenha* que fazer mais do que é capaz de fazer. Isso não faz o menor sentido: se você realmente não tem tempo para tudo que quer fazer ou sente que tem que fazer, então, bem, você não tem tempo — não importa quão graves possam se mostrar as consequências de deixar de fazer aquilo tudo. Assim, tecnicamente, é irracional sentir-se perturbado por uma assoberbante lista de coisas a fazer. Você fará o que puder, não fará o que não puder, e a tirânica voz interior que insiste em dizer que você tem que fazer tudo está simplesmente equivocada. Raramente, no entanto, nos detemos para considerar as coisas de modo tão racional, porque isso significaria confrontar a dolorosa verdade de nossas limitações. Deveríamos ser forçados a reconhecer que há escolhas difíceis de se fazer: quais petecas deixar cair, quais pessoas desapontar, quais acalentadas ambições abandonar, em que papéis fracassar. Talvez você não *possa* manter seu emprego atual e ao mesmo tempo passar tempo suficiente com seus filhos; talvez o ato de reservar algum tempo toda semana para exercer sua criatividade signifique que você *nunca* terá uma casa especialmente bem cuidada ou fará a quantidade de exercícios que deveria, e assim por diante. Em vez disso, numa tentativa de evitar essas verdades desagradáveis, nós usamos a estratégia que domina nossos conselhos mais convencionais de como lidar com as coisas: dizemos a nós mesmos que temos que encontrar um jeito de fazer mais — tentar resolver nossas coisas, poderíamos dizer, tornando-nos ainda mais atarefados.

A CAIXA DE ENTRADA DE SÍSIFO

Esta é uma reação moderna a um problema moderno, mas não é totalmente nova. Em 1908 o jornalista inglês Arnold Bennett publicou um curto e rabugento livro de conselhos,[3] cujo título demonstrava que seu ansioso esforço por se encaixar melhor já estava afligindo seu mundo eduardiano: *Como viver com 24 horas por dia*. "Recentemente, travou-se uma batalha quanto à questão de se uma mulher pode viver bem no país com £85 por ano", escreveu Bennett. "Eu [também] vi um ensaio, 'Como viver com oito xelins por semana'. Mas nunca vi um ensaio 'Como viver com 24 horas por dia'." A piada — para deixar bem claro — está em quão absurdo é que alguém precise desse conselho, já que ninguém jamais teve mais de 24 horas por dia com as quais viver. Mas as pessoas precisam disso, sim: para Bennett e seu público-alvo, profissionais suburbanos viajando de bonde e de trem todo dia de casa para o trabalho nas cidades cada vez mais prósperas da Inglaterra, o tempo estava começando a ser percebido como um contêiner pequeno demais para tudo que ele precisava conter. Ele estava escrevendo, explicou, para seus "companheiros de sofrimento — aquele inumerável bando de almas que são perseguidas, mais ou menos dolorosamente, pela sensação de que os anos vão passando, e passando, e passando, e que elas ainda não são capazes de pôr suas vidas em condições adequadas de funcionamento". Seu diagnóstico franco e direto foi que a maioria das pessoas desperdiçava várias horas por dia, em especial as noites; diziam a si mesmas que estavam cansadas quando poderiam facilmente puxar as meias para cima e continuar com todas as atividades enriquecedoras para as quais, alegavam, jamais tinham tempo. "O que eu sugiro", escreveu Bennett, "é que às seis horas você encare os fatos e admita que não está cansado (porque não está, você sabe)." Como estratégia alternativa, ele sugere, em vez disso, acordar mais cedo; seu livro contém instruções para preparar seu próprio chá, caso se levante antes de quem costuma servi-lo.

Como viver com 24 horas por dia é um livro maravilhosamente estimulante, cheio de sugestões práticas que fazem com que valha a pena lê-lo mesmo hoje em dia. Mas tudo se baseia numa suposição extremamente dúbia (isto é, além da suposição de que você dispõe de alguém que em geral lhe serve o chá. Como quase todo especialista em gestão de tempo que apareceu depois dele, Bennett dá a entender que, se você seguir seu conselho, terminará de fazer coisas realmente importantes o bastante para fazê-lo sentir-se em paz com o tempo. Faça caber um pouco mais de atividade no contêiner de cada dia, ele sugere, e você atingirá o status sereno e dominante de finalmente ter "bastante tempo". Mas isso não era verdade em 1908, e é ainda menos hoje em dia. Foi isso que comecei a perceber naquele banco no parque, no Brooklyn, e ainda acho que é o melhor antídoto para a sensação de estar pressionado pelo tempo, um primeiro passo esplendidamente libertador no caminho para abraçar seus limites: o problema de tentar arranjar tempo para tudo que parece ser importante — ou então para *bastante* daquilo que parece ser importante — é que você definitivamente nunca vai conseguir fazer isso.

O motivo não é que você ainda não tenha descoberto os truques certos para gerenciar o tempo, não tenha se dedicado o suficiente, precise começar a se levantar mais cedo ou que geralmente fique ocioso. É que a premissa subjacente é injustificada: não há razão para acreditar que você algum dia se sentirá "no controle das coisas" ou terá tempo para tudo que importa apenas fazendo mais coisas. Para começar, o conceito de "o que importa" é subjetivo, de modo que você não tem fundamentos para assumir que haverá tempo para tudo que você, seu empregador ou sua cultura por acaso considere importante. Mas a outra questão exasperante é que se você conseguir fazer caber mais, vai descobrir que as traves começam a se alargar: mais coisas começarão a parecer importantes, significativas ou obrigatórias. Adquira a reputação de fazer seu trabalho a uma velocidade impressionante e vai receber mais trabalho. (Seu patrão não é idiota: por que dar trabalho extra a quem é mais lento?) Arranje um modo de passar tempo suficiente com seus filhos e no escritório, para não se sentir culpado num ou noutro caso, e subitamente vai sentir uma nova pressão social: passar mais tempo se exercitando ou se juntar a uma associação de pais e professores — ah, e já não é tempo de finalmente aprender a meditar? Dê um jeito de começar o negócio paralelo com que sonhou durante anos e, se der certo, não passará muito tempo até você querer expandi-lo. O mesmo acontece nos trabalhos domésticos: em seu livro *More Work for Mother* [Mais trabalho para mamãe],[4] a historiadora Ruth Schwartz Cowan mostra que, quando donas de casa têm acesso pela primeira vez a dispositivos que "poupam trabalho", como lavadoras de roupa e aspiradores de pó, não se poupa tempo algum, porque os padrões de limpeza da sociedade simplesmente aumentam para contrabalançar os benefícios; agora que você *pode* fazer cada camisa de seu marido voltar a ficar impecavelmente limpa após um único uso, começa a achar que *deve* fazer isso para mostrar o quanto o ama. "O trabalho se expande a fim de preencher o tempo disponível para completá-lo", escreveu o humorista e historiador inglês C. Northcote Parkinson em 1955,[5] cunhando o que se tornou conhecido como Lei de Parkinson. Mas não é meramente uma piada e não se aplica somente ao trabalho. Aplica-se a tudo que precisa ser feito. Na verdade, é a definição de "o que precisa ser feito" que se expande para preencher o tempo disponível.

Toda essa dolorosa ironia é especialmente impactante no caso do e-mail, essa engenhosa invenção mediante a qual qualquer pessoa aleatória no planeta pode atazanar você, na hora que quiser, e quase sem custo para ela, por meio de uma janela digital que fica a centímetros do seu nariz ou no seu bolso, ao longo de seu dia de trabalho, e com frequência nos fins de semana também. O lado de "input" disso — o número de e-mails que você pode, em princípio, receber — é essencialmente infinito. Mas o lado do "output" — o número de mensagens que você tem tempo de ler direito, responder, ou só tomar uma ponderada decisão de deletar — é estritamente finito. Assim, melhorar seu modo de processar seus e-mails é como ir subindo cada vez mais rápido numa escada de altura infinita: você se apressa mais, mas não importa quão rápido avance, nunca chegará ao topo. Num mito da Grécia antiga, os deuses puniram o deus Sísifo por sua arrogância sentenciando-o a empurrar um enorme bloco de pedra colina acima só para vê-lo rolar encosta abaixo de novo, ação que ele é condenado a repetir por toda a eternidade. Na versão contemporânea, Sísifo esvaziaria sua caixa de entrada, se recostaria, respiraria profundamente antes de ouvir um bipe familiar: "Você tem novas mensagens...".

Aqui a coisa piora, no entanto, porque ocorre o efeito das traves que se movem para aumentar o gol: toda vez que você responde a um e-mail, há uma boa probabilidade de provocar uma nova resposta, o que vai exigir outra resposta, e assim por diante, até o fim do universo. Ao mesmo tempo, você fica sendo conhecido como alguém que responde prontamente a e-mails, e então mais pessoas vão considerar que vale a pena lhe enviar mensagens. Assim, não é simplesmente que você nunca consiga dar conta de seus e-mails; é que, no processo de "dar conta dos e-mails", você na verdade *está gerando mais e-mails*. O princípio geral em operação é o que se poderia chamar de "armadilha da eficiência". O fato de se tornar mais eficiente — ou implementando várias técnicas de produtividade, ou se esforçando mais — em geral não resultará no sentimento de ter "tempo suficiente", porque, se todo o resto continuar igual, as demandas vão aumentar e contrabalançar quaisquer benefícios. Longe de estar terminando de fazer as coisas, você está criando novas coisas para fazer.

Para a maioria de nós, em boa parte do tempo, não é factível evitar totalmente a armadilha da eficiência. Afinal, poucos de nós estão em posição de *não* tentar dar conta de seus e-mails, ainda que a consequência seja receber mais e-mails. O mesmo se aplica a outras responsabilidades da vida: com frequência somos obrigados a descobrir maneiras de encaixar mais coisas na mesma quantidade de tempo, embora, como consequência, acabemos nos sentindo mais atarefados. (Da mesma forma, as donas de casa de Schwartz Cowan, no início do século XX, presumivelmente sentiram que não podiam desafiar a pressão social de ter casas ainda mais arrumadas e mais limpas.) Assim, não quero dar a entender que, uma vez tendo apreendido o que está acontecendo aqui, você, magicamente, nunca mais se sentirá atarefado.

Mas a escolha que você pode fazer é parar de acreditar que algum dia vai resolver o desafio de estar sempre ocupado fazendo mais coisas, porque isso só piora tudo. E quando você parar de investir na ideia de que um dia poderá alcançar a paz de espírito dessa maneira, ficará mais fácil encontrar a paz de espírito no presente, em meio a demandas avassaladoras, porque você não mais estará fazendo com que sua paz de espírito dependa de conseguir lidar com todas as demandas. Uma vez que você pare de acreditar que talvez, de algum modo, seja possível evitar escolhas difíceis quanto ao tempo, fica mais fácil fazer melhores escolhas. Você começa a perceber que quando há muita coisa a fazer, e sempre haverá, a única rota para a liberdade psicológica é abandonar a fantasia, negadora de limites, de que é possível fazer tudo aquilo, e em vez disso se focar em fazer algumas coisas que realmente contam.

A *BUCKETLIST* SEM FUNDO

Toda essa conversa sobre caixas de entrada de e-mails e máquinas de lavar pode dar a impressão de que o sentimento de estar sobrecarregado é somente uma questão de ter muita coisa a fazer no escritório ou em casa. Mas há um sentido mais profundo relacionado a meramente estar vivo no planeta hoje em dia e ser assombrado pelo sentimento de ter "muita coisa a fazer", quer você leve ou não uma vida atarefada de qualquer maneira convencional. Pense nisso como "sobrecarga existencial": o mundo moderno provê um inexaurível suprimento de coisas que parecem valer a pena fazer, e assim surge uma inevitável e intransponível brecha entre o que você idealmente gostaria de fazer e o que efetivamente é capaz de fazer. Como explica o sociólogo alemão Hartmut Rosa,[6] pessoas pré-modernas não estavam muito preocupadas com tais pensamentos, em parte porque acreditavam na vida após a morte: não havia uma pressão particular para "aproveitar ao máximo" seu tempo limitado, porque, no que concernia a elas, ele não era limitado, e de qualquer maneira a vida terrena não era senão um prelúdio relativamente insignificante à parte mais importante. Também tendiam a ver o mundo como imutável ao longo da história, ou, em algumas culturas, como uma repetição de ciclos através dos mesmos e previsíveis estágios. Parecia ser um roteiro conhecido: você se satisfazia em desempenhar seu papel no drama humano — um papel que incontáveis pessoas tinham desempenhado antes de você, e outros milhares desempenhariam após sua morte — sem nenhuma consciência de que estivesse perdendo as excitantes novas possibilidades de seu momento particular na história. (Numa visão de imutabilidade ou ciclicidade da história, nunca há quaisquer novas e excitantes possibilidades.) Mas a modernidade secular muda tudo isso. Quando as pessoas param de acreditar na vida após a morte, tudo depende de aproveitar o máximo *desta* vida. E quando as pessoas começam a acreditar em progresso — na ideia de que a história vai em direção a um futuro ainda mais perfeito —, elas sentem ainda mais agudamente a dor da duração de sua própria vida, que as condena a perder quase todo aquele futuro. E assim tentam abafar sua ansiedade abarrotando a vida com experiências. Em sua introdução, como tradutor, ao livro de Rosa, *Social Acceleration* [Aceleração social], Jonathan Trejo-Mathys escreve:

> Quanto mais somos capazes de acelerar nossa capacidade de ir a diferentes lugares, ver coisas novas, provar novas comidas, abraçar várias formas de espiritualidade, aprender novas atividades, compartilhar prazeres sensuais com outras pessoas seja na dança ou no sexo, experimentar novas formas de arte etc., menos incongruência há entre as possibilidades de experiência que somos capazes de realizar em nossos

tempos de vida e na rede total de possibilidades disponíveis a seres humanos agora e no futuro — isto é, mais próximos chegamos de ter uma verdadeira vida "preenchida", no sentido literal de uma vida que é tão *completamente cheia* de experiências quanto é possível ser.[7]

Assim, o aposentado que tica itens exóticos de uma *bucketlist* e o hedonista que abarrota seus fins de semana com diversão estão, sem dúvida, tão sobrecarregados quanto o exausto assistente social ou o advogado corporativo. É verdade que as coisas com que esses indivíduos se sobrecarregaram são menos ou mais usufruíveis; certamente é mais agradável ter uma longa lista de ilhas gregas para visitar do que uma longa lista de famílias sem-teto para as quais encontrar uma moradia ou uma enorme pilha de contratos que precisam ser revisados. Mas, em todos os casos, dar conta da lista ainda depende de conseguir fazer mais do que eles *são capazes* de fazer. Isso ajuda a explicar por que o fato de abarrotar sua vida com atividades prazerosas tão frequentemente demonstra ser menos satisfatório do que você esperava. É uma tentativa de devorar as experiências que o mundo tem a oferecer, sentir como se você tivesse realmente *vivido* — mas o mundo, com efeito, tem um número infinito de experiências a oferecer, e, assim, arrebanhar um punhado delas não o deixará mais perto de uma sensação de ter feito um banquete com as possibilidades da vida. Em vez disso, você se sentirá outra vez preso diretamente na armadilha da eficiência. Quanto mais experiências maravilhosas você conseguir ter, mais experiências maravilhosas adicionais começará a sentir que poderia ter, ou deveria ter, além de todas que já teve, com o resultado de que o sentimento de sobrecarga existencial ficará ainda pior.

Talvez nem seja preciso lembrar que a internet torna tudo isso muito mais angustiante, porque promete ajudá-lo a fazer um melhor uso do tempo, enquanto, paralelamente, o expõe a muitos mais usos potenciais de seu tempo — de modo que exatamente o instrumento que você está usando para obter o máximo da vida o faz se sentir como se estivesse perdendo ainda mais dela. O Facebook, por exemplo, é um modo extremamente eficiente de estar informado sobre eventos aos quais você poderia querer comparecer. Mas é também um modo garantido de saber sobre mais eventos — aos quais você gostaria de comparecer — do que seria possível a qualquer pessoa comparecer. O aplicativo OKCupid é um modo eficiente de encontrar pessoas para namorar, mas também de ser sempre lembrado de todas as outras, potencialmente mais sedutoras, pessoas que você poderia namorar em vez disso. O e-mail é um incomparável instrumento para responder com rapidez a um grande volume de mensagens — porém, de novo, se não fosse o e-mail, você não estaria recebendo todas essas mensagens. As tecnologias que usamos para tentar "estar por cima de tudo" sempre falham, no fim, porque aumentam o tamanho do "tudo" do qual estaremos por cima.

POR QUE VOCÊ DEVERIA PARAR DE RESOLVER AS PENDÊNCIAS

Até agora, tenho escrito como se a armadilha da eficiência fosse uma simples questão de quantidade: você tem coisas demais a fazer, assim, tenta fazer caber mais no seu tempo, mas o resultado irônico é que você acaba com mais coisas para fazer. O pior aspecto da armadilha, no entanto, é que se trata também de uma questão de qualidade. Quanto mais coisas você se esforça para fazer caber em seu tempo, mais tempo se verá gastando naquilo que é menos significativo. Adote um ultra-ambicioso sistema de gestão de tempo que prometa cuidar de toda a sua lista de coisas a fazer, e provavelmente nunca chegará às coisas mais importantes da lista. Dedique sua aposentadoria a ver o máximo do mundo que puder, e possivelmente nunca chegará a ver as partes mais interessantes.

O motivo para esse efeito é claro e direto: quanto mais firmemente você acreditar que é possível encontrar tempo para tudo, menos pressão sentirá para se perguntar se determinada atividade é a melhor maneira de usar uma porção de seu tempo. Sempre que encontrar um potencial novo item para sua lista de coisas a fazer ou sua agenda social, você estará fortemente inclinado a aceitá-lo, porque vai supor que não precisará sacrificar qualquer uma das outras tarefas ou oportunidades a fim de abrir espaço para isso. Mas como na realidade seu tempo é finito, fazer qualquer coisa requer sacrifício — o sacrifício de todas as outras coisas que você poderia estar fazendo naquela extensão de tempo. Se você nunca parar para perguntar se o sacrifício vale a pena, seus dias começarão a se encher automaticamente não só de mais coisas, mas de mais coisas triviais ou tediosas, porque elas nunca terão de transpor o obstáculo de serem consideradas mais importantes do que as outras. Em geral, essas são as coisas que outras pessoas querem que você faça para que a vida *delas* seja mais fácil, e às quais você não pensou em tentar resistir. Quanto mais eficiente, mais você se tornará "um reservatório ilimitado das expectativas de outras pessoas", nas palavras do especialista em gestão Jim Benson.[8]

Quando eu era pago como um nerd da produtividade, era esse aspecto, em todo o cenário, o que mais me preocupava. Apesar de eu me considerar o tipo de pessoa que leva as coisas a cabo, ficava dolorosamente cada vez mais claro que as coisas que eu fazia mais de maneira mais diligente eram as que *não* eram importantes, enquanto as importantes eram postergadas — ou para sempre ou até que um iminente vencimento de prazo me obrigava a completá-las, num padrão medíocre e numa corrida estressante. O e-mail do departamento de TI de meu jornal sobre a importância de mudar com regularidade a senha provocava minha rápida ação, embora eu pudesse ignorá-lo completamente. (A dica estava no campo do assunto, onde as palavras "Leia, por favor" são geralmente um sinal de que você não precisa se dar ao trabalho de ler o que se segue.) Enquanto isso, a longa mensagem de um velho amigo que agora vive em Nova Delhi e a pesquisa para um grande artigo que eu estava planejando durante meses eram ignoradas, porque eu disse a mim mesmo que essas tarefas precisavam de todo o meu foco, o que significava esperar até ter uma boa porção de tempo livre e menos tarefas pequenas porém urgentes exigindo minha atenção. E assim, em vez disso, como o diligente e eficiente trabalhador que eu era, dediquei minha energia a resolver pendências limpando o convés, avançando pelas pequenas coisas para tirá-las do caminho — para descobrir que fazer isso me tomava um dia inteiro, e que o convés se enchia outra vez durante a noite, e que aquele momento para responder ao e-mail de Nova Delhi ou para pesquisar o artigo que seria um marco nunca chegaria. Podem ser perdidos anos dessa maneira, sistematicamente postergando exatamente as coisas que mais importam.

Aos poucos, cheguei a compreender que o que é necessário nessas situações, em vez disso, é um tipo de antiaptidão: não a estratégia contraprodutiva de tentar se tornar mais eficiente, mas uma disposição de resistir a esses impulsos — de aprender a lidar com a ansiedade de se sentir sobrecarregado, de não estar por cima de tudo, sem reagir automaticamente tentando encaixar mais coisas. Encarar seus dias dessa forma significa, em vez de tentar limpar o convés, *abrir mão* de limpar o convés, focando, ao contrário, no que realmente é importante enquanto aguenta o desconforto de saber que, ao fazer isso, o convés vai se encher ainda mais, com e-mails, tarefas e outras coisas a fazer, muitas das quais você pode nem sequer chegar a abordar. Você às vezes ainda vai decidir se mobilizar num duro esforço para espremer mais coisas em seu tempo, quando as circunstâncias absolutamente exigirem que faça isso. Porém, esse não será seu modo padrão, porque você já não estará mais operando na ilusão de que um dia terá tempo para tudo.

O mesmo vale para uma sobrecarga existencial: o que se requer é a vontade de resistir ao impulso de consumir mais e mais experiências, já que a estratégia só pode levar à sensação de ter ainda mais experiências a consumir. Uma vez que você tenha verdadeiramente entendido que vai perder quase toda a experiência que o mundo tem a oferecer, o fato de haver tantas que você ainda não experimentou deixa de ser percebido como um problema. Em vez disso, você irá se concentrar em usufruir plenamente a minúscula fatia de experiências para as quais de fato tem tempo — e mais livre será para escolher, a cada momento, o que vale mais a pena.

AS ARMADILHAS DA CONVENIÊNCIA

Existe mais um modo, especialmente insidioso, pelo qual a busca por uma incrementada eficiência distorce nosso relacionamento com o tempo hoje em dia: a sedutora atração da *conveniência*. Indústrias inteiras prosperam agora com a promessa de nos ajudar a lidar com uma quantidade avassaladora de coisas a fazer eliminando ou acelerando tarefas tediosas ou demoradas. Mas o resultado — numa ironia que não deveria agora ser surpreendente demais — é que a vida fica sutilmente pior. Como em outras manifestações da armadilha da eficiência, liberar tempo dessa maneira é um tiro que sai pela culatra em termos de quantidade, porque o tempo liberado é logo preenchido com mais coisas que você sente que tem que fazer, e também em termos de qualidade, porque, ao tentar eliminar somente as tarefas tediosas, acabamos eliminando acidentalmente coisas que só valorizamos depois que elas se vão.

Funciona assim: no jargão das start-ups, o modo de fazer fortuna no Vale do Silício é identificar um "ponto de dor" — um dos pequenos aborrecimentos resultantes da (mais jargão) "fricção" da vida cotidiana — e depois oferecer um modo de contorná-lo. Assim, a Uber elimina a "dor" de ter que encontrar o número de sua companhia de táxi local e telefonar ou de tentar pegar um táxi na rua; aplicativos de carteira digital, como Apple Pay, eliminam a "dor" de ter que procurar na bolsa ou no bolso sua carteira física ou o dinheiro. O serviço de entrega de comida Seamless até divulga anúncios — com ironia, mas mesmo assim — vangloriando-se de que poupa a você a agonia de falar com um funcionário de restaurante de carne e osso; em vez disso, você só precisa interagir com uma tela. É verdade que tudo corre mais suavemente dessa maneira, mas a suavidade acaba se mostrando uma virtude duvidosa, uma vez que quase sempre são as texturas nada suaves da vida que a fazem ser vivível, ajudando a nutrir os relacionamentos que são cruciais para a saúde mental e física e para a resiliência de nossas comunidades. Sua lealdade a sua companhia de táxi local é um desses delicados fios sociais que, multiplicados milhares de vezes, unem um bairro inteiro; suas interações com a mulher que toca o restaurante chinês "para viagem" perto de você podem parecer insignificantes, mas ajudam a fazer de sua região o tipo de lugar onde as pessoas ainda conversam entre si, onde uma solidão induzida por tecnologia não reina soberana. (Aceite isso de um escritor que trabalha em casa: um pouco de breves interações com outro ser humano pode fazer toda a diferença no dia.) Quanto a Apple Pay, gosto de um pouco de fricção quando compro alguma coisa, já que aumenta ligeiramente a chance de eu resistir a uma aquisição desnecessária.

Conveniência, em outras palavras, facilita as coisas, mas sem considerar se a facilidade é realmente o que é mais valioso num determinado contexto. Considere esses serviços — aos quais eu recorri demais nos anos recentes — que lhe permitem projetar e depois enviar remotamente um cartão de aniversário, de modo que você nunca vê nem toca o item físico. Melhor do que nada, talvez. Mas quem envia e quem recebe sabem que é um pobre substituto para o ato de comprar um cartão numa loja, escrever nele à mão e depois ir até uma caixa de correio para despachá-lo, porque, contrariamente ao clichê, não é a intenção que conta, e sim o esforço — isto é, a inconveniência. Quando você torna o processo mais conveniente, você lhe drena o significado. O capitalista de risco e cofundador da Reddit, Alexis Ohanian, observou que com frequência nós "nem nos damos conta de que algum processo está rompido até que outra pessoa nos mostra algo melhor".[9] Mas o outro motivo pelo qual talvez não nos demos conta de que algum processo cotidiano está rompido é que ele não está rompido, para começar — e que a inconveniência envolvida, que pode parecer rompimento quando vista de fora, na verdade incorpora algo essencialmente humano.

Frequentemente, o efeito da conveniência não é só o de que certa atividade começa a parecer menos valiosa, mas o de que paramos de nos envolver de todo em certas atividades valiosas em favor de outras mais convenientes. Pelo fato de você *poder* ficar em casa, pedir comida no Seamless e assistir a uma série na Netflix, você se vê fazendo isso — embora talvez esteja perfeitamente consciente de que curtiria mais se mantivesse seu compromisso de se encontrar com amigos ou tentasse uma nova e interessante receita. "Prefiro preparar meu café",[10] escreveu o professor de direito Tim Wu num ensaio sobre as armadilhas da cultura de conveniência, "mas o instantâneo da Starbucks é tão conveniente que quase nunca faço o que 'prefiro'." Enquanto isso, os aspectos da vida que resistem a serem tornados mais suaves começam a parecer repulsivos. "Quando você pode evitar uma fila e comprar entradas para o concerto por telefone", assinala Wu, "esperar na fila para votar numa eleição é irritante." À medida que a conveniência coloniza a vida diária, as atividades aos poucos vão se classificando em dois tipos: o tipo das que são agora muito mais convenientes, mas que sentimos serem vazias ou fora de sincronia com nossas verdadeiras preferências; e o tipo das que agora parecem ser intensamente tediosas por terem se tornado tão inconvenientes.

Resistir a tudo isso como indivíduo ou como família exige fortaleza, porque quanto mais suave fica a vida, mais perverso lhe parecerá insistir em manter as arestas duras ao optar pelo modo inconveniente de fazer as coisas. Livre-se de seu smartphone, pare de usar o Google ou prefira o correio normal ao WhatsApp, e as pessoas, cada vez mais provavelmente, vão questionar sua sanidade. No entanto, isso pode ser feito. A estudiosa da Bíblia e agricultora Sylvia Keesmaat abandonou uma carreira acadêmica de tempo integral em uma universidade em Toronto porque estava seguindo o palpite de que sua vida sobrecarregada — e as eficiências e conveniências de que ela parecia estar precisando — estava, de algum modo, solapando seu significado. Ela se mudou com o marido e os filhos para uma fazenda numa ampla área do interior do Canadá conhecida como Land Between, onde todo dia de inverno começa ao se acender o fogo que vai aquecer a casa e prover o calor para cozinhar:

Toda manhã raspo cuidadosamente as cinzas de ontem... Enquanto disponho os gravetos e ouço o estalar da chama devorando a madeira, eu espero. A casa está fria, e tudo que tenho para fazer nos próximos minutos é ficar atenta e ser paciente. O fogo precisa de tempo para se formar, precisa ser alimentado e nutrido até ter o calor necessário para cozinhar. Se eu for embora e o deixar, ele morrerá. Se esquecer de prestar atenção, ele morrerá. Claro que, sendo fogo, se eu o fizer ficar muito alto e esquecer de prestar atenção, *eu* poderei morrer. Por que correr esse risco?

Alguém me perguntou uma vez quanto tempo leva até eu ter minha primeira xícara de chá quente pela manhã. Bem, vejamos: no inverno eu acendo o fogo, varro o chão e acordo as crianças para as tarefas domésticas... Abro a água para as vacas, levo a elas palha, dou às galinhas um pouco de grão e água, alimento os patos. Às vezes ajudo as crianças com os cavalos e os gatos e depois retorno. Então eu ponho a chaleira no fogo. Talvez eu tenha algo para beber uma hora depois de acordar. Se as coisas correrem bem. Uma hora?[11]

Não precisaríamos cogitar aqui se o novo, conscientemente inconveniente modo de vida de Keesmaat é intrinsecamente superior àquele que tem aquecimento central, comida para viagem e viagem de ida e volta ao trabalho duas vezes por dia. (Embora eu ache que talvez possa ser: seus dias parecem ser atarefados justamente como naquela agradável, não sobrecarregada, percepção do mundo de Richard Scarry.) E nem todo mundo, óbvio, tem a opção de seguir exatamente o tipo de caminho que ela seguiu. Mas a questão real é que a decisão dela de fazer uma mudança tão radical surgiu do reconhecimento de que nunca tinha conseguido construir uma vida mais significativa — que para ela queria dizer cultivar um relacionamento mais atento ao entorno físico de sua família —, poupando tempo e com isso espremendo mais coisas em seu próprio tempo existencial. Para ganhar tempo para o que importava, ela precisava abrir mão de coisas.

A cultura da conveniência nos seduz ao nos fazer imaginar que podemos achar espaço para tudo que for importante eliminando somente as tarefas tediosas da vida. Mas isso é mentira. Você tem que escolher algumas coisas, sacrificar todas as outras, e lidar com a inevitável sensação de perda que resulta disso. Keesmaat escolheu construir fogueiras e cultivar alimento com seus filhos. "Como é que, de outra maneira, vamos conhecer este lugar em que fomos colocados, se não cuidando dele?", ela escreve.[12] "Se não for plantando o alimento que comemos, como é que vamos aprender o caráter vívido do solo, as variadas necessidades de pimentões, alface e couve?" Você pode fazer uma escolha completamente diferente, é claro, mas a inevitável realidade de uma vida humana finita é que você *vai* ter que fazer uma escolha.

3. Enfrentando a finitude

Não se pode ir muito longe ao questionar o que significa ser um ser humano finito, com tempo finito no planeta, sem deparar com o filósofo que foi mais obcecado pelo tema do que qualquer outro pensador: Martin Heidegger. Isso é um acontecimento infeliz por dois motivos, sendo o mais gritante deles o fato de que, por mais de uma década, a partir de 1933, ele foi portador do cartão de membro do Partido Nazista. (A pergunta sobre o que isso significa para sua filosofia é densa e fascinante, mas nos tiraria de nosso rumo. Assim, você terá que decidir sozinho se essa escolha excepcionalmente ruim que ele fez na vida invalida seus pensamentos sobre como fazemos escolhas na vida em geral.) O segundo motivo é que é quase impossível ler Heidegger. Em sua obra abundam expressões quebradas do tipo "estando-em direção-à morte",[1] "de-separação"[2] e — melhor estar sentado para esta — "ansiedade 'diante de' aquela potencialidade-para-ser que é só dele".[3] É por isso que nenhuma interpretação da obra de Heidegger, inclusive a minha, deve ser tida como definitiva. Mas, quanto à segunda acusação, de incompreensibilidade, ele tem uma espécie de defesa. A linguagem cotidiana reflete nosso modo ordinário de ver as coisas. Porém, Heidegger quer raspar os elementos mais básicos da existência — as coisas que quase não notamos por serem tão familiares —, a fim de destacá-los para nossa inspeção. Isso significa tornar as coisas não familiares usando termos não familiares. Assim, você tropeça e esbarra em sua escrita, mas às vezes, em consequência, bate com a cabeça na realidade.

JOGADO NO TEMPO

A coisa mais fundamental que deixamos de considerar no que concerne ao mundo, afirma Heidegger em sua obra magna *Ser e tempo*, é como é desconcertantemente espantosa a existência — o fato de qualquer coisa existir, em vez de não existir nada. A maioria dos filósofos e dos cientistas passa sua carreira ponderando sobre o *modo* como as coisas são: que tipos de coisas existem, de onde vêm, como se relacionam entre si etc. No entanto, nós nos esquecemos de ficar pasmos com o fato de as coisas existirem, em primeiro lugar — de que "um mundo está mudando à nossa volta", como coloca Heidegger.[4] Esse fato — o fato de que *existe ser* — é "a realidade bruta na qual todos nós deveríamos estar constantemente tropeçando", na esplêndida frase da escritora Sarah Bakewell.[5] Mas, quase sempre, isso passa por nós.

Tendo focado nossa atenção nessa questão basilar do "ser" em si mesmo, Heidegger em seguida volta-se especificamente para os humanos e para nosso próprio e específico modo de ser. O que significa, para um ser humano, *ser*? (Estou me dando conta de que isso começa a soar como um esquete de comédia ruim sobre filósofos perdidos em desvairadas abstrações. Temo que fique ainda pior em alguns parágrafos antes de melhorar.) Sua resposta é que nossa ação de ser é totalmente, inteiramente, ligada a nosso tempo finito. Tão ligada, de fato, que os dois (ser e tempo) são sinônimos: ser, para um humano, é acima de tudo existir temporalmente, no espaço entre o nascimento e a morte, certo de que o fim chegará, mas incapaz de saber quando. Tendemos a falar sobre o fato de *termos* uma quantidade limitada de tempo. Mas poderia fazer mais sentido, a partir da estranha perspectiva de Heidegger, dizer que nós *somos* uma quantidade limitada de tempo. É assim que nosso tempo limitado nos define completamente.

Desde que Heidegger fez essa alegação, filósofos têm discordado sobre o que exatamente poderia significar dizer que nós somos tempo — alguns chegaram até mesmo a argumentar que não significa nada —, por isso não deveríamos ficar empacados em tentar esclarecer isso com exatidão. É suficiente extrair disso o insight de que todo momento de uma existência humana é completamente atravessado pelo fato do que Heidegger chama de nossa "finitude". Nosso tempo limitado não é só uma entre as várias coisas com as quais temos que lidar; e sim, é a coisa que nos define, como humanos, antes de começarmos a lidar com qualquer outra. Antes que eu possa fazer uma única pergunta quanto ao que deveria fazer com meu tempo, já me vejo jogado *no* tempo, neste momento particular, com minha história de vida particular, que fez de mim quem eu sou e de sob a qual nunca poderei sair. Olhando adiante para o futuro, eu me vejo igualmente restringido por minha finitude: estou sendo conduzido adiante no rio do tempo, sem possibilidade de sair desse fluxo, avante em direção à minha morte inevitável — que, para tornar as coisas ainda mais problemáticas, pode chegar a qualquer momento.

Nessa situação, toda decisão que eu tomar de fazer seja lá o que for com meu tempo já será radicalmente limitada. Por um lado, é limitada num sentido retroativo, porque eu já sou quem eu sou, e estou onde estou, o que determina quais possibilidades estão abertas para mim. Mas também é radicalmente limitada num sentido prospectivo, inclusive porque uma decisão de fazer seja lá o que for significará automaticamente sacrificar um número infinito de potenciais caminhos alternativos. Quando faço centenas de pequenas escolhas ao longo do dia, estou construindo uma vida — mas, ao mesmo tempo, estou excluindo a possibilidade de inumeráveis outras, para sempre. (A palavra original em latim para "decidir", *decidere*, significa "cortar fora", como que cortando fora alternativas; é uma prima próxima de palavras como "homicídio" e "suicídio".) Toda vida finita — mesmo a melhor que você seja capaz de imaginar — é portanto uma questão de estar, incessantemente, dando adeus a possibilidades.

A única questão real quanto a essa finitude é se queremos ou não confrontá-la. E isso, para Heidegger, é o desafio central da existência humana: uma vez que a finitude define nossas vidas, ele alega que viver uma vida verdadeiramente autêntica — tornando-se plenamente humano — significa enfrentar esse fato. Temos de viver nossa vida, qualquer que seja sua extensão, com clara consciência de nossas limitações, no modo de existência não iludido que Heidegger chama de "estando-em-direção-à morte", cientes de que *é isso aí*, de que a vida não é um ensaio geral, que toda escolha requer uma variedade de sacrifícios, e que o tempo está sempre passando rapidamente — na verdade, que ele pode se esgotar hoje, amanhã ou no mês que vem. Assim, não é meramente uma questão de passar cada dia "como se" ele fosse o último, como diz o clichê. A questão é que ele sempre pode realmente ser. Não posso depender inteiramente de um único momento do futuro.

Obviamente, de qualquer perspectiva comum, tudo isso soa intoleravelmente mórbido e estressante. Mas então, na medida em que você consegue alcançar essa percepção da vida, você *não* a estará vendo de uma perspectiva comum — e "mórbida e estressante", ao menos segundo Heidegger, é exatamente o que ela não é. Ao contrário, é a única maneira que um ser humano finito tem de vivê-la plenamente, de se relacionar com outras pessoas como sendo plenamente humanas e de experimentar o mundo como ele realmente é. O que de fato é mórbido, a partir dessa perspectiva, é o que a maioria de nós faz em boa parte do tempo em vez de confrontar nossa finitude, que é se permitir a evitação e a denegação, ou o que Heidegger chama de "queda". Em vez de assumir a propriedade de nossas próprias vidas, buscamos distrações ou nos perdemos em ocupações e na rotina diária para tentar esquecer nossos apuros. Ou então tentamos nos esquivar da intimidante responsabilidade de ter que decidir o que fazer quanto a nosso tempo finito dizendo a nós mesmos que não temos escolha — que temos que nos casar, que permanecer num emprego que nos destrói a alma ou qualquer outra coisa, simplesmente porque é a coisa a ser feita. Ou, como vimos no capítulo anterior, embarcamos na vã tentativa de "fazer tudo que temos que fazer", que é, com efeito, outra maneira de tentar se evadir da responsabilidade de decidir o que fazer com nosso tempo finito — porque, se você efetivamente *puder* fazer tudo, nunca terá que escolher entre possibilidades mutuamente excludentes. Em geral, a vida é mais confortável quando você a passa dessa maneira, evitando a verdade. Mas é um tipo de conforto bestificante e mortal. É só enfrentando nossa finitude que podemos entrar num relacionamento verdadeiramente autêntico com a vida.

CAINDO NA REAL

Em seu livro de 2019, *This Life* [Esta vida], o filósofo sueco Martin Hägglund deixa isso um pouco mais claro e menos místico, justapondo a ideia de enfrentar nossa finitude com a crença religiosa numa vida eterna. Se você realmente acha que a vida nunca vai terminar, ele alega, então nunca nada poderá importar autenticamente, porque você nunca enfrentará a situação de ter que decidir se vai ou não usar uma porção de sua preciosa vida em alguma coisa. "Se eu acreditasse que minha vida fosse durar para sempre", escreve Hägglund, "nunca ia achar que minha vida está em jogo, e nunca me veria na necessidade de fazer alguma coisa com meu tempo."[6] A eternidade seria mortalmente enfadonha, porque sempre que você se perguntasse se era para fazer ou não determinada coisa, em algum determinado dia, a resposta sempre seria: Quem se importa? Afinal, sempre haverá o amanhã, e o dia seguinte, e o seguinte... Hägglund cita um título de artigo da revista U.S. *Catholic* que tem o ar de ter sido escrito por um devoto religioso a quem surgiu de repente uma terrível possibilidade: "O céu: será que é maçante?".[7]

Por outro lado, Hägglund descreve as férias anuais que passou com seus parentes numa casa na ventosa costa báltica da Suécia. É intrínseco ao valor dessa experiência, ele observa, que ele não estará por aqui para experimentá--la para sempre, tampouco seus familiares, e que seus relacionamentos com seus familiares são portanto temporários também — e mesmo a linha costeira, em seu formato atual, é um fenômeno transitório, pois terra firme continua a surgir como resultado da retração de 12 mil anos das geleiras da região. Se Hägglund desse como certo um número infinito dessas férias de verão, não haveria muito o que valorizar em cada uma delas; é apenas a certeza de que, definitivamente, não terá uma infinidade delas que as faz valerem a pena. Na verdade também, alega Hägglund, é apenas dessa posição de valorizar o que é finito por ser finito que é possível realmente se preocupar com o impacto de um perigo coletivo, como a mudança climática, que está desencadeando transformações na paisagem nativa do país. Se nossa existência terrena fosse meramente o prelúdio de uma eternidade no céu, ameaças a essa existência não importariam em nenhum sentido definitivo.

Claro, se você não é religioso, e mesmo se for, talvez não acredite literalmente numa vida eterna. Mas quem quer que passe seus dias sem confrontar a verdade de sua finitude — convencendo a si mesmo, num nível subconsciente, de que tem todo o tempo do mundo, ou, alternativamente, que será capaz de amontoar uma quantidade infinita de coisas no tempo de que dispõe — está essencialmente no mesmo barco. Esses estão vivendo em denegação do fato de que seu tempo é limitado; assim, quando têm que decidir como usar qualquer determinada porção desse tempo, nada pode estar autenticamente em jogo para eles. É ao confrontar conscientemente a certeza da morte, e o que se segue a essa certeza, que por fim nos tornamos verdadeiramente presentes em nossas vidas.

Esse é o âmago de sabedoria no clichê daquela celebridade que alega que o episódio de um câncer foi "a melhor coisa que já aconteceu": isso a lança num modo de vida mais autêntico, no qual tudo de repente parece ser mais vividamente significativo. Esses relatos dão, às vezes, a impressão de que as pessoas provavelmente ficam mais felizes depois de enfrentar a verdade sobre a morte, o que não é o caso; "mais feliz" é claramente a expressão errada para denominar a nova profundidade que se acrescenta à vida quando você percebe, bem no fundo, o fato de que vai morrer e que, portanto, seu tempo é rigorosamente limitado. Porém, as coisas decerto ficam *mais reais*. Como evoca em seu livro de memórias, *The Iceberg*, a escultora britânica Marion Coutts estava levando seu filho de dois anos a seu primeiro dia com um novo cuidador quando o marido, o crítico de arte Tom Lubbock, contou-lhe sobre o tumor cerebral maligno do qual morreria três anos mais tarde:

> Alguma coisa havia acontecido. Algo novo. Temos um diagnóstico com status de um verdadeiro evento. As notícias fazem uma ruptura com o que havia antes: clara, completa e total, salvo em um aspecto. Parece que, após o evento, a decisão que tomamos é a de permanecer. Nossa [família] continua unida.
> Aprendemos algo. Somos mortais. Você pode dizer que sabe disso, mas não sabe. As notícias caem nitidamente entre um momento e o outro. Você não pensaria que existe uma brecha para algo assim... É como se uma nova lei física tivesse sido descrita para nós sob medida: absoluta como são todas as outras, mas terrivelmente casual. É uma lei da percepção. Ela diz: *Você vai perder tudo que atrai seu olhar.*[8]

Se é que isso precisa ser dito, não é que um diagnóstico de doença terminal, o luto ou qualquer outro encontro com a morte seja algo bom, desejável ou que "vale a pena". Mas essas experiências, conquanto totalmente não bem-vindas, com frequência parecem deixar aqueles que passam por elas numa nova e mais honesta relação com o tempo. A questão é se somos capazes de alcançar ao menos um pouco dessa mesma atitude sem a experiência de uma angustiante perda. Escritores têm se esforçado por expressar a qualidade particular que essa maneira de ser infunde na vida, porque se "mais feliz" é o termo errado para ela, "mais triste" tampouco a expressa. Você poderia chamá-la de "brilhante tristeza"[9] (como fez o sacerdote e autor Richard Rohr), "teimosa alegria"[10] (como chamou o poeta Jack Gilbert) ou "sóbrio regozijo"[11] (como nomeou o estudioso de Heidegger Bruce Ballard). Ou então poderia chamá-la de, finalmente, o encontro da vida real, e o fato bruto de nossas semanas finitas.

TUDO É TEMPO EMPRESTADO

Este é o ponto no qual eu deveria ser sincero e admitir que, infelizmente, não vivo minha própria vida diária num permanente estado de inabalável aceitação de minha mortalidade. Talvez ninguém faça isso. O que posso confirmar, contudo, é que, se você for capaz de adotar a perspectiva que estávamos explorando aqui, mesmo que só um pouco — se pode manter sua atenção, mesmo que breve ou ocasionalmente, no puro assombro de *ser* e na pequena porção desse ser que cabe a você —, poderá experimentar uma mudança palpável na sensação de como é estar aqui, bem agora, vivo no fluir do tempo. (Ou *como* o fluir do tempo, como diria Heidegger.) De um ponto de vista da vida cotidiana, o fato de que a vida é finita é percebido como um terrível insulto, "uma espécie de afronta pessoal, uma retirada do tempo de alguém", nas palavras de um erudito.[12] Lá estava você, planejando viver para sempre — como afirma o velho dito de Woody Allen, não nos corações de seus compatriotas, mas no seu apartamento —, mas aí vem a mortalidade para roubar a vida que lhe é de direito.

Contudo, refletindo melhor, há algo muito justificável nessa atitude. Por que supor que o padrão é um suprimento infinito de tempo e a mortalidade é uma ultrajante violação? Ou, para expressar de outro modo, por que tratar 4 mil semanas como um número muito pequeno, por ser tão minúsculo comparado com a infinitude, e não como um número enorme, por ser muito mais semanas do que seriam se você não tivesse nascido? Com certeza, apenas quem não conseguiu notar quão notável é o fato de que alguma coisa *exista*, em primeiro lugar, tomaria seu próprio ser como algo natural por si mesmo — como se fosse alguma coisa a que ele tem todo o direito e que lhe foi conferida para nunca lhe ser tirada. Talvez, então, não é que você tenha sido enganado por não ter recebido um suprimento ilimitado de tempo; talvez seja quase incompreensivelmente miraculoso que lhe tenha sido assegurado algum tempo.

O escritor canadense David Cain compreendeu tudo isso de uma hora para outra no verão de 2018, quando assistiu a um evento no distrito de Greektown, em Toronto. A noite transcorria sem nenhuma ocorrência especial: "Era cedo", ele lembra, "assim passei algum tempo num parque próximo, depois fui dar uma espiada nas lojas e nos restaurantes da Danforth Avenue. Parei em frente a uma igreja para amarrar meu sapato. Lembro-me de estar nervoso porque ia me encontrar com um grupo de pessoas que não conhecia."[13] Então, duas semanas depois, no mesmo trecho da rua, um homem desvairado atirou em catorze pessoas, matando duas delas, e em seguida se matou. Em termos racionais, reconhece Cain, isso não quer dizer que ele tenha escapado por um triz; milhares de pessoas passam pela Danforth Avenue todos os dias, e ele não escapou por alguns minutos. Mesmo assim, a sensação de que poderia ter sido apanhado naquele tiroteio foi poderosa o suficiente para pôr em foco o que significava o fato de não ter acontecido com ele. "Quando vi os vídeos com o relato de testemunhas, inclusive alguns em frente à igreja onde eu amarrei meus sapatos e na esquina em que perambulei nervoso", ele escreveu mais tarde, "isso me deu um choque vital de perspectiva: acontece que estou vivo, e não há lei cósmica que me dê direito a esse status. Estar vivo é só uma casualidade, e nem um só dia a mais disso está garantido."

Esse tipo de mudança de perspectiva, eu descobri, tem um efeito especialmente impactante na experiência das atribulações do dia a dia — em minha reação a engarrafamentos e a filas de checagem de segurança em aeroportos, a bebês que não dormem a partir das cinco horas da manhã e a lavadoras de pratos que pelo visto vou ter que descarregar de novo esta noite, mesmo (acho que você vai descobrir!) que tenha feito isso ontem. Fico embaraçado em admitir o efeito exageradamente negativo que essas pequenas frustrações tiveram sobre minha felicidade durante anos. Bem frequentemente, ainda têm; mas o efeito era pior no auge de minha nerdice de produtividade, porque quando você está tentando ser o Senhor de Seu Tempo, poucas coisas são mais enfurecedoras do que uma tarefa ou um atraso que lhe são impingidos contra sua vontade, sem respeito pelo cronograma que você penosamente inseriu em seu notebook supercaro. Mas quando, em vez disso, você presta atenção no fato de que está na posição de *ter*, em primeiro lugar, uma experiência irritante, as coisas podem parecer muito diferentes. De repente, pode parecer espantoso estar lá, tendo uma experiência, de um modo que é avassaladoramente mais importante do que o fato de a experiência ser incômoda. Geoff Lye, um consultor ambiental britânico, disse-me uma vez que, após a morte súbita e prematura de seu amigo e colega David Watson, ele se viu preso num engarrafamento sem contrair os punhos de nervosismo, como comumente fazia, mas se perguntando: "O que David não daria para estar preso neste engarrafamento?". O mesmo valia para filas em supermercados e em serviços ao consumidor que o faziam ter que esperar muito tempo. O foco de Lye não era mais exclusivamente no *que* ele estava fazendo naqueles momentos ou no que poderia estar fazendo em vez disso; agora, ele também percebia que *estava fazendo* aquilo, com o afloramento de uma gratidão que o pegava de surpresa.

E agora considere o que tudo isso significa na questão crucial e básica de escolher o que fazer com seu limitado tempo. Como vimos, é um fato da vida que, como ser humano finito, você está sempre fazendo escolhas difíceis — de modo que, por exemplo, para passar esta tarde fazendo uma coisa que me interessa (escrever), eu necessariamente tive de deixar que fazer muitas outras que me interessavam também (como brincar com meu filho). É natural ver essa situação como muito lamentável e ansiar por alguma versão alternativa da existência na qual não tenhamos que escolher dessa maneira entre atividades que valorizamos. Contudo, se é espantoso ter como assegurado o simples fato de ser — se "toda sua vida é tempo emprestado", como constatou Cain assistindo às notícias dos tiros na Danforth Avenue —, então não faria mais sentido não falar de ter que fazer essas escolhas, e sim tratar de fazê-las? A partir desse ponto de vista, a situação começa a parecer muito menos lamentável: cada momento de decisão torna-se uma oportunidade de selecionar uma possibilidade num atraente menu de possibilidades, quando você poderia, muito facilmente, nunca ter sido apresentado a esse menu, para começar. Assim, deixa de fazer sentido você ter pena de si mesmo por lhe terem sido negadas todas as outras opções.

Nessa situação, fazer uma escolha — pegando um item do menu —, longe de representar algum tipo de derrota, torna-se uma afirmação. É um comprometimento positivo, o de passar certa porção de tempo fazendo *isto* em lugar *daquilo* — na verdade, em lugar de um número infinito de outros "aquilos" — porque *isto*, assim você decidiu, é o que mais conta agora. Em outras palavras, é exatamente o fato de que eu poderia ter escolhido uma maneira diferente, e talvez tão valiosa quanto esta, de passar esta tarde que dá significado à escolha que fiz. E o mesmo se aplica, é claro, a toda uma vida. Por exemplo, é exatamente o fato de o casamento eliminar a possibilidade de encontrar outra pessoa — alguém que talvez teria sido um melhor parceiro conjugal, quem pode afirmar que não? — que faz o casamento ser tão significativo. A exaltação que às vezes o acomete quando percebe essa verdade sobre a finitude foi chamada de "a alegria de ter perdido algo", mediante um deliberado contraste com a ideia do "medo de perder algo". É o emocionante reconhecimento de que você nem sequer deveria querer ser capaz de fazer tudo, pois, se não tivesse que decidir o que deixar de fazer, suas escolhas não significariam nada. Nesse estado de espírito, você pode abraçar o fato de que está perdendo certos prazeres ou negligenciando certas obrigações porque o que quer que tenha decidido fazer em vez daquilo — ganhar dinheiro para sustentar sua família, escrever seu romance, dar banho no filho pequeno, fazer uma pausa na caminhada na trilha para ver o pálido sol de inverno mergulhar abaixo do horizonte no crepúsculo — é o modo que escolheu de passar uma porção de seu tempo a qual você nunca teve qualquer direito de esperar.

4. Tornando-se um melhor procrastinador

Talvez, no entanto, estejamos correndo o perigo de nos tornarmos um pouco metafísicos demais quanto a tudo isso. Muitos dos filósofos que ponderaram sobre o tema da finitude humana foram relutantes em traduzir suas observações num conselho prático, porque isso remete à autoajuda. (E Deus nos livre que alguém queira ajudar a si mesmo!) Mas seus insights têm ramificações concretas na vida cotidiana. Além de qualquer outra coisa, eles deixam claro que o desafio essencial de gerenciar nosso tempo limitado não é o de como conseguir fazer todas as coisas — isso nunca vai acontecer —, mas como decidir da maneira mais sábia possível o que *não* fazer e como se sentir em paz quanto a não ter feito. Como diz o escritor e professor americano Gregg Krech,[1] precisamos aprender a nos sair melhor em procrastinação. Alguma procrastinação, de algum tipo, é inevitável: de fato, em algum momento você estará procrastinando em quase tudo, e no fim de sua vida terá andado por aí não fazendo quase nada do que teoricamente poderia ter feito. Assim, a questão não é erradicar a procrastinação, mas escolher mais sabiamente o que você vai procrastinar para poder focar no que mais importa. A medida real de qualquer técnica de gestão de tempo é *se ajuda ou não ajuda você a negligenciar as coisas certas*.

Uma grande proporção delas não ajuda. Torna as coisas piores. A maioria dos especialistas em produtividade age meramente como habilitadores de nossos problemas com o tempo, oferecendo maneiras de continuar acreditando que é possível fazer todas as coisas. Talvez você esteja familiarizado com a parábola extraordinariamente irritante das pedras no jarro,[2] que foi pela primeira vez infligida ao mundo no livro de Stephen Covey, publicado originalmente em 1994, *Primeiro o mais importante*, e que desde então tem sido repetida *ad nauseam* nos círculos de produtividade. Na versão que me é mais familiar, um professor entra um dia em sua classe carregando várias pedras de tamanho razoável, alguns seixos, um saco com areia e um grande jarro de vidro. Ele lança um desafio a seus alunos: será que poderão fazer caber todas as pedras, os seixos e a areia no jarro? Os alunos, que aparentemente são um pouco lentos, tentam primeiro pôr os seixos ou a areia, para descobrir que as pedras não cabem. Depois — e sem dúvida com um sorriso condescendente —, o professor demonstra a solução: põe as pedras primeiro, depois os seixos, e depois a areia, de modo que os itens menores se aninham confortavelmente nos interstícios entre os maiores. A moral é que se você abre espaço para as coisas mais importantes primeiro, você fará todas e terá muito espaço para as coisas menos importantes. Mas, se não acessar sua lista de coisas a fazer nessa ordem, nunca vai conseguir encaixar as coisas maiores totalmente.

Aqui termina a história — mas é mentira. O presunçoso professor está sendo desonesto. Ele preparou sua demonstração trazendo só poucas pedras grandes, sabendo que caberiam no jarro. Contudo, hoje o real problema na gestão de tempo não é que somos ruins na priorização das pedras grandes. É que há pedras demais — e a maioria delas nunca vai caber nem de longe naquele jarro. A questão essencial não é como diferenciar entre atividades que importam e aquelas que não importam, mas o que fazer quando coisas demais parecem ser pelo menos um pouco importantes, e portanto indiscutivelmente qualificáveis como pedras grandes. Felizmente, um punhado de mentes mais inteligentes abordou esse mesmo dilema, e seu conselho coalesce em torno de três princípios mais importantes.

A ARTE DA NEGLIGÊNCIA CRIATIVA

O princípio número um quando se trata de tempo é *pague a você mesmo primeiro*. Estou tomando essa frase emprestada da romancista gráfica e coach de criatividade Jessica Abel,[3] que, por sua vez, a tomou emprestada do mundo das finanças pessoais, onde esse enunciado tem sido há muito uma verdade absoluta, porque funciona. Se você pega uma porção de seu salário no dia em que o recebe e a guarda em forma de poupança ou investimento ou a usa para pagar dívidas, provavelmente nunca sentirá falta desse dinheiro; vai continuar com seus afazeres — comprando seus mantimentos, pagando suas contas —, exatamente como se nunca tivesse tido aquela porção de dinheiro. (Há limites, é claro: esse plano não vai funcionar se você só ganha literalmente o necessário para sobreviver.) Mas se, como a maioria das pessoas, você em vez disso "pagar a si mesmo no fim" — comprando aquilo de que precisa e esperando que sobre algum dinheiro para pôr na poupança —, comumente vai descobrir que não sobrou nada. E não necessariamente porque você desperdiçou indulgentemente em cafés, pedicure, novas engenhocas eletrônicas ou heroína. Toda despesa deve ter sido percebida como eminentemente adequada e necessária no momento em que você a fez. O problema é que somos terríveis em planejamentos a longo prazo: se algo parece ser uma prioridade bem agora, é quase impossível avaliar com frieza se ainda vai parecer dentro de uma semana ou um mês. E assim, erramos naturalmente para o lado do gasto — e depois nos sentimos mal por não termos deixado nada para a poupança.

A mesma lógica, assinala Abel, aplica-se ao tempo. Se você tentar encontrar tempo para as atividades que mais valoriza atendendo primeiro a todas as outras demandas importantes a seu tempo, na esperança de que sobrará algum no fim, vai se desapontar. Assim, se determinada atividade realmente lhe importa — um projeto criativo, digamos, embora possa ser também uma que alimente um relacionamento ou um ativismo a serviço de alguma causa —, a única maneira de ter certeza de que vai acontecer é fazer parte dela ainda hoje, não importa quão pequena, não importa quantas outras pedras de fato grandes possam estar pedindo sua atenção. Após anos tentando, e fracassando, arranjar tempo para seu trabalho de ilustradora, intervindo em sua lista de coisas por fazer e embaralhando seu cronograma, Abel viu que sua única opção viável era, em vez disso, arranjar tempo — para só começar a desenhar, por uma ou duas horas, todo dia, e aceitar as consequências, mesmo que entre elas estivesse negligenciar outras atividades que sinceramente valorizava. "Se você não reservar um pouco de seu tempo para você mesma, agora, toda semana", como ela diz, "não haverá momento no futuro em que você magicamente terá feito tudo e ainda tenha muito tempo livre." É o mesmo entendimento incorporado em duas veneráveis peças de aconselhamento para gestão de tempo: trabalhar em seu projeto mais importante na primeira hora de cada dia e proteger seu tempo agendando "encontros" com você mesmo e os marcando em seu calendário para evitar a intrusão de outros compromissos. Considerar a ideia de "pague a você mesmo primeiro" transforma essas dicas de liga-desliga numa filosofia de vida em cujo cerne reside este simples discernimento: se planeja passar parte de suas 4 mil semanas fazendo o que mais lhe importa, então em algum momento você tem que começar a fazer isso.

O segundo princípio é *limitar o número de trabalhos em andamento*. Talvez o modo mais atraente de resistir à verdade sobre a limitação de tempo seja começar um grande número de projetos de uma só vez; desse modo, você se sentiria como se estivesse fazendo várias coisas ao mesmo tempo e tendo progresso em todas as frentes. Em vez disso, o que comumente acaba acontecendo é que não faz progresso em frente alguma — porque toda vez que um projeto começa a ficar difícil, assustador ou maçante, você pode largá-lo e ir para outro. Com isso, você preserva a sensação de estar no controle das coisas, mas ao preço de nunca terminar nada que seja importante.

A atitude alternativa é fixar um rígido limite superior ao número de coisas nas quais se permite trabalhar em cada dado momento. Em seu livro *Personal Kanban* [Kanban pessoal],[4] que explora essa estratégia detalhadamente, os especialistas em gestão Jim Benson e Tonianne DeMaria Barry sugerem não mais que três itens. Uma vez tendo selecionado essas tarefas, todas as demais demandas que venham para seu tempo terão que esperar até que esses três itens tenham sido completados, liberando assim uma brecha. (Também é permissível liberar uma brecha abandonando um projeto totalmente se ele não estiver funcionando. A questão é não se obrigar a terminar absolutamente tudo que começar, e sim banir o mau hábito de manter um número sempre crescente de projetos semifinalizados em banho-maria.)

Fazer essa mudança, embora modesta, em minhas práticas de trabalho produziu um efeito espantosamente grande. Não me era mais possível ignorar o fato de que minha capacidade de trabalho era estritamente finita — porque toda vez que eu selecionava uma nova tarefa de minha lista de coisas a fazer para ser um dos três itens de trabalho em andamento, era obrigado a contemplar todos aqueles que inevitavelmente seriam negligenciados para que eu pudesse me focar naquele. E exatamente porque fui obrigado a confrontar a realidade desse modo — ver que eu estava *sempre* negligenciando a maioria das tarefas para poder trabalhar em alguma coisa e que trabalhar em tudo ao mesmo tempo simplesmente não era uma opção —, o resultado foi uma poderosa sensação de imperturbável calma, e muito mais produtividade do que em meus dias de obsessiva produtividade. Outra feliz consequência foi que me vi dividindo meus projetos em porções manejáveis, uma estratégia com a qual há muito eu concordava em teoria, mas nunca tinha implementado propriamente. Agora ela se tornara a coisa a ser feita intuitivamente: estava claro que se eu intitulasse "escreva um livro" ou "mude de residência" como uma de minhas três tarefas em andamento, isso ia travar o sistema durante meses, por isso eu ficava naturalmente motivado a imaginar o próximo passo como algo atingível. Em vez de tentar fazer tudo, descobri que era mais fácil aceitar a verdade de que eu só faria poucas coisas a cada determinado dia. A diferença, dessa vez, foi que eu efetivamente as fiz.

O terceiro princípio é *resistir à sedução de prioridades medianas*. Há uma história atribuída a Warren Buffett[5] — embora provavelmente somente do jeito apócrifo como discernimentos sábios são atribuídos a Albert Einstein ou a Buda, independe de sua fonte real — na qual seu piloto pessoal pergunta ao famoso e astuto investidor como estabelecer prioridades. Eu seria tentado a responder: "Concentre-se apenas em pilotar o avião!". Porém, aparentemente, isso não ocorreu em meio a um voo, porque o conselho de Buffett é diferente: ele diz ao homem que faça uma lista das principais 25 coisas que ele quer na vida e depois as ordene da mais importante para a menos importante. As cinco primeiras, diz Buffett, deveriam ser aquelas em torno das quais ele organizaria seu tempo. Mas, ao contrário do que o piloto talvez esperasse ouvir, as vinte restantes, teria explicado Buffett, não eram as prioridades de segundo escalão às quais ele deveria se voltar quando tivesse oportunidade. Longe disso. Na verdade, eram as que ele deveria evitar a todo custo — porque eram ambições cuja importância era insuficiente para que ele as pusesse no cerne de sua vida, mas sedutoras o bastante para distraí-lo das que mais importavam.

Você não precisa adotar a prática específica de listar seus objetivos (eu, pessoalmente, não listo) para apreciar a questão subjacente, que é o fato de que, num mundo com demasiadas pedras grandes, é nas moderadamente atraentes — a oportunidade razoavelmente interessante de emprego, a amizade parcialmente gratificante — que uma vida finita pode vir a fracassar. É um clichê de autoajuda que a maioria de nós precisa melhorar ao aprender a dizer não. Mas, como assinala a escritora Elizabeth Gilbert, é fácil demais assumir que isso meramente implica achar coragem para declinar de várias coisas maçantes que você nunca quis fazer, para começar. Na verdade, ela explica, "é muito mais difícil do que isso. Você precisa aprender a como começar a dizer não a coisas que você *sim* quer fazer, reconhecendo que tem apenas uma vida".[6]

PERFEIÇÃO E PARALISIA

Se uma hábil gestão de tempo é mais bem entendida como uma questão de aprender a procrastinar, enfrentando a verdade sobre sua finitude e fazendo suas escolhas de acordo com isso, então *outro* tipo de procrastinação — o tipo ruim, que nos impede de fazer progresso no trabalho que nos importa — é comumente o resultado de tentar evitar essa verdade. O bom procrastinador aceita o fato de que não pode fazer tudo, depois decide o mais sabiamente possível em quais tarefas focar e quais negligenciar. Em contraste, o mau procrastinador se vê paralisado exatamente porque não pode aguentar a ideia de enfrentar suas limitações. Para ele, a procrastinação é uma estratégia de esquiva emocional — um modo de tentar não sentir a angústia emocional que vem com o reconhecimento de ser um ser humano finito.

As limitações que estamos tentando evitar quando nos envolvemos nesse contraproducente tipo de procrastinação com frequência não têm nada a ver com o *quanto* seremos capazes de fazer no tempo disponível; em geral, a questão é a preocupação de não termos talento para produzir um trabalho de qualidade suficiente, de que os outros não reajam a ele como gostaríamos ou de que, de algum modo, as coisas não corram como queremos. O filósofo Costica Bradatan[7] ilustra essa questão com uma fábula sobre um arquiteto de Shiraz, na Pérsia, que projetou a mais bela mesquita do mundo: uma estrutura de tirar o fôlego, deslumbrantemente original mas classicamente bem-proporcionada, que inspirava reverência em sua grandeza, mas era totalmente despretensiosa. Todos os que viram os planos arquitetônicos quiseram comprá-los ou roubá-los; construtores famosos lhe imploraram que lhes permitisse assumir a obra. Porém, o arquiteto trancou-se em seu estúdio e ficou olhando para os planos durante três dias e três noites — depois os queimou todos. Pode ter sido um gênio, mas também era um perfeccionista: a mesquita de sua imaginação era perfeita, e o angustiava contemplar as concessões que teria que fazer para torná-la real. Mesmo o maior dos construtores inevitavelmente fracassaria em reproduzir seus planos com absoluta fidelidade; tampouco seria capaz de proteger sua criação das destruições do tempo — da decadência física ou de exércitos saqueadores que poderiam reduzi-la a pó. Entrar no mundo da finitude, ao efetivamente construir a mesquita, significaria enfrentar tudo que ele não poderia fazer. Melhor acalentar uma fantasia ideal do que se resignar à realidade, com todas as suas limitações e imprevisibilidades.

Bradatan alega que, quando nos vemos procrastinando algo que é importante para nós, comumente estamos em alguma versão dessa mesma mentalidade. Não conseguimos ver, ou nos recusamos a aceitar, que qualquer tentativa de levar nossas ideias a uma realidade concreta estaria inevitavelmente aquém de nossos sonhos, não importa quão brilhantemente tenhamos êxito em conduzir as coisas — porque a realidade, diferente da fantasia, é um reino sobre o qual não temos controle ilimitado, e onde não podemos esperar atingir nossos padrões perfeccionistas. Alguma coisa — nossos limitados talentos, nosso limitado tempo, nosso limitado controle sobre os acontecimentos e sobre as ações de outras pessoas — sempre fará nossa criação ser menos do que perfeita. Por mais desanimador que possa parecer no início, isso contém uma mensagem libertadora: se você está procrastinando algo porque está preocupado em não estar fazendo um bom trabalho, pode relaxar — porque, a julgar pelos padrões falhos de sua imaginação, você definitivamente *não* fará um trabalho bom o bastante. Então, você também poderia começar.

E esse tipo de procrastinação que se esquiva da finitude certamente não está restrito ao mundo do trabalho. É um aspecto importante em relacionamentos também, em que uma recusa semelhante de encarar a verdade sobre a finitude pode manter pessoas atoladas em um modo miseravelmente tentativo de existência por anos a fio. Como exemplo de um conto com uma lição de moral, considere o caso do pior namorado que já existiu, Franz Kafka,[8] cuja ligação romântica mais importante começou numa noite de verão em Praga, em 1912, quando ele tinha 29 anos. Jantando na casa de seu amigo, Max Brod, Kafka conheceu a prima de seu anfitrião, Felice Bauer, que fora de Berlim para visitá-lo. Ela, uma moça de espírito independente, com 24 anos, já usufruindo de sucesso profissional numa companhia fabril na Alemanha, com seu vigor, tipo pés no chão, atraiu o neurótico e inibido Kafka. Pouco sabemos sobre a intensidade do sentimento na outra direção, já que só os relatos de Kafka sobrevivem, mas ele estava apaixonado, e logo começou um relacionamento.

Ou pelo menos começou em forma de correspondência: durante os cinco anos seguintes, o casal trocou centenas de cartas, mas encontrou-se apenas um punhado de vezes, sendo cada uma delas, aparentemente, uma fonte de sofrimento para Kafka. Sete meses após o primeiro encontro, ele finalmente concordou com que os dois se vissem uma segunda vez, mas enviou na manhã do encontro um telegrama dizendo que não iria; depois acabou aparecendo, mas num humor sombrio. Quando posteriormente ficaram noivos, os pais de Bauer ofereceram uma recepção para comemorar; contudo, comparecer ao evento, confiou Kafka a seu diário, fez com que ele se sentisse "com mãos e pés amarrados, como um criminoso". Pouco tempo depois, durante um encontro num hotel em Berlim, Kafka desfez o noivado, mas as cartas continuaram. (Embora Kafka estivesse indeciso quanto a isso também: "É certo que deveríamos parar com esse negócio de tantas cartas", escreveu a Bauer numa ocasião, aparentemente em resposta a uma sugestão dela. "Ontem eu até comecei uma carta sobre este assunto, que enviarei amanhã.") Dois anos mais tarde, o noivado estava de volta, mas por pouco tempo: em 1917, Kafka usou o início de uma tuberculose como pretexto para o cancelar uma segunda e definitiva vez. Foi presumivelmente com certo alívio que Bauer se casou com um banqueiro, teve dois filhos e se mudou para os Estados Unidos, onde abriu uma bem-sucedida firma de roupas de malha — deixando para trás uma relação caracterizada por tantas imprevisíveis reviravoltas de pesadelo, que é impossível resistir a descrevê-las como kafkianas.

Talvez seja fácil classificar Kafka sob o título de "gênio torturado", uma figura remota com pouca relevância em nossas vidas mais ordinárias. Mas a verdade, como escreve o crítico Morris Dickstein, é que suas "neuroses não são diferentes das nossas, nem mais grotescas: só mais intensas, mais puras... [e] impulsionadas, pelo gênio, para uma integridade de infelicidade da qual a maioria de nós nunca se acerca".[9] Como o resto de nós, Kafka queixava-se das restrições impostas pela realidade. Ele era indeciso no amor, e em muitas outras coisas, porque queria viver mais de uma vida: ser um cidadão respeitável, motivo pelo qual manteve seu emprego como investigador de seguros;

relacionar-se intimamente com outra pessoa no casamento, o que significaria casar-se com Bauer; e, ainda assim, dedicar-se sem concessões à sua escrita. Em mais de uma ocasião, em cartas a Bauer, ele caracterizou esse esforço como uma questão de "dois eus" lutando um com o outro dentro dele — um apaixonado por ela, mas o outro tão consumido pela literatura que "a morte de seu mais querido amigo lhe pareceria ser não mais do que um estorvo" a seu trabalho.

O grau de agonia aqui poderia ser extremo, mas a tensão essencial é a mesma que é sentida por qualquer pessoa dividida entre trabalho e família, entre um dia de trabalho e uma vocação criativa, entre sua cidade natal e a grande cidade, ou qualquer outro embate entre vidas possíveis. E Kafka reagiu como o resto de nós, também, tentando não enfrentar o problema. Restringir seu relacionamento com Bauer ao terreno das cartas significava poder se agarrar à possibilidade de uma vida de intimidade com ela sem permitir que isso competisse com sua mania por trabalho, como necessariamente aconteceria num relacionamento na vida real. Esse esforço por se esquivar das implicações da finitude nem sempre se manifesta numa fobia por comprometimentos como a de Kafka: algumas pessoas se comprometem exteriormente com um relacionamento, mas se resguardam de um total comprometimento emocional em seu interior. Outras ficam anos em casamentos miseráveis dos quais deveriam sair, mas não saem, porque querem manter em aberto a possibilidade de que seu relacionamento ainda possa florescer, longo e satisfatório, e também a opção de exercer sua liberdade de deixá-lo em alguma data futura. No entanto, trata-se da mesma essencial evasão. Em algum momento, em tom de desespero, Bauer aconselhou seu noivo a tentar "viver mais no mundo real". No entanto, era exatamente isso que Kafka procurava evitar.

A cerca de mil quilômetros de distância, em Paris, e duas décadas antes de Franz conhecer Felice, o filósofo francês Henri Bergson penetrou no cerne do problema de Kafka em seu livro *Time and Free Will* [Tempo e livre-arbítrio]. Invariavelmente preferimos indecisão a nos comprometermos com um único caminho, escreveu Bergson, porque "o futuro, do qual dispomos a nosso critério, nos aparece sob uma multiplicidade de formas ao mesmo tempo, igualmente atraentes e igualmente possíveis".[10] Em outras palavras, para mim é fácil fantasiar sobre, digamos, passar a vida tendo conquistado um sucesso profissional estelar, enquanto também sobressaio como pai e como parceiro, ao mesmo tempo que me dedico a treinar para maratonas ou longos retiros de meditação ou como voluntário em minha comunidade — porque, enquanto estou apenas fantasiando, posso imaginar tudo isso ocorrendo simultânea e impecavelmente. Assim que começar a tentar *viver* qualquer uma dessas vidas, no entanto, serei obrigado a fazer trocas — dedicar menos tempo do que gostaria a um desses domínios a fim de abrir espaço para outro — e aceitar que nada do que eu fizer sairá perfeito, de qualquer maneira, resultando daí que minha vida real inevitavelmente se mostrará decepcionante em comparação com a fantasia. "A ideia do futuro, prenhe de uma infinidade de possibilidades, é assim mais frutífera do que o próprio futuro", escreveu Bergson, "e é por isso que vemos mais encanto na esperança do que na posse, mais em sonhos do que na realidade."[11] Mais uma vez, a aparentemente desanimadora mensagem é, aqui, na verdade uma mensagem libertadora. Já que toda escolha no mundo real quanto a como viver implica a perda de incontáveis modos alternativos de viver, não há motivo para procrastinar ou para resistir a assumir compromissos, na esperança ansiosa de que você poderá de algum modo ser capaz de evitar essas perdas. A perda é um fato. O navio zarpou — e que alívio.

A INEVITABILIDADE DA ACOMODAÇÃO

Isso me traz a um dos poucos conselhos amorosos que me sinto totalmente confiante em dar, embora na verdade seja relevante em todas as outras áreas da vida também. Tem a ver com "acomodação" — esse medo moderno e universal de que você pode estar se comprometendo com um parceiro romântico que fica aquém de seu ideal, ou que não é digno de sua excelente personalidade. (A versão dessa preocupação relacionada à carreira implica "acomodação" num emprego que paga suas contas mas que não corresponde a sua paixão.) A sabedoria corrente, articulada em milhares de artigos de revista e memes motivacionais no Instagram, é que é sempre um crime se acomodar. Mas a sabedoria corrente está errada. Você, sem dúvida, deve se acomodar.

Ou, para ser mais exato, você não tem escolha. Você *vai* se acomodar — e esse fato deveria satisfazê-lo. O teórico político americano Robert Goodin escreveu todo um tratado sobre esse tema, *On Settling* [Sobre acomodação], no qual demonstra, para começar, que somos inconsistentes quando se trata do que definimos como "acomodação". Todos parecem concordar com o fato de que, se você embarca num relacionamento quando, secretamente, acha que poderia achar outro melhor, é culpado/a de acomodação, porque está optando por passar uma parte da vida com um parceiro que é menos do que o ideal. Mas como o tempo é finito, a decisão de *recusar* se acomodar — passar uma década explorando implacavelmente sites e aplicativos de namoro para achar a pessoa perfeita — também é um caso de acomodação, porque você está optando por usar uma década de seu limitado tempo num tipo diferente de situação menos que ideal. Além do mais, observa Goodin, tendemos a contrastar uma vida de acomodação com uma vida que ele rotula como "de empenho" ou viver a vida mais plena possível. Mas isso é um erro também, e não só porque a acomodação é inevitável, mas porque viver a vida mais plena possível *requer* igualmente acomodação. "Você tem que se acomodar, num modo relativamente constante, com algo que será o objeto de seu empenho, para que esse empenho conte como sendo empenho", ele escreve:[12] você não pode se tornar um advogado ou artista ou político ultra bem-sucedido sem primeiro "se acomodar" com a lei, a arte ou a política, e portanto decidir renunciar às potenciais recompensas de outras carreiras. Se você flanar entre todas elas, não terá sucesso em nenhuma. Da mesma forma, não há possibilidade de um relacionamento romântico ser verdadeiramente gratificante a menos que você queira, por um momento, se acomodar naquele relacionamento específico, com todas as suas imperfeições — o que significa rejeitar a atração sedutora de um número infinito de imaginárias alternativas superiores.

Claro, raramente abordamos relacionamentos com tal sabedoria. Em vez disso, passamos anos sem nos comprometer totalmente com nenhum relacionamento — seja encontrando um motivo para acabar com ele quando uma ligação começa a se mostrar provavelmente séria, ou apenas nos mostrando pouco entusiasmados com qualquer relacionamento que estejamos tendo. Ou, alternativamente, num padrão com que todo psicoterapeuta experiente já deparou uma centena de vezes, nós nos comprometemos — mas depois, após três ou quatro anos, começamos a pensar em terminar, convencidos de que os aspectos psicológicos de nosso parceiro estão tornando as coisas impossíveis ou que não somos tão compatíveis quanto pensávamos. Qualquer uma dessas hipóteses poderá ser concebivelmente verdadeira em certos casos; pessoas às vezes são culpadas por terem feito escolhas espetacularmente ruins no amor, e em outros domínios também. Porém, com mais frequência, o problema real é apenas que a outra pessoa é outra pessoa. Melhor dizendo, a causa de nossas dificuldades não é que seu parceiro seja especialmente cheio de defeitos, ou que vocês dois sejam especialmente incompatíveis, mas sim que você por fim notou todos os modos como ele ou ela é (inevitavelmente) finito, e assim profundamente decepcionante em comparação com o mundo de sua fantasia, onde as limitadoras regras da realidade não se aplicam.

A questão que Bergson levantou sobre o futuro — que é mais atraente do que o presente porque você pode se permitir depositar todas as suas esperanças nele, mesmo que elas se contradigam reciprocamente — não é menos verdadeira do que uma fantasia de parceiros românticos, que podem facilmente exibir uma série de características que simplesmente não poderia coexistir numa pessoa no mundo real. É comum, por exemplo, entrar num relacionamento esperando inconscientemente que o parceiro forneça um senso ilimitado de estabilidade e um senso ilimitado de excitação — e depois, quando não é isso o que acontece, supor que o problema seja ele ou ela, e que essas qualidades possam coexistir em outra pessoa, a quem você, portanto, se dispõe a encontrar. A verdade é que as demandas são contraditórias. As qualidades que fazem de alguém uma fonte confiável de excitação são em geral o oposto daquelas que fazem dele ou dela uma fonte confiável de estabilidade. Buscar as duas coisas num único ser humano real não é muito menos absurdo do que sonhar com um parceiro que tenha ao mesmo tempo 1,65 e 1,80 metro de altura.

E não é só que você deva se acomodar; idealmente deve se acomodar de uma maneira que seja difícil dar para trás, como passando a morar juntos, se casando ou tendo um filho. A grande ironia de todos os esforços para evitar enfrentar a finitude — continuar acreditando que é possível não ter que escolher entre opções mutuamente excludentes — é que, quando pessoas finalmente, *sim*, escolhem, de forma relativamente irreversível, comumente o resultado é que ficam mais felizes. Fazemos quase qualquer coisa para evitar tomar uma decisão final, para manter viva a fantasia de um futuro não restringido por limitação, mas, se as tivermos tomado, quase sempre ficamos satisfeitos por termos feito isso. Uma vez, num experimento na Universidade Harvard,[13] o psicólogo social Daniel Gilbert e um colega deram a centenas de pessoas a oportunidade de pegar livremente um pôster numa coleção de impressos de arte. Depois, ele dividiu os participantes em dois grupos. Aos membros do primeiro grupo, foi dito que eles dispunham de um mês em que poderiam trocar seu pôster por qualquer outro; ao segundo grupo, foi dito que a decisão que os membros haviam tomado era final. Nas pesquisas que se seguiram, foi o segundo grupo — para o qual a escolha fora definitiva, e que portanto não foi distraído pela ideia de que ainda era possível fazer uma escolha melhor — que demonstrou maior apreciação pela obra de arte que tinha selecionado.

Não que precisemos necessariamente de psicólogos para provar isso. O estudo de Gilbert reflete um insight que está profundamente embutido em numerosas tradições culturais, mais obviamente a do casamento. Quando dois cônjuges concordam em ficar juntos "na alegria e na tristeza", em vez de cair fora quando as coisas ficam difíceis, estão fazendo um acordo que não só os ajudará a resistir aos períodos mais duros como também promete tornar os bons tempos mais gratificantes — porque, tendo se comprometido com um curso finito de ação, eles estarão muito menos propensos a passar esse tempo buscando alternativas fantásticas. Ao adotar conscientemente um compromisso, estão fechando suas fantasias a uma infinita possibilidade em favor do que já descrevi, no capítulo anterior, como a "alegria de ter perdido algo": o reconhecimento de que a renúncia a alternativas é que faz sua escolha ser tão significativa. É por isso também que pode ser tão inesperadamente tranquilizador tomar atitudes que você estava temendo ou adiando — finalmente apresentar seu relatório no trabalho, ter um filho, enfrentar uma desagradável questão de família ou fechar a compra de uma casa. Quando você não pode mais voltar atrás, a ansiedade vai embora, porque agora só existe uma direção a seguir: em frente, para as consequências de sua escolha.

5. O problema da melancia

Numa sexta-feira de abril de 2016, quando a polarização na corrida presidencial americana se intensificava, e mais de trinta conflitos armados aconteciam no mundo, cerca de 3 milhões de pessoas passaram parte de seu dia assistindo a dois repórteres do BuzzFeed enrolarem elásticos de borracha em torno de uma melancia.[1] Ao longo de 43 angustiantes minutos, a pressão ia se elevando — tanto a psicológica quanto a pressão física sobre a melancia — até que, no 44º minuto, o 686º elástico foi aplicado. O que aconteceu em seguida não foi uma surpresa: a melancia explodiu. Os repórteres se cumprimentaram com um *high-five*, enxugaram seus óculos de proteção e comeram um pouco de melancia, que agora estava por todo lado. O programa terminou. A Terra continuou em sua órbita ao redor do Sol.

Não estou contando isso para insinuar que haja algo especialmente vergonhoso em passar 45 minutos do dia olhando uma melancia na internet. Pelo contrário, considerando o que iria acontecer no universo online nos anos que se seguiram a 2016 — quando os *trolls* e neonazistas começaram a inundar os questionários pop e vídeos de gato, e as mídias sociais se tornaram cada vez mais um ambiente de *doomscrolling*, navegar num depressivo deslumbramento em quantidades sem fim de más notícias —, a escapada da melancia no BuzzFeed já foi percebida como um conto de um tempo mais feliz. Mas esse caso merece ser mencionado porque ilustra um problema do tipo "elefante na sala" em tudo que tenho argumentado até agora quanto à gestão de tempo. Esse problema é a distração. Afinal, pouco importa o quanto você está comprometido em fazer o melhor uso de seu limitado tempo se, dia após dia, sua atenção é desviada por coisas nas quais você nunca quis se focar. Pode-se apostar com segurança que nenhum daqueles 3 milhões de pessoas acordou naquela manhã com a intenção de assistir à ruptura de uma melancia; nem, quando chegou o momento, elas necessariamente sentiram como se tivessem *escolhido* livremente fazer aquilo. "Quero muito parar de assistir, mas já estou comprometido", foi um típico e pesaroso comentário no Facebook.[2] "Fiquei assistindo vocês porem elásticos em torno de uma melancia durante quarenta minutos", escreveu outra pessoa. "O que estou fazendo com minha vida?"

A história da melancia é, contudo, principalmente, um lembrete de que, nos dias de hoje, distração tornou-se quase sinônimo de distração digital: é o que acontece quando a internet se intromete em nossas tentativas de nos concentrar. Mas isso é enganoso. Filósofos têm se preocupado com a distração pelo menos desde o tempo dos antigos gregos, que viram nisso menos uma questão de interrupções externas e mais uma questão de caráter — uma sistemática falha interior de não se usar o tempo naquilo que se valoriza mais. Seu motivo para tratar a distração de modo tão sério era claro, e é o motivo pelo qual devemos fazer isso também: aquilo em que você presta atenção é que vai definir, para você, o que é a realidade.

Até mesmo comentaristas que passam muito tempo inquietando-se com a "crise de distração" dos dias atuais raramente parecem perceber a plena implicação disso. Por exemplo, você ouve dizer que a atenção é um "recurso finito", e certamente é: de acordo com um cálculo feito pelo psicólogo Timothy Wilson, somos capazes de dar conta de cerca de 0,0004% da informação que bombardeia nossos cérebros a cada dado momento.[3] Mas descrever atenção como "recurso" é interpretar erroneamente sua centralidade em nossas vidas. Muitos outros recursos nos quais nos baseamos como indivíduos — como alimento, dinheiro e eletricidade — são coisas que *facilitam* a vida, e em alguns casos é possível viver sem eles, pelo menos por algum tempo. A atenção, por outro lado, simplesmente é vida: sua experiência de estar vivo consiste em nada mais do que a soma de tudo em que você presta atenção. No fim de sua vida, olhando para trás, aquilo que atraiu sua atenção de tempos em tempos é simplesmente aquilo que sua vida terá sido. Assim, quando você presta atenção em algo a que não dá valor especialmente, não é exagero dizer que está pagando com sua vida. Vista desse modo, a "distração" não precisa se referir apenas aos lapsos momentâneos de foco, como quando você se distrai de suas tarefas no trabalho com o recebimento de uma mensagem de texto ou de uma notícia terrivelmente envolvente. O próprio trabalho pode ser uma distração — isto é, o investimento de uma porção de sua atenção, e portanto de sua vida, em algo menos significativo do que outras opções que poderiam estar disponíveis para você.

Foi por isso que Sêneca, em *Sobre a brevidade da vida*, atacou tão duramente seus camaradas romanos por perseguirem carreiras políticas com as quais não se importavam realmente, por realizarem elaborados banquetes que não lhes davam especialmente prazer, ou por ficarem "assando seus corpos ao sol":[4] eles pareciam não se dar conta de que, ao sucumbir a essas diversões, estavam desperdiçando o próprio sentido da existência. Sêneca arrisca soar como um ferrenho odiador de prazeres — afinal, que mal faz um pouco de banho de sol? — e, para ser honesto, suspeito de que provavelmente era. Mas a questão crucial não é que seja errado optar por passar seu tempo relaxando, seja na praia ou no BuzzFeed. É que a pessoa que está se distraindo não está optando de todo. Sua atenção foi comandada por forças que não levam em conta seus maiores interesses.

A resposta apropriada a essa situação, dizem-nos hoje frequentemente, é nos tornarmos "indistraíveis" diante de interrupções: aprender os segredos de um "foco implacável" — em geral envolvendo meditação, aplicativos que bloqueiam a web, dispendiosos fones de ouvido supressores de ruído e mais meditação — para vencer de uma vez por todas a luta da atenção. Mas isso é uma armadilha. Quando você visa a esse grau de controle sobre sua atenção, está cometendo o erro de acessar uma verdade sobre a limitação humana — a de seu tempo limitado, e a consequente necessidade de usá-lo bem — negando outra verdade sobre a limitação humana, que é a de que alcançar esse total domínio sobre sua atenção é quase certamente impossível. Em todo caso, seria altamente indesejável ser capaz de fazer com sua atenção exatamente o que você queria. Se forças de fora não pudessem comandar ao menos um pouco dela contra a sua vontade, você não seria capaz de sair do caminho de um ônibus que se aproxima ou de ouvir que seu bebê está em apuros. E os benefícios não estão restritos a situações de emergência; o mesmo fenômeno permite que sua atenção seja atraída por um belo pôr do sol ou que seus olhos sejam capturados por um estranho no outro lado de um recinto. Mas são as óbvias vantagens para a sobrevivência que advêm desse tipo de distraibilidade que explicam por que evoluímos dessa maneira. O caçador-coletor paleolítico cuja atenção era alertada por um rumor nos arbustos, gostasse ou não, teria muito mais probabilidade de florescer do que um que só ouvisse esses rumores depois de ter tomado a decisão consciente de prestar atenção neles.

Neurocientistas chamam isso de atenção "de baixo para cima", ou involuntária, e teríamos de nos esforçar para permanecer vivos sem ela. Porém, a capacidade de exercer alguma influência sobre a outra parte de sua atenção — a "de cima para baixo", ou do tipo voluntário — pode fazer toda a diferença entre uma vida bem vivida e uma infernal. A demonstração clássica e extrema disso é o caso do psicoterapeuta austríaco Viktor Frankl,[5] autor de *O homem em busca de um sentido*, que conseguiu evitar o desespero, enquanto era prisioneiro em Auschwitz, porque manteve a capacidade de direcionar uma porção de sua atenção ao único domínio que os guardas do campo não poderiam violar: sua vida interior, que ele foi capaz de conduzir com certa medida de autonomia, resistindo às pressões externas que ameaçavam reduzi-lo ao status de um animal. Mas o outro lado dessa inspiradora verdade é que uma vida passada em circunstâncias incomensuravelmente melhores do que as de um campo de concentração pode acabar sendo percebida como insignificante se você for incapaz de direcionar parte de sua atenção para aquilo que quer. Afinal, para ter qualquer experiência significativa, você tem que ser capaz de se focar nela, pelo menos um pouco. Senão, realmente a estará *tendo* de todo? Você pode ter uma experiência que não experimenta? A mais fina refeição num restaurante com estrelas Michelin pode muito bem ser como um prato de macarrão instantâneo se sua mente estiver em outro lugar; e uma amizade à qual você nunca dedicou sequer um momento de pensamento só é uma amizade na teoria. "Atenção é o começo da devoção", escreve a poeta Mary Oliver,[6] apontando para o fato de que distração e carinho são mutuamente incompatíveis: você não é capaz de amar verdadeiramente um parceiro ou um filho, dedicar-se a uma carreira ou a uma causa — ou simplesmente saborear a prazer de uma volta no parque — a menos que possa manter sua atenção no objeto de sua devoção.

UMA MÁQUINA DE FAZER MAU USO DE SUA VIDA

Tudo isso ajuda a esclarecer o que é tão alarmante quanto à contemporânea "economia da atenção" online, da qual tanto ouvimos falar em anos recentes: é, em essência, uma gigantesca máquina de persuadir você a fazer as escolhas erradas quanto ao que fazer com sua atenção, e portanto com sua vida finita, levando-o a cuidar de coisas das quais não queria cuidar. E você tem muito pouco controle sobre sua atenção para decidir simplesmente, como que por decreto, que não vai sucumbir a suas tentações.

Muitos de nós estamos agora familiarizados com os contornos básicos dessa situação. Sabemos que as plataformas de mídia social "livre" que usamos não são realmente livres, porque, como se diz, você não é o cliente, e sim o produto que está sendo vendido: em outras palavras, os lucros das companhias de tecnologia vêm de ter atraído sua atenção, vendendo-a a anunciantes depois. Estamos pelo menos vagamente conscientes, também, de que nossos celulares estão rastreando cada movimento nosso, gravando nossos *swipes* e cliques, onde nos detemos e onde rolamos adiante, de modo que os dados coletados possam ser usados para nos mostrar exatamente aquele conteúdo que mais fisgará nossa atenção, o que em geral significa que nos deixa com mais raiva ou mais horrorizados. Todas as disputas e fake news e todos os vexames públicos na mídia social, portanto, não são um defeito, da perspectiva dos donos da plataforma, mas parte integral do modelo de negócio.

Você pode também estar ciente de que tudo isso é entregue mediante um "design persuasivo" — um termo guarda-chuva para um arsenal de técnicas psicológicas diretamente tomadas emprestado de quem projeta caça-níqueis de cassino, com o propósito expresso de estimular um comportamento compulsivo. Um exemplo entre centenas é o onipresente gesto de arrastar-para--baixo-para-recarregar, que mantém as pessoas rolando telas, explorando um fenômeno conhecido como "recompensas variáveis": quando não se pode prever se recarregar a tela vai ou não trazer novos posts para ler, a incerteza faz você ficar mais propenso a continuar tentando mais e mais e mais uma vez, assim como faria num caça-níqueis. Quando todo esse sistema atinge certo nível de impiedosa eficiência, argumentou o ex-investidor que virou detrator do Facebook, Roger McNamee, o velho clichê de que os usuários é que são "o produto que está sendo vendido" deixa de parecer tão adequado.[7]

Afinal, as companhias são motivadas a tratar até mesmo seus produtos com o mínimo de respeito, o que é mais do que se pode dizer sobre como algumas delas tratam seus usuários. Uma analogia melhor, sugere McNamee, é que nós somos combustível: lascas de lenha jogadas no fogo do Vale do Silício, repositórios impessoais de atenção a serem explorados sem clemência, até estarmos todos consumidos.

O que é muito menos amplamente apreciado do que tudo isso, no entanto, é quão fundo vai a distração, e quão radicalmente ela solapa nossos esforços para passar nosso tempo finito como gostaríamos. Quando emerge de uma hora esbanjada no Facebook, você vai se perdoar supondo que o dano, em termos de tempo desperdiçado, ficou limitado àquela única hora mal-usada. Mas você estará errado. Como a economia de atenção é projetada para priorizar o que for mais atraente — em vez do que é mais verdadeiro ou mais proveitoso —, sistematicamente distorce a imagem do mundo que carregamos em nossa cabeça em todos os momentos. Ela influencia nosso senso do que importa, de que tipos de ameaças enfrentamos, de quão corruptos são nossos adversários políticos e de milhares de outras coisas — e todos esses juízos distorcidos influenciam então como alocamos nosso tempo offline também. Se a mídia social o convencer, por exemplo, de que a violência é um problema muito maior do que realmente é em sua cidade, você pode acabar se vendo caminhar pelas ruas com um medo injustificável, ficando em casa em vez de se aventurar lá fora e evitando interações com estranhos — e votando em um demagogo que tem uma plataforma de duro combate ao crime. Se tudo que você enxerga em seus adversários ideológicos online é o seu pior comportamento, é capaz de supor que mesmo membros da família que divergem de você politicamente têm que ser, da mesma forma, irremediavelmente maus, o que faz com que seja difícil manter seu relacionamento com eles. Assim, a questão não é apenas que nossos dispositivos nos distraem de assuntos mais importantes, e sim que mudam o modo como definimos "assuntos mais importantes", em primeiro lugar. Nas palavras do filósofo Harry Frankfurt, eles sabotam nossa capacidade de "querer o que queremos querer".[8]

Minha própria sórdida, mas suspeito que totalmente típica, história como um viciado em Twitter serve como exemplo. Mesmo no auge de minha dependência (estou agora em recuperação), raramente passei mais do que duas horas por dia grudado na tela. Mas o domínio do Twitter sobre minha atenção estendia-se além disso. Muito tempo depois de eu fechar o aplicativo, eu resfolegava na esteira na academia ou cortava cenouras para o jantar, mas procurando mentalmente um argumento devastador contra algum idiota cheio de opiniões erradas que eu tivera o azar de encontrar online mais cedo naquele dia. (Na verdade, não se tratava de azar, é claro; o algoritmo tinha me mostrado aqueles posts intencionalmente, depois de ter aprendido que aquilo ia me deixar tocado.) Ou então meu filho recém-nascido fazia algo encantador e eu me pegava especulando sobre como descrever aquilo num tuíte, como se o que interessasse não fosse a experiência em si, mas meu papel (não remunerado!) de prover conteúdo para o Twitter. E lembro-me vividamente de estar caminhando sozinho por uma praia escocesa varrida pelo vento no início do crepúsculo quando experimentei um efeito colateral particularmente perturbador de "design persuasivo", que é a ansiedade que você começa a sentir quando a atividade em que está envolvido *não* foi trabalhada por uma equipe de psicólogos profissionais obcecados em garantir que sua atenção nunca vacile. Eu gosto de praias escocesas varridas pelo vento no crepúsculo mais apaixonadamente do que qualquer coisa que possa me lembrar de ter encontrado nas mídias sociais. Porém, somente estas últimas são projetadas para se adaptar constantemente a meus interesses e apertar meus botões psicológicos a fim de manter minha atenção cativa. Não é de admirar que o resto da realidade pareça, às vezes, ser incapaz de competir com isso.

Ao mesmo tempo, a desesperança do mundo que encontrei online começou a se infiltrar no mundo concreto. Era impossível acompanhar a enxurrada de raiva e sofrimento do Twitter — de notícias e opiniões selecionadas para minha leitura exatamente porque não constituíam a norma, e era isso que as tornava especialmente atraentes — sem começar a encarar o resto da vida como se *fosse* a norma, o que significava estar sempre preparado para a confrontação ou o desastre, ou abrigando uma nebulosa sensação de pressentimento. Não é surpresa que isso raramente mostrou ser uma base para um dia gratificante. Para tornar as coisas ainda mais perturbadoras, pode ser difícil até mesmo notar quando sua percepção da vida está sendo modificada dessa maneira deprimente, graças a um problema especial com a atenção, que é o fato de ser extremamente difícil para ela monitorar a si mesma. A única faculdade que você pode usar para ver o que está acontecendo com sua atenção é sua própria atenção, exatamente a coisa que já foi confiscada. Isso quer dizer que, uma vez tendo a economia da atenção deixado você suficientemente distraído, aborrecido ou no limite, fica fácil supor que isso é exatamente o que, inevitavelmente, parece ser a vida nos dias de hoje. Nas palavras de T.S. Eliot, somos "distraídos da distração pela distração".[9] A inquietante possibilidade é que você esteja convencido de que nada disso é problema para você — que a mídia social *não* transformou você numa mais raivosa, menos empática, mais ansiosa ou mais entorpecida versão de si mesmo —, e pode achar isso porque, de fato, ela transformou. Seu tempo finito foi apropriado sem que você percebesse qualquer coisa errada.

Agora, é claro, faz algum tempo que tem sido óbvio que tudo isso constitui uma emergência política. Ao retratar nossos oponentes como alguém além do alcance da persuasão, a mídia social nos classifica em tribos ainda mais hostis, depois nos recompensa, com *likes* e *shares*, com as mais hiperbólicas denúncias do outro lado, alimentando um círculo vicioso que torna impossível um debate sadio. Enquanto isso, aprendemos o duro caminho pelo qual políticos inescrupulosos podem esmagar seus oponentes, sem mencionar a capacidade que jornalistas têm de checar os fatos, simplesmente inundando uma nação com ultraje após ultraje, de modo que cada novo escândalo se sobrepõe a outro na consciência pública — e quem quer que responda ou retuíte, mesmo se sua intenção for condenar a incitação ao ódio, vai se ver recompensando-o com atenção, e com isso ajudando-o a se espalhar.

Como gosta de dizer o crítico Tristan Harris, toda vez que você abre um aplicativo de mídia social, há "mil pessoas no outro lado da tela"[10] que são pagas para manter você ali — e assim não é realista esperar que usuários resistam ao assalto a seu tempo e atenção apenas com a força de vontade. Crises políticas demandam soluções políticas. Mas, se quisermos compreender a distração em seu nível mais profundo, também temos que reconhecer uma estranha verdade no fundo de tudo isso, a de que "assalto" — com as implicações de um ataque inesperado — não é bem a palavra correta. Não temos que deixar o Vale do Silício fora disso, mas devemos ser honestos: nós cedemos voluntariamente grande parte do tempo à distração. Algo em nós quer ser distraído, seja por nossos dispositivos digitais, seja por outra coisa — para que *não* passemos nossas vidas no que achamos que mais nos importa. O problema está em nós mesmos. Esse obstáculo está entre os mais insidiosos que enfrentamos em nossos esforços para usar bem nossas vidas finitas; assim, é tempo de olhar isso mais de perto.

6. O interruptor íntimo

Se você estivesse caminhando nas montanhas Kii, no sul do Japão, durante os meses do inverno de 1969,[1] poderia ter testemunhado algo espantoso: um pálido e esquálido homem americano, totalmente nu, derramando na cabeça água semicongelada de uma grande tina de madeira. Seu nome era Steve Young, e ele estava treinando para se tornar um monge no ramo Shingon do budismo — mas até então o processo não tinha sido mais do que uma sequência de humilhações. Primeiro, o abade do mosteiro do monte Koya tinha se recusado a deixá-lo entrar. Quem, afinal, era esse estudante branco e desengonçado, doutorando em estudos asiáticos, que, aparentemente, decidira que tinha sido feito para uma vida de monge japonês? Posteriormente, após alguns tormentos, recebeu permissão para ficar, mas apenas se, em troca, realizasse tarefas por todo o mosteiro, como varrer corredores e lavar louça. Agora, pelo menos, fora autorizado a começar um retiro isolado de cem dias, que marcava a primeira etapa da jornada monástica — para descobrir que ela consistia em viver numa minúscula cabana sem aquecimento e passar três vezes por dia por um ritual de purificação no qual Young, que crescera ao lado do oceano na amena Califórnia, tinha que se encharcar com vários galões de uma neve derretida congelante. Era um "horrível martírio", ele lembraria anos depois. "Faz tanto frio que a água congela no momento em que toca o solo, e a toalha congela na mão. E assim, você desliza no gelo com os pés descalços, tentando secar o corpo com uma toalha de mão congelada."

Ao enfrentar sofrimento físico — mesmo de uma variedade muito mais amena do que essa —, a reação instintiva da maioria das pessoas é tentar não prestar atenção nisso, focando-se em outra coisa. Por exemplo, se você tem uma fobia moderada a seringas hipodérmicas, como eu, provavelmente vai se ver olhando muito concentradamente para as medíocres obras de arte na clínica de seu médico, num esforço para desviar sua mente da picada que vai receber. No início, esse foi o instinto de Young também: recolher-se internamente da experiência da água gelada tocando sua pele pensando em algo diferente, ou então tentando, numa ação de pura vontade, não sentir o frio. Não é uma reação insensata: quando é tão desagradável ficar focado na experiência real, o senso comum pode sugerir que se ausentando mentalmente da situação você atenua o sofrimento.

Entretanto, enquanto um dilúvio gelado se sucedia a outro, Young começou a compreender que essa era exatamente a estratégia errada. De fato, quanto mais se concentrava nas sensações de frio intenso, prestando atenção nelas o máximo que podia, menos angustiantes lhe pareciam — ao passo que, se "a atenção se dispersava, o sofrimento ficava insuportável". Após alguns dias, começou a se preparar para cada enchacarcamento ficando primeiro tão focado, o máximo possível, em sua experiência atual que, quando a água batia, ele não entrava na espiral de passar de mero desconforto para agonia. Lentamente, foi percebendo que aquele era todo o objetivo da cerimônia. Como ele disse — embora monges budistas tradicionais certamente não fariam isso —, era um "gigantesco dispositivo de biofeedback", projetado para treiná-lo a se concentrar e recompensando-o (com uma redução do sofrimento) enquanto ele conseguisse se manter não distraído, e punindo-o (com um aumento no sofrimento) sempre que fracassasse. Após seu retiro, Young — que é hoje um professor de meditação mais conhecido como Shinzen Young, prenome que lhe foi atribuído pelo abade de monte Koya — descobriu que seus poderes de concentração tinham se transformado. Enquanto o ato de ficar focado no presente tinha tornado as agonias do ritual de água gelada mais toleráveis, ele tornou afazeres menos desagradáveis — tarefas diárias que antes poderiam ter sido fonte não de sofrimento, mas de tédio ou aborrecimento — positivamente instigantes. Quanto mais intensamente pudesse manter sua atenção na experiência do que quer que estivesse fazendo, mais claro ficava para ele que o real problema não tinha sido a atividade em si, mas sua resistência interna a experimentá-la. Quando parava de tentar bloquear aquelas sensações e, em vez disso, prestava atenção, o desconforto se evaporava.

O martírio de Young demonstra um ponto importante sobre o que está acontecendo quando sucumbimos à distração, que é estarmos sendo motivados pelo desejo de tentar fugir de algo doloroso em nossa experiência do presente. Isso é bastante óbvio quando o sofrimento em questão é físico, como água gelada na pele nua e uma picada de vacina antigripal no consultório médico — casos em que as sensações difíceis são tão difíceis de ignorar que exigem um esforço real para transferir a atenção para outro lugar. Mas também é verdade, de modo mais sutil, quando se trata de uma distração cotidiana. Considere o caso arquetípico de ser atraído, no meio do trabalho, para a mídia social. Comumente, não é o caso de você estar lá, arrebatadoramente concentrado, quando sua atenção é desviada contra a sua vontade. Na verdade, você está ansioso pela mais tênue desculpa para se afastar do que está fazendo, para fugir da sensação desagradável de estar fazendo aquilo; você escorrega para o Twitter ou para o site de fofocas sobre celebridades com um sentimento não de relutância, mas de alívio. Foi dito a nós que há uma "guerra por nossa atenção", sendo o Vale do Silício a força invasora. Contudo, se isso é verdade, nosso papel no campo de batalha é quase sempre o de colaboradores do inimigo.

Mary Oliver chama esse impulso interior para a distração de "o interruptor íntimo"[2] — aquele "eu dentro do eu que assobia e bate na porta",[3] prometendo uma vida mais fácil se você apenas redirecionar sua atenção para longe da significativa porém desafiadora tarefa que tem agora, para qualquer aba do navegador que se desdobre longe dela. "Uma das lições intrigantes que aprendi", observa o autor Gregg Krech, descrevendo sua própria experiência com o mesmo impulso, "é que, mais frequentemente do que o inverso, não sinto que estou fazendo a maior parte das coisas que precisam ser feitas. Não estou me referindo a limpar o vaso sanitário ou fazer a declaração do imposto de renda. Estou me referindo a essas que autenticamente desejo fazer."[4]

O DESCONFORTO DO QUE IMPORTA

Vale a pena fazer uma pausa para notar quão excepcionalmente estranho isso é. Por que, exatamente, ficamos tão desconfortáveis quando nos concentramos em coisas que importam — as coisas que achamos que queremos fazer com nossas vidas — a ponto de fugirmos para distrações que, por definição, são o que *não* queremos fazer com nossas vidas? Certas tarefas específicas podem ser tão desagradáveis ou intimidadoras que uma preferência por evitá-las não seria algo muito notável. Mas o sentimento mais comum é o de tédio, que com frequência surge sem explicação. De repente, o que você resolveu fazer, porque importa a você fazê-lo, parece tão assombrosamente tedioso que você não aguenta se concentrar naquilo nem um momento mais.

A solução para esse mistério, por mais dramático que possa soar, é que sempre que sucumbimos à distração, estamos tentando fugir de um doloroso encontro com nossa finitude — com o dilema humano de ter tempo limitado, e mais especialmente, no caso da distração, controle limitado daquele tempo, o que faz com que seja impossível ter certeza quanto a como as coisas vão ficar. (Isto é, exceto a certeza profundamente desagradável de que um dia a morte vai pôr fim a tudo isso.) Quando você tenta focar em algo que considera importante, é obrigado a encarar seus limites, uma experiência que parece ser especialmente desconfortável sobretudo porque valoriza tanto a tarefa que tem pela frente. Ao contrário do arquiteto de Shiraz, que se recusou a trazer sua mesquita ideal ao mundo do tempo e da imperfeição, você é obrigado a desistir de suas fantasias divinas e a experimentar sua falta de poder sobre as coisas com as quais se importa. Talvez o acalentado projeto criativo se mostrasse além de seus talentos, ou talvez a difícil conversa conjugal para a qual está se preparando se desenvolva em uma amarga discussão. E mesmo se tudo progredisse maravilhosamente, você não poderia saber com antecedência que ia ser desse jeito, de modo que ainda assim teria que abrir mão da sensação de ser o senhor de seu tempo. Citando mais uma vez o psicoterapeuta Bruce Tift, você teria que se permitir correr o risco de se sentir "claustrofóbico, aprisionado, impotente e restringido pela realidade".[5]

É por isso que o tédio pode ser tão surpreendente e agressivamente desagradável: tendemos a pensar nele apenas como uma questão de não estar interessado em particular no que quer que se esteja fazendo, mas na verdade é uma reação intensa à experiência profundamente desconfortável de enfrentar seu limitado controle. O tédio pode se manifestar em contextos muito diversos — quando você está trabalhando num grande projeto; quando não consegue pensar em nada para fazer numa tarde de domingo; quando tem como tarefa cuidar de uma criança de dois anos durante cinco horas seguidas —, mas todos têm uma característica em comum: exigem que você encare sua finitude. Você é obrigado a lidar com o modo como sua experiência está se desenrolando naquele momento e se resignar à realidade de que *é isso aí*.

Não é de admirar que busquemos nossas distrações online, onde parece que não há limites — onde você pode se atualizar instantaneamente quanto a eventos que acontecem em outro continente, se apresentar como quiser e ficar para sempre rolando telas por infinitos *feeds* de notícias, à deriva por um "âmbito no qual o espaço não importa e o tempo se espalha num interminável presente",[6] para citar o crítico James Duesterberg. É verdade que matar o tempo na internet com frequência não parece ser especialmente *divertido* nos dias de hoje. Mas não precisa parecer divertido. Para poder embotar a dor da finitude, só precisa fazer você se sentir não restringido.

Tudo isso faz com que seja mais fácil ver por que as estratégias geralmente recomendadas para vencer a distração — detoxes digitais, regras pessoais quanto ao momento certo de se permitir checar sua caixa de correio etc. — raramente funcionam, ou ao menos não por muito tempo. Elas envolvem limitar seu acesso às coisas que você usa para amenizar seu impulso de se distrair e, no caso das formas mais viciantes de tecnologia, são de fato ideias apropriadas. Porém, não visam ao impulso em si mesmo. Mesmo se você sair do Facebook, banir a si mesmo de mídias sociais durante o dia de trabalho ou se exilar numa cabana nas montanhas, é possível ainda que vai achar que é desagradavelmente restritivo se concentrar no que importa, por isso achará algum modo de aliviar a dor se distraindo: sonhando acordado, tirando um cochilo desnecessário ou — opção preferida pelos nerds da produtividade — reprojetando sua lista de coisas a fazer e reorganizando sua escrivaninha.

A questão predominante é que o que consideramos "distrações" não são as causas finais de estarmos distraídos. São apenas os lugares aonde vamos buscar alívio do desconforto de confrontar a limitação. O motivo de ser difícil focar em uma conversa com seu cônjuge não é que você esteja disfarçadamente checando seu telefone por baixo da mesa de jantar. Pelo contrário, "checar disfarçadamente seu telefone por baixo da mesa de jantar" é o que você faz *porque* é difícil se concentrar na conversa — porque prestar atenção exige esforço, paciência e um espírito de rendição, e porque o que você ouve pode aborrecê-lo, e assim checar seu telefone é naturalmente mais prazeroso.

Portanto, mesmo que você deixe seu telefone fora de alcance, não deve ficar surpreso caso se veja procurando outro modo de evitar prestar atenção. No caso de uma conversa, isso em geral toma a forma de ensaiar mentalmente o que você vai dizer em seguida, assim que a outra pessoa terminar de produzir sons com a boca.

Eu gostaria de poder revelar, a essa altura, o segredo para erradicar o impulso para a distração — a maneira de não ser desagradável o ato de decidir manter-se atento, por um tempo sustentado, a algo que você valorize, ou de não poder optar facilmente por não fazer. Mas a verdade é que não creio que haja tal segredo. O modo mais eficaz de tirar a força da distração é apenas parar de esperar que as coisas possam ser diferentes — aceitar que esse desconforto é simplesmente o que humanos finitos sentem ao se comprometerem com os tipos de exigência e tarefas relevantes que nos obrigam a confrontar nosso limitado controle sobre como a vida se desenrola.

Mas há um sentido no qual a aceitação dessa falta de qualquer solução é a solução. A descoberta de Young na montanha, afinal, foi que seu sofrimento só diminuía quando ele se resignava à verdade de sua situação: quando parava de lutar contra os fatos e se permitia sentir mais completamente a água gelada em sua pele. Quanto menos atenção dedicava a se opor ao que estava acontecendo com ele, mais atenção era capaz de dar ao que estava realmente acontecendo. Meus poderes de concentração podem nem chegar perto aos de Young, mas descobri que a mesma lógica se aplica a eles. O modo de se absorver pacificamente num projeto difícil ou numa tediosa tarde de domingo não é ir atrás de sentimentos de paz ou absorção, mas reconhecer a inevitabilidade do desconforto e voltar sua atenção para a realidade de sua situação mais do que protestar contra ela.

Alguns zen-budistas afirmam que a totalidade do sofrimento humano pode resumir-se a esse esforço por resistir a prestar atenção total no modo como as coisas estão indo porque queríamos que fossem diferentes ("Isso não deveria estar acontecendo!") ou porque gostaríamos de sentir que estamos controlando mais o processo.[7] Existe um tipo muito pé no chão de libertação na percepção de que há certas verdades quanto a ser um humano limitado das quais você jamais se livrará. Você não conseguirá ditar o rumo dos acontecimentos. E a paradoxal recompensa por aceitar as restrições da realidade é que elas não mais parecerão tão restritivas.

Parte II

Fora de controle

7. Nunca temos tempo realmente

O cientista cognitivo Douglas Hofstadter é famoso, entre outras razões, por ter cunhado a expressão "Lei de Hofstadter",[1] que declara que toda tarefa que você esteja planejando enfrentar levará sempre mais tempo do que espera, "mesmo quando você leva em conta a Lei de Hofstadter". Em outras palavras, ainda que saiba que determinado projeto provavelmente vai levar mais tempo e ajuste seu cronograma de acordo com isso, ele vai ultrapassar sua nova data estimada de finalização também. Daí segue-se que o conselho padrão quanto a planejamento — dê a si mesmo o dobro do tempo de que acha que precisa — poderia na verdade fazer as coisas piorarem. Você poderia estar bem consciente, digamos, do irrealismo de sua tendência a achar que pode completar suas compras semanais na mercearia em uma hora, incluindo as viagens de ida e volta. Mas, se você se conceder duas horas, exatamente porque *sabe* que comumente é superotimista, pode descobrir que leva, em vez disso, duas horas e meia. (O efeito fica especialmente claro numa escala maior: o governo de Nova Gales do Sul, muito consciente de que grandes projetos de construção tendem a exceder os prazos, programou um prazo aparentemente amplo de quatro anos para a construção da Ópera de Sydney — mas a obra acabou durando catorze anos, a um custo 1400% maior que o orçamento original.) Hofstadter estava meio que brincando, é claro, mas eu sempre achei que havia algo um pouco inquietante nessa lei, porque, se é verdadeira — e decerto parece ser, segundo minha experiência —, sugere algo muito estranho: que as atividades que tentamos planejar, por algum motivo, resistem ativamente a nossos esforços de realizá-las conforme nossos planos. É como se nossos esforços para sermos bons planejadores não apenas fracassassem, mas fizessem as coisas levarem ainda mais tempo. A realidade parece atacar de volta, um deus zangado determinado a nos lembrar que mantém sua superioridade, não importa quanto tentemos lhe suplicar, criando uma folga extra em nossos cronogramas.

Para ser honesto, esse tipo de coisa provavelmente me incomoda mais do que quase todo o resto, porque venho de uma família de pessoas que se poderia razoavelmente chamar de planejadores obsessivos. Somos do tipo que gosta de manter as coisas nos trilhos, confirmando, com o máximo possível de antecedência, como vai se desenrolar o futuro, e que fica agitado e ansioso quando é obrigado a se coordenar com quem prefere levar a vida como ela é. Minha mulher e eu temos a sorte de, já no fim de junho de cada ano, antes de receber a primeira inquirição de meus pais quanto a nossos planos para o Natal, termos tudo planejado; e eu fui criado para considerar qualquer pessoa que reserve um voo ou um quarto de hotel com menos de quatro meses de antecedência da data de partida ou de hospedagem como alguém que vive a vida num indesculpável grau de risco. Nas férias de família, sempre era garantida uma espera de três horas no aeroporto ou uma hora na estação ferroviária, por termos saído de casa muito antes da hora. ("Papai sugere chegar no aeroporto catorze horas mais cedo", diz um título no *The Onion*,[2] aparentemente inspirado em minha infância.) Tudo isso me aborrecia naquela época, assim como me aborrece hoje, com aquela irritação especial reservada para traços que você reconhece muito claramente em si mesmo também.

Pelo menos acho que posso dizer que minha família chegou a isso honestamente. Minha avó paterna, que era judia, tinha nove anos e vivia em Berlim quando Hitler chegou ao poder em 1933, e tinha quinze quando seu padrasto, sobrevivente dos destroços da Kristallnacht, finalmente fez planos para levar a família para Hamburgo e de lá, a bordo do ss *Manhattan*, para Southampton, na Inglaterra. (Os passageiros, me contaram uma vez, estouraram champanhe no convés, mas só depois de terem certeza de que o navio tinha deixado águas alemãs.) Sua própria avó, minha tetravó, não conseguiu se salvar, e morreu depois no campo de concentração de Theresienstadt. Não é especialmente difícil ver como uma adolescente alemã judia, chegando a Londres às vésperas da Segunda Guerra Mundial, tenha adquirido, e depois passado a seus filhos, a inabalável crença de que, se você não planejar as coisas com correção absoluta, pode acontecer algo muito ruim a você ou a seus entes queridos. Às vezes, quando você está saindo para uma viagem, é realmente importante chegar a seu ponto de partida com bastante tempo de antecedência.

No entanto, o problema de ficar tão emocionalmente envolvido no planejamento do futuro é que, conquanto possa por acaso evitar uma catástrofe, no resto do tempo isso tende a exacerbar a ansiedade que supostamente deveria aliviar. O planejador obsessivo está, em essência, pedindo certas garantias do futuro — mas o futuro não é o tipo de coisa que pode sempre prover a garantia almejada, pelo óbvio motivo de que ainda está no futuro. Afinal, você nunca poderá estar absolutamente certo de que algo não vai atrasá-lo no caminho para o aeroporto, não importa quantas horas de antecedência providencie. Ou então pode ter certeza — mas somente após ter chegado e estar relaxando no terminal, momento em que não há consolo a se tirar do fato de que tudo deu certo, porque agora isso ficou no passado, e agora tem, em vez daquele, o próximo pedaço de futuro quanto ao qual ficar ansioso. (Será que o avião vai pousar no destino a tempo de você pegar o trem para continuar a viagem? E assim por diante.) Realmente, não importa com quanta folga planeje, você nunca irá relaxar na certeza de que tudo vai acontecer como gostaria. Em vez disso, a fronteira de sua incerteza vai sendo empurrada mais e mais na direção do horizonte. Quando seus planos para o Natal são concluídos com sucesso, tem que pensar em janeiro, depois fevereiro, março...

Estou usando minha família neurótica como exemplo aqui, mas é importante ver que esse anseio subjacente de fazer do futuro algo confiável não é limitado a planejadores compulsivos. Está presente em quem quer que se preocupe com qualquer coisa, reaja ou não a isso concebendo elaborados cronogramas ou planos de viagem supercautelosos. A preocupação, em seu cerne, é a repetida experiência de uma mente que tenta criar um sentimento de segurança quanto ao futuro, fracassando, e então tentando várias e várias vezes — como se o próprio esforço de se preocupar pudesse de algum modo ajudar a prevenir o desastre. O combustível da preocupação, em outras palavras, é a exigência interna de saber, antecipadamente, que as coisas vão acabar bem: que seu parceiro *não* vai abandoná-lo, que você *terá* dinheiro bastante para se aposentar, que uma pandemia *não* vai levar a vida de ninguém que você ama, que seu candidato favorito *vai* ganhar as próximas eleições, que você *poderá* fazer tudo que está em sua lista até o fim da tarde de sexta-feira. Mas a luta pelo controle do futuro é um forte exemplo da recusa em reconhecer nossas limitações quando se trata de tempo, porque é uma luta que o preocupado, é óbvio, não vai vencer. Você nunca pode estar verdadeiramente certo quanto ao futuro. E, assim, sua busca vai sempre estar além de seu alcance.

TUDO PODERIA ACONTECER

Até aqui, em grande parte deste livro, enfatizei a importância de confrontar, e não evitar, a incômoda realidade de quão pouco tempo nós temos. Mas deveria também estar ficando claro que há algo suspeito na ideia do tempo como uma coisa que nós "temos", em primeiro lugar. Como assinala o escritor David Cain, nunca temos tempo no mesmo sentido em que temos dinheiro em nossa carteira ou sapatos em nossos pés. Quando alegamos que temos tempo, o que na verdade estamos dizendo é que esperamos ter. "Supomos que temos três horas ou três dias para fazer alguma coisa", escreve Cain, "mas isso nunca realmente é uma posse nossa."[3] Qualquer quantidade de fatores poderia confundir suas expectativas, privando-o dessas três horas que você pensava que "tinha" para completar o trabalho num projeto importante: seu chefe poderia interrompê-lo com uma requisição urgente; o metrô poderia sofrer uma pane; você poderia morrer. E mesmo que acabasse tendo todas as três horas, exatamente de acordo com o que esperava, você não teria certeza disso até o momento em que essas horas tivessem passado para a história. Você só vai ter certeza quanto ao futuro quando ele já tiver se tornado passado.

Da mesma forma, e apesar de tudo que estou dizendo, ninguém dispõe realmente de 4 mil semanas para viver — não só porque você pode acabar tendo menos do que isso, mas porque, na realidade, você nunca *dispõe* sequer de uma única semana, no sentido de ser capaz de garantir que ela virá ou que você estará em condição de usá-la exatamente como deseja. Em vez disso, você só se encontra em cada momento quando ele vem, já atirado nesse tempo e lugar, com todas as limitações que isso implica, e incapaz de ter certeza quanto ao que pode acontecer em seguida. Reflita sobre isso um pouco, e a ideia de Heidegger de que nós somos tempo — de que não há um modo significativo de pensar na existência de uma pessoa exceto como sendo uma sequência de momentos de tempo — começa a fazer mais sentido. E isso tem consequências psicológicas reais, porque a premissa de que tempo é algo que podemos possuir ou controlar é a premissa não enunciada de quase todo nosso pensamento sobre o futuro, nosso planejamento e estabelecimento de objetivos e nossa preocupação. Assim, é uma fonte constante de ansiedade e agitação, porque nossas expectativas estão sempre correndo contra a obstinada realidade de que o tempo não é possessão nossa e não pode ficar sob nosso controle.

Meu argumento, para ser claro, não é que seja má ideia fazer planos, economizar dinheiro para a aposentadoria ou se lembrar de votar, aumentar as chances de que o futuro seja do jeito que você gostaria. Nossos esforços para influenciar o futuro não são o problema. O problema — a fonte de toda a ansiedade — é a necessidade que sentimos, de nosso ponto de vista agora, no presente momento, de sermos capazes de saber que esses esforços se mostrarão bem-sucedidos. Está certo, é claro, preferir intensamente que seu parceiro nunca o abandone e tratá-lo de modo a fazer com que essa feliz possibilidade seja mais provável. Mas é uma receita para uma vida sob incessante estresse insistir na ideia de que você tem que ser capaz de ter certeza, agora, de que é assim que seu relacionamento vai, definitivamente, se desenrolar no futuro. Então, um antídoto contra a ansiedade surpreendentemente eficaz pode ser simplesmente dar-se conta de que essa exigência de segurança em relação ao futuro definitivamente nunca será satisfeita — não importa o quanto você planeje ou se aflija ou quanto tempo extra reserve para passar no aeroporto. Você *não tem como* saber que as coisas vão dar certo. O esforço por ter certeza é intrinsecamente vão — o que significa que você tem permissão para parar de se esforçar. O futuro simplesmente não é o tipo de coisa à qual você possa dar ordens, como entendeu o matemático e filósofo francês Blaise Pascal: "Somos tão imprudentes", escreveu, "que vagueamos nos tempos que não são nossos... Tentamos [dar ao presente o suporte de] o futuro, e pensamos em dar um jeito em coisas que não estão sob nosso poder, para um tempo o qual não temos certeza de que alcançaremos".[4]

Nossa ansiedade quanto à incontrolabilidade do futuro começa a parecer mais absurda, e talvez, portanto, um pouco mais fácil de ser dispensada, quando considerada no contexto do passado. Passamos nossos dias nos afligindo porque não podemos controlar o que o futuro contém; e, ainda assim, é provável que a maioria de nós admita que chegamos aonde quer que estejamos na vida sem exercer muito controle sobre isso. Seja lá o que você mais valorize na vida, isso pode ser rastreado lá atrás como alguma mistura de ocorrências fortuitas que você não poderia ter planejado, e que certamente não pode alterar retroativamente agora. Você poderia nunca ter sido convidado para a festa na qual conheceu seu futuro cônjuge. Seus pais poderiam nunca ter mudado para a vizinhança da escola com o inspirado professor que percebeu seus talentos ainda não desenvolvidos e o ajudou a brilhar. E assim por diante — e se você perscrutar ainda mais longe no tempo, antes mesmo de nascer, é um acúmulo ainda mais vertiginoso de coincidências, uma em cima da outra. Em sua autobiografia *Tudo dito e feito*, Simone de Beauvoir se maravilha com o espantoso número de coisas, todas totalmente fora de seu controle, que tiveram que acontecer para fazer com que ela fosse *ela*:

> Se vou dormir depois do almoço no quarto em que trabalho, às vezes acordo com um sentimento de espanto infantil — por que eu sou eu? O que me assombra, assim como assombra uma criança quando ela adquire consciência de sua própria identidade, é o fato de me encontrar aqui, e neste momento, bem fundo nesta vida e não em nenhuma outra. Que golpe de sorte ocasionou isso?... A penetração daquele óvulo específico por aquele espermatozoide específico, com as implicações do encontro de meus pais e antes disso as de seu nascimento, e as do nascimento de todos os seus antepassados, não tinha uma probabilidade, em centenas de milhões, de acontecer. E foi chance, imprevisível no estado atual da ciência, que me fez nascer mulher. A partir daí, parece-me que mil futuros diferentes poderiam ter surgido de cada um dos movimentos de meu passado: eu poderia ter ficado doente e interrompido meus estudos; poderia não ter conhecido Sartre; absolutamente qualquer coisa poderia ter acontecido.[5]

Há uma implicação tranquilizadora nas palavras de Simone de Beauvoir: a de que, apesar de nossa total falta de controle sobre qualquer dessas ocorrências, cada um de nós passou por isso até este momento em nossas vidas — assim, pode ao menos valer a pena levar em conta a possibilidade de que, quando chegar o incontrolável futuro, teremos o que é preciso para lidar com isso também. E que você não deveria, necessariamente, sequer querer esse controle, considerando quanto do que você valoriza na vida tem acontecido graças a circunstâncias que você nunca escolheu.

CUIDANDO DE SUA PRÓPRIA VIDA

Essas verdades sobre a falta de controle sobre o passado e a impossibilidade de conhecer o futuro explicam por que tantas tradições espirituais parecem convergir no mesmo conselho: que devemos aspirar a confinar nossas atenções na única porção de tempo que realmente é de nossa conta — esta aqui, no presente. "Tentar controlar o futuro é como tentar tomar o lugar do mestre-carpinteiro",[6] avisa um dos textos fundadores do taoismo, o Tao Te Ching, numa advertência que foi ecoada vários séculos depois pelo erudito budista Geshe Shawopa, que ordenava rispidamente a seus alunos: "Não governem reinos imaginários de infindáveis possibilidades de proliferação."[7] Jesus diz algo muito parecido no Sermão da Montanha (embora muitos de seus seguidores tardios interpretem a ideia cristã de vida eterna como uma razão para se fixar no futuro, e não para ignorá-lo). "Não se preocupe com o amanhã, pois o amanhã cuidará de si mesmo", ele aconselha.[8] Depois acrescenta a célebre expressão "a cada dia basta o seu próprio cuidado", um verso que sempre só consegui ouvir como se fosse dirigido aos ouvintes num tom de irônico divertimento: vocês, galileus da classe trabalhadora do século I, realmente levam uma vida tão livre de problemas — ele parece os estar provocando —, que faz sentido inventar problemas adicionais inquietando-se com o que possa acontecer amanhã?

Entretanto, a versão desse pensamento que sempre ressoou mais para mim vem do estudioso contemporâneo Jiddu Krishnamurti, que o expressou, de modo caracteristicamente direto, numa palestra proferida na Califórnia, no final da década de 1970. "Em meio a esta fala específica", relembra o escritor Jim Dreaver, que estava na plateia, "Krishnamurti subitamente fez uma pausa, inclinou-se para frente e disse, em tom quase conspiratório: 'Querem saber qual é meu segredo?'. Quase como se fôssemos um só corpo, nós nos levantamos... Pude ver pessoas à minha volta inclinando-se para a frente, com as orelhas em pé, a boca abrindo-se lentamente em abafada antecipação.[9] Então Krishnamurti disse, numa voz suave, quase tímida: 'Vejam, eu não me importo com o que acontece"...'"

Não me importo com o que acontece. Talvez essas palavras precisem ser um pouco desempacotadas; não creio que Krishnamurti pretendesse dizer que não deveríamos sentir tristeza, compaixão ou raiva quando coisas ruins acontecem conosco ou com outras pessoas, nem que deveríamos desistir de nossos esforços para evitar que coisas ruins aconteçam no futuro, mas, sim, que uma vida levada "sem se importar com o que acontece" é uma vida vivida sem a demanda interior de saber que o futuro corresponderá a seus desejos em relação a ele — e assim sem ter que estar constantemente no limite enquanto espera para descobrir se as coisas vão ou não se desenrolar como esperado. Nada disso quer dizer que não possamos agir sabiamente no presente para reduzir as chances de um desenvolvimento ruim mais tarde. E podemos ainda reagir, com o melhor de nossas capacidades, caso coisas ruins ocorram assim mesmo; não somos obrigados a aceitar sofrimento ou injustiça como parte de uma inevitável ordem das coisas. Mas, na medida em que pudermos parar de querer ter certeza de que as coisas serão mais tarde como queremos, estaremos libertos da ansiedade no único momento que efetivamente existe, que é este aqui.

Incidentalmente, tampouco acho que Krishnamurti esteja recomendando que façamos como esses irritantes indivíduos (todos nós conhecemos um ou dois deles) que são um pouco orgulhosos *demais* de seu comprometimento em serem espontâneos — que insistem em seu direito de nunca fazer planos e de ir passando impulsivamente pela vida, e com os quais você nunca pode ter certeza de que um acordo de se encontrarem às seis horas para um drinque significa que tenham a menor intenção de comparecer. Esses tipos aparentemente livres e soltos parecem se sentir confinados pelo próprio ato de fazer planos ou de tentar cumpri-los. Porém, o planejamento é uma ferramenta essencial na construção de uma vida significativa e para o exercício de responsabilidades para com outras pessoas. O real problema não é o planejamento. É que encaramos nossos planos como algo que não são. O que esquecemos, ou não suportamos enfrentar, é que, nas palavras do professor de meditação americano Joseph Goldstein, "um plano é somente um pensamento".[10] Tratamos nossos planos como se fossem um laço, atirado do presente para enlaçar o futuro e pô-lo sob nosso comando. Mas tudo o que um plano é — tudo que sempre poderá ser — é uma declaração de intenção no momento presente. É uma expressão de seu pensamento atual quanto a como você gostaria, idealmente, de exercer sua modesta influência sobre o futuro. O futuro, é claro, não tem obrigação de se cumprir.

8. Você está aqui

O fato de tratar o tempo como algo que possuímos e controlamos parece fazer a vida pior em mais de um sentido. Inevitavelmente, ficamos obcecados pela ideia de "usá-lo bem", em consequência do que descobrimos ser uma desafortunada verdade: quanto mais você se foca em usar bem o tempo, cada dia mais começa a parecer algo que você tem que *atravessar* a caminho de algum momento mais calmo, melhor, mais gratificante no futuro, momento que, na verdade, não chega nunca. O problema é a instrumentalização. Usar o tempo, por definição, é tratá-lo instrumentalmente, como um meio para um fim, e, é claro, fazemos isso todo dia: você não ferve uma chaleira d'água porque ama ferver chaleiras d'água, nem põe as meias na lavadora de roupa porque adora manejar lavadoras de roupa, e sim porque quer uma xícara de café ou meias limpas. Mas resulta que é perigosamente fácil superinvestir nessa relação instrumental com o tempo — concentrar-se exclusivamente em para onde está indo, à custa de focar em onde você está —, com o resultado de que você se acha vivendo mentalmente no futuro, situando o valor "real" de sua vida em um tempo que ainda não alcançou nem nunca alcançará.

Em seu livro *Back to Sanity* [De volta à sanidade],[1] o psicólogo Steve Taylor se lembra de estar observando turistas no Museu Britânico, em Londres, que não estavam realmente olhando a Pedra de Roseta, o antigo artefato egípcio, exposto diante deles, e sim se preparando para olhar para ela depois, gravando imagens e vídeos dela em seus telefones. Estavam tão intensamente focados em usar seu tempo para um benefício futuro — a capacidade de revisitar, ou compartilhar aquela experiência mais tarde —, que quase não vivenciavam de todo a exposição. (E quem é que alguma vez assistirá à maioria desses vídeos?) Claro, ficar resmungando sobre os hábitos dos jovens com seus smartphones é o passatempo favorito de ranzinzas de meia-idade como Taylor e eu. Contudo, a questão mais profunda é que frequentemente somos culpados de algo semelhante. Tratamos tudo que estejamos fazendo — a própria vida, em outras palavras — como valioso apenas na medida em que prepara o terreno para outra coisa.

A atitude de focar no futuro quase sempre toma a forma do que uma vez ouvi ser descrito como a "mentalidade de quando-eu-finalmente",[2] como em: "Quando eu finalmente tiver minha carga de trabalho sob controle/ver meu candidato ser eleito/achar o parceiro romântico certo/resolver minhas questões psicológicas, *então* poderei relaxar, e a vida que sempre tencionei viver poderá começar". A pessoa atolada nessa mentalidade acredita que o motivo pelo qual ela não se sente realizada e feliz é que ainda não conseguiu realizar certas coisas específicas; quando fizer isso, assim imagina, sentirá que está cuidando de sua vida e é a senhora de seu tempo. Mas na verdade o modo como está tentando obter este senso de segurança significa que *nunca* estará realizada, porque está tratando o presente apenas como um caminho para algum estado superior no futuro — e assim o momento presente nunca será satisfatório em si mesmo. Ainda que ela tenha sua carga de trabalho sob controle ou encontre sua alma gêmea, vai achar outro motivo para postergar sua realização.

Certamente, o contexto importa; há muitas situações nas quais é compreensível que pessoas se concentrem intensamente na possibilidade de um futuro melhor. Ninguém culpa o mal pago limpador de banheiros públicos por aguardar ansioso o fim do dia de trabalho ou um tempo no futuro no qual terá um emprego melhor; enquanto isso, ele naturalmente trata suas horas de trabalho sobretudo como um meio cujo fim é receber um contracheque. Mas existe algo mais estranho no caso da ambiciosa e bem paga arquiteta, empregada na profissão que sempre sonhou em praticar, e que assim mesmo se vê tratando cada momento de sua experiência como só tendo valor em termos de levá-la mais perto da conclusão de um projeto, de modo que possa passar para o seguinte, subir na hierarquia ou chegar à aposentadoria. Viver assim é inegavelmente insano — mas é uma insanidade que fica inculcada em nós bem cedo na vida, como explicou com vigor característico, em seu estilo próprio, o "animador espiritual" e filósofo da Nova Era Alan Watts:

> Pense na educação, por exemplo. Que embuste. Quando você é criança, mandam você para uma creche. Na creche, eles dizem que você está se preparando para ir para o jardim de infância. E depois vem o primeiro ano, e o segundo ano, e o terceiro ano... No ensino médio eles dizem que você está se preparando para a faculdade, e na faculdade você está se preparando para ir para o mundo dos negócios... [Pessoas são] como asnos correndo atrás de cenouras penduradas à sua frente em varas presas a seus próprios pescoços. Nunca estão aqui. Nunca chegam lá. Nunca estão vivas.[3]

A CATÁSTROFE CAUSAL

Foi preciso que eu me tornasse pai para perceber quão completamente passara toda a minha vida adulta, até então, atolado nessa mentalidade de busca pelo futuro. Não que a epifania tivesse sido instantânea. Na verdade, o que aconteceu primeiro, quando o nascimento de meu filho se aproximava, foi que fiquei mais obcecado do que o normal por usar bem o meu tempo. Presumivelmente, todo novo pai, ao chegar do hospital em casa para encarar a realidade de sua incompetência em matéria de criar um filho, sente algum desejo de passar seu tempo o mais sabiamente possível — primeiro para manter vivo aquele pacotinho que se contorce, e depois a fim de fazer o que puder para lançar as bases de um futuro feliz. Mas, na época, eu ainda era tão nerd de produtividade que resolvi meus problemas comprando vários livros de "faça você mesmo" destinados a pais de recém-nascidos; eu estava determinado a fazer o melhor uso possível daqueles primeiros e cruciais meses.

Esse gênero de publicação, logo constatei, era nitidamente dividido em dois campos, cada um deles num permanente estado de indignação pela mera existência do outro. De um lado, estavam os gurus que eu passei a considerar como Treinadores de Bebês, que nos instavam a enquadrar nosso filho num estrito cronograma assim que possível — porque a ausência de tal estrutura o deixaria existencialmente inseguro, e também porque a ação de tornar seus dias mais previsíveis significaria que ele poderia se integrar suavemente nos ritmos da casa. Isso permitiria a todos dormir um pouco, e, à minha mulher e a mim, voltar rapidamente a trabalhar. Do outro lado estavam os Pais Naturais, para os quais todos esses cronogramas — e, francamente, a simples noção de mães com empregos para os quais tinham que voltar — eram mais uma evidência de que a modernidade tinha corrompido a pureza de ser pai ou mãe, que só poderia ser recuperada emulando-se as práticas naturais de tribos indígenas no mundo em desenvolvimento e/ou de humanos pré-históricos, sendo esses dois grupos, para esse campo de progenitores especialistas, e para qualquer finalidade prática, a mesma coisa.

Mais tarde, eu aprenderia que não há praticamente nenhuma evidência científica crível que favoreça qualquer desses campos. (Por exemplo, a "prova" de que é errado deixar seu bebê chorar até adormecer vem em grande medida de uma pesquisa feita com crianças abandonadas em orfanatos romenos, o que dificilmente é a mesma coisa que deixar seu filho sozinho em seu aconchegante berço escandinavo durante vinte minutos por dia; enquanto isso, há um grupo étnico africano, os hausa-fulani,[4] que transgride toda filosofia parental ocidental considerando tabu, em alguns casos, a mãe fazer contato visual com seus bebês — e parece que essas crianças em geral ficam bem também.) Mas o que mais fortemente me impactou foi como os dois conjuntos de especialistas estavam totalmente preocupados com o futuro — de fato, como quase todos os conselhos parentais que encontrei, em livros e online, pareciam estar completamente focados em fazer o que fosse requerido para produzir mais tarde as mais felizes, mais bem-sucedidas ou mais economicamente produtivas crianças mais velhas ou adultos.

Isso era obviamente o bastante no caso dos Treinadores de Bebês, com sua paixão por inculcar bons hábitos que poderiam servir ao bebê durante toda a sua vida. Mas não era menos verdade para os Pais Naturais. Poderia ser explicado se as justificativas dos Pais Naturais para insistir em "vestir o bebê" [isto é, o pai o a mãe levar o bebê preso a si como se fosse roupa], ou dormir juntos, ou amamentar até os três anos fosse a alegação de que esse era um modo mais satisfatório de pais e bebês viverem. Mas seu motivo real, às vezes expresso explicitamente, era que essas eram as melhores coisas a se fazer para assegurar a futura saúde psicológica da criança. (De novo: sem qualquer evidência real.) E me choca, ainda mais incomodamente, que o motivo de eu estar buscando todos esses conselhos, em primeiro lugar, era que essa era *minha* postura na vida também: que até onde consigo lembrar, eu passava meus dias me esforçando para obter resultados futuros — resultados de exames, empregos, melhores hábitos de exercício: a lista continua — a serviço de algum momento hipotético em que a vida por fim se desenrolaria suavemente. Agora que meus deveres diários envolviam um bebê, eu simplesmente expandi minha abordagem instrumental para acomodar a nova realidade: eu queria saber que estava fazendo o que era requerido para obter resultados ótimos no futuro no domínio da criação de filhos também.

Só que isso começava a me parecer um modo espantosamente perverso de abordar a questão de como gastar tempo com um recém-nascido, sem mencionar a coisa desnecessariamente exaustiva que é ter que pensar nisso quando a vida já é exaustiva o bastante. Claro, era importante manter um olho no futuro — havia vacinas a serem administradas, pré-escolas a escolher e matricular etc. Mas meu filho estava ali naquele momento, e só teria zero ano durante um ano, e eu me dei conta de que não queria desperdiçar esses dias de sua existência *atual* concentrando-me apenas em como melhor usá-los em benefício de sua existência futura. Ele era presença pura, participando incondicionalmente do momento em que se encontrava, e eu queria juntar-me a ele nesse momento. Queria observar seu minúsculo punho se fechar em torno de meu dedo, e sua vacilante cabeça se virar em reação a um ruído, sem ficar obcecado pela ideia de se isso demonstrava ou não que ele estava correspondendo a seus "marcos de desenvolvimento" ou pelo que eu deveria estar fazendo para assegurar que correspondesse. Pior ainda, ocorreu-me que minha fixação em usar bem meu tempo significava usar meu próprio filho, um ser humano totalmente outro, como um instrumento para aplacar minha própria ansiedade — tratando-o como nada mais que um meio para alcançar meu hipotético senso futuro de segurança e paz de espírito.

O escritor Adam Gopnik chama essa armadilha na qual eu tinha caído de "catástrofe causal", que ele define como a crença de que "a provada correção ou incorreção de algum modo de criar filhos é o tipo de adulto que ele produz".[5] Essa ideia soa bem razoável — como julgar correção ou incorreção de outra maneira? —, até você perceber que seu efeito é esvaziar a infância de qualquer valor intrínseco, tratando-a como nada além de um treinamento para a idade adulta. Talvez seja realmente um "mau hábito", como insistem os Treinadores de Bebês, seu filho de um ano se acostumar a adormecer em seu peito. Mas é também uma experiência deliciosa no momento atual, e isso tem que ser posto na balança; não é aceitável que preocupações com o futuro tenham sempre que ter, automaticamente, precedência. Da mesma forma, a questão de se está correto ou não deixar seu filho de nove anos passar horas por dia jogando jogos violentos de video game não tem a ver apenas com a questão se isso fará dele um adulto violento ou não, mas também se essa é uma boa maneira de ele estar usando a vida dele no presente; talvez uma infância imersa em sangue e chacina digitais seja uma infância de baixa qualidade, mesmo que não haja efeitos futuros. Em sua peça *The Coast of Utopia* [A costa da utopia], Tom Stoppard põe uma versão intensificada desse sentimento na boca do filósofo russo do século XIX Alexander Herzen, quando ele luta para se conformar com a morte de seu filho, que se afogou num naufrágio — e cuja vida, insiste Herzen, não fora menos valiosa por nunca ter chegado a ser usufruída em realizações adultas. "Porque as crianças crescem, pensamos que o propósito de uma criança é crescer", diz Herzen.[6] "Mas o propósito de uma criança é ser uma criança. A natureza não desdenha do que vive por apenas um dia. Ela verte tudo de si em cada momento... O prêmio da vida está em seu fluir. Mais tarde é tarde demais."

A ÚLTIMA VEZ

Espero ainda que esteja claro agora que nada disso se aplica apenas a pessoas que sejam pais de crianças pequenas. Certamente, é verdade que um bebê recém-nascido que se desenvolve rápido faz com que seja especialmente difícil ignorar o fato de que a vida é uma sucessão de experiências transitórias, valiosas por si mesmas, que você deixará escapar se focar completamente no destino ao qual, assim espera, elas possam estar levando. Mas o autor e podcaster Sam Harris faz a perturbadora observação de que o mesmo se aplica a tudo: nossas vidas, graças a sua finitude, são inevitavelmente cheias de atividades que estamos fazendo pela última vez.[7] Assim como haverá uma última ocasião em que eu irei buscar meu filho — pensamento que me apavora, mas que é difícil de negar, pois por certo não vou fazer isso quando ele tiver trinta anos —, haverá uma derradeira vez em que você visitará a casa de sua infância, ou nadará no oceano, ou fará amor, ou terá uma conversa profunda com certo amigo muito próximo. Mas em geral não há como saber, no próprio momento, que você está fazendo aquilo pela última vez. Harris observa que deveríamos, portanto, tentar tratar toda experiência como essas com a reverência que demonstraríamos se fosse a última vez. E de fato há um sentido no qual todo momento na vida é uma "última vez". Ele chega; você nunca o terá novamente — e, uma vez tendo passado seu suprimento remanescente de momentos, terá um a menos do que tinha antes. Tratar todos esses momentos apenas como degraus para algum momento futuro é demonstrar um nível de abstração de nossa situação real que seria de cair o queixo não fosse o fato de que todos fazemos isso, o tempo todo.

Há que se admitir, não é totalmente nossa culpa que abordemos nosso tempo finito de um modo tão perversamente instrumental e focado no futuro. Poderosas pressões externas nos empurram nessa direção também, porque existimos dentro de um sistema econômico que é instrumental em seu cerne. Um modo de entender o capitalismo, de fato, é como sendo uma máquina gigantesca para a instrumentalização de tudo que encontra — os recursos da Terra, seu tempo e suas capacidades (ou "recursos humanos") — a serviço de lucro futuro. Ver as coisas desse modo ajuda a explicar a verdade — que sem isso seria misteriosa — de que pessoas ricas em economias capitalistas são com frequência surpreendentemente miseráveis. São muito boas em instrumentalizar seu tempo para o propósito de gerar riqueza para si mesmas; essa é a definição de ser bem-sucedido no mundo capitalista. Porém, ao focarem tão duramente na instrumentalização de seu tempo, acabam tratando suas vidas no momento atual como nada mais do que um veículo no qual viajar para um futuro estado de felicidade. Assim, seus dias são exauridos de significado, mesmo que seu saldo bancário aumente.

Há também um núcleo e uma verdade no clichê de que pessoas que vivem em países economicamente menos bem-sucedidos são melhores em aproveitar a vida — o que é outra maneira de dizer que elas estão menos fixadas em instrumentalizá-la para obter lucro futuro, e assim são mais capazes de usufruir dos prazeres do presente. O México, por exemplo, tem frequentemente ultrapassado os Estados Unidos em índices globais de felicidade.[8] Daí provém a velha parábola sobre um executivo de Nova York que estava de férias, conversando com um pescador mexicano, e este lhe contava que só trabalhava algumas horas por dia e passava a maior parte do tempo bebendo vinho ao sol e tocando música com amigos. Estarrecido com a atitude do pescador em relação à gestão do tempo, o executivo lhe deu um conselho não solicitado: se o pescador trabalhasse mais, explicou, poderia investir os lucros em mais barcos, pagar a outros para que pescassem, ganhar milhões e se aposentar cedo. "E o que eu ia fazer depois?", perguntou o pescador. "Ah, bem, *depois*", respondeu o homem de negócios, "você poderia passar seus dias bebendo vinho ao sol e tocando música com seus amigos."

Um exemplo vívido de como a pressão capitalista para instrumentalizar seu tempo exaure o significado da vida é o notório caso dos advogados corporativos. A estudiosa de leis católica Cathleen Kaveny argumentou que o motivo de tantos deles serem tão infelizes — apesar de em geral serem muito bem pagos — é a convenção da "hora faturável", que os obriga a tratar seu tempo, e assim na verdade a si mesmos, como uma commodity a ser vendida aos clientes em porções de sessenta minutos. Uma hora não vendida é automaticamente uma hora desperdiçada. Assim, quando um advogado de notório sucesso e superocupado deixa de comparecer a um jantar em família ou à peça escolar em que seu filho atua, não é necessariamente porque esteja "ocupado demais", no sentido direto de ter muita coisa para fazer. Pode ser também porque não seja mais capaz de conceber uma atividade que não possa ser mercadorizada como algo que valha a pena fazer. Como escreve Kaveny, "advogados imbuídos do éthos da hora faturável têm dificuldade para captar um entendimento não mercadorizável do significado do tempo que lhes permita apreciar o verdadeiro valor dessa participação".[9] Quando uma atividade não pode ser acrescentada à contagem em curso de horas faturáveis, ela começa a ser percebida como uma indulgência que alguém não se pode permitir. Pode haver mais desse éthos na maioria de nós — mesmo de quem não é advogado — do que estamos dispostos a admitir.

E ainda assim estamos enganando a nós mesmos quando pomos no capitalismo toda a culpa pelo modo como a vida moderna tão frequentemente parece ser de incessante labuta, que se "tem que atravessar" a caminho de um tempo melhor no futuro. A verdade é que nós colaboramos com esse estado das coisas. Nós *optamos* por tratar o tempo desse modo autodestrutivamente instrumental, e agimos assim porque isso nos ajuda a manter o sentimento de estar num onipotente controle de nossas vidas. Enquanto você acreditar que o real significado da vida está em algum lugar no futuro — que um dia todos os seus esforços vão se pagar numa era dourada de felicidade, livre de todos os problemas —, estará evitando encarar a não palatável realidade de que sua vida não o está levando a algum momento de verdade que ainda não chegou. Nossa obsessão em extrair o maior valor futuro de nosso tempo nos faz ficar cegos à realidade de que, de fato, o momento da verdade é sempre agora — que a vida não é mais do que uma sucessão de momentos presentes, culminando na morte, e que você provavelmente nunca chegará a um ponto no qual vai sentir que suas coisas estão funcionando à perfeição e que, portanto, é melhor você parar de postergar o "verdadeiro significado" de sua existência para o futuro e se jogar na vida agora.

John Maynard Keynes enxergou a verdade no fundo de tudo isso, que é a de que nossa fixação no que ele chamou de "propositividade" — em usar bem o tempo para propósitos futuros, ou em "produtividade pessoal", poderia ter dito se escrevesse nos dias atuais — é afinal motivada pelo desejo de não morrer. "O homem propositivo", escreveu Keynes,[10] "está sempre tentando garantir uma imortalidade espúria e ilusória para suas ações, empurrando seus interesses nelas mais para a frente no tempo. Ele não ama seu gato, mas sim os filhotes de seu gato; na verdade nem os filhotes, e sim os filhotes dos filhotes, e assim por diante, sempre, até o fim do gatado. Para ele, geleia nunca é geleia, a menos que seja o caso de uma geleia amanhã, nunca de uma geleia hoje. Assim, empurrando sempre sua geleia para o futuro, ele se esforça por garantir ao ato de prepará-la um aspecto de imortalidade." Como ele nunca tem de "sacar" a significância de suas ações no aqui e agora, o homem propositivo imagina-se um deus onipotente, cuja influência sobre a realidade estende-se infinitamente no futuro; ele chega a sentir como se de fato fosse o senhor de seu tempo. Mas o preço que paga é alto. Nunca chegará a amar um gato real, no momento presente. Nem vai saborear uma geleia de verdade. Ao tentar tão duramente obter o melhor de seu tempo, ele deixa de viver a vida.

AUSENTE NO PRESENTE

Contudo, a tentativa de "viver no momento", de encontrar significado na vida *agora*, traz também seus próprios desafios. Você realmente tentou isso alguma vez? Apesar da insistência de professores da moderna atenção plena de que ela é um caminho rápido para a felicidade — e apesar de um crescente acervo de pesquisa psicológica quanto aos benefícios de "saborear" ou de fazer um deliberado esforço por apreciar os pequenos prazeres da vida —, isso se mostra desconcertantemente difícil de fazer. Em seu clássico hippie *Zen e a arte da manutenção de motocicletas*, Robert Pirsig descreve-se chegando, com seu jovem filho, à resplandecente extensão azul do lago Crater, no Oregon, um vulcão pré-histórico desmoronado que é o mais profundo corpo de água da América. Está determinado a obter o máximo da experiência, mas de algum modo ele fracassa: "[Nós] vemos o lago Crater com um sentimento de 'Bem, aí está ele', exatamente como mostram as fotos. Olho para os outros turistas, todos também parecendo deslocados. Não tenho ressentimento quanto a isso, só um sentimento de que tudo é irreal e que as características do lago são ofuscadas pelo fato de ele ser tão divulgado".[11] Quanto mais você tenta estar aqui agora, apontar para o que está acontecendo neste momento e de fato vê-lo, mais lhe parece que você *não está* aqui agora — ou, alternativamente, que está, mas que todo o sabor da experiência lhe foi tirado.

Sei como Pirsig deve ter se sentido. Vários anos atrás, visitei Tuktoyaktuk, uma pequena cidade no extremo norte dos Territórios do Noroeste, no Canadá. Na época, só era acessível por ar ou por mar, ou, no inverno, pela rota que eu adotei, que envolvia viajar num veículo 4×4, ao longo de um rio congelado, passando por barcos presos no gelo durante a estação, e depois sobre o próprio oceano Ártico. Minha missão jornalística envolvia a luta entre Canadá e Rússia pelas jazidas de petróleo abaixo do polo Norte — mas naturalmente, tendo ouvido falar muito sobre ela, eu também queria ver a aurora boreal. Durante várias noites me obriguei a sair para um frio de menos 30°C, uma temperatura na qual a umidade dentro de seu nariz vira gelo no momento em você inala — para só encontrar a escuridão de espessa cobertura de nuvens. Somente em minha última noite lá, pouco depois das duas da manhã, o casal que tinha alugado a cabana vizinha à minha hospedagem bateu com animação à minha porta para me dizer que havia chegado a hora: a aurora boreal estava aparecendo. Joguei algumas peças por cima da minha roupa de baixo térmica e saí para ficar sob um céu de catedral, cheio de cortinas de luzes verdes que deslizavam de horizonte a horizonte. Eu estava determinado a saborear a exibição, que na manhã seguinte os locais descreveram como particularmente impressionante. Mas, quanto mais eu tentava, menos parecia ser capaz de fazer isso. Quando me preparava para voltar ao calor de minha cabana, eu estava tão longe de me sentir absorvido pelo momento que me ocorreu um pensamento em relação à aurora boreal que até hoje me contorço todo ao lembrar: *Oh*, eu pensei, *parece um desses protetores de tela*.

O problema é que o esforço para estar presente no momento, embora pareça ser o exato oposto da mentalidade instrumentalista, focada no futuro, que tenho criticado neste capítulo, é na verdade apenas uma versão ligeiramente diferente dela. Você está tão fixado em tentar usar seu tempo da melhor maneira possível — nesse caso não para algum resultado ulterior, mas para uma experiência de vida enriquecedora bem agora — que isso obscurece a própria experiência. É como ficar tentando demais adormecer, e, portanto, fracassar. Você está determinado a estar completamente presente enquanto, digamos, lava a louça — talvez porque viu aquela citação do professor budista campeão de vendas Thich Nhat Hanh sobre ficar absorvido na mais mundana das experiências[12] — para descobrir que não é capaz disso, porque está tão ocupado em se perguntar, conscientemente, se está presente ou não. A expressão "estar aqui agora" traz à mente imagens de drogados barbudos em calças boca de sino, totalmente relaxados em relação ao que possa acontecer a seu redor. Mas na verdade a tentativa de estar aqui agora não parece ser muito relaxante, e sim extenuante — e acaba revelando que *tentar* ter a experiência do momento presente mais intensa possível é um modo infalível de fracassar. Meu exemplo favorito nesse aspecto é o estudo feito em 2015 por pesquisadores da Universidade Carnegie Mellon, em Pittsburgh,[13] no qual casais foram instruídos a fazer sexo duas vezes mais frequentemente do que o usual por um período de dois meses. Ao fim desse tempo, concluiu o estudo, eles não estavam mais felizes do que no início. Essa descoberta foi amplamente mencionada como um exemplo de que uma vida sexual mais ativa não é tão prazerosa quanto se poderia imaginar. Porém, o que isso de fato demonstra, eu diria, é que tentar duramente demais ter uma vida sexual mais ativa não é nada divertido.

Uma abordagem mais frutífera ao desafio de viver mais plenamente o momento começa em se dar conta de que você, na verdade, sempre já está vivendo o momento, de qualquer maneira, querendo ou não. Afinal, seus pensamentos autoconscientes sobre se está focado o bastante em lavar a louça — ou se está curtindo o sexo extra que pratica atualmente, desde que concordou em participar desse estudo psicológico — são pensamentos que surgem no momento presente, também. E se você, inescapavelmente, já está no momento, por certo há algo profundamente dúbio quanto a tentar ocasionar esse estado de coisas. *Tentar* viver no momento implica que você está, de algum modo, separado de "o momento", e portanto numa posição de ou conseguir ou não conseguir viver nele. Por todas as suas associações relaxadas, a tentativa de estar aqui agora é portanto mais uma tentativa instrumentalista de usar o momento presente puramente como um meio que visa a um fim, num esforço por sentir que está no controle de seu tempo à medida que ele se desenrola. Como sempre, isso não funciona. A autoconsciência que você experimenta quando busca, com demasiado esforço, estar "mais no momento" é o desconforto mental de tentar se erguer sozinho — para modificar sua relação com o momento presente no tempo, quando de fato esse momento no tempo é tudo que você é, para começar,

Como expressa a escritora Jay Jennifer Matthews em seu curto livro com o excelente título de *Radically Condensed Instructions for Being Just as You Are* [Instruções radicalmente condensadas para ser exatamente como você é]: "Não podemos tirar nada da vida. Não existe um lado de fora para onde levar as coisas. Não existe um pequeno bolso, situado fora da vida, [no qual poderíamos] armazenar provisões para o futuro. A vida deste momento não tem um lado de fora".[14] Viver mais plenamente no presente pode ser apenas uma questão de por fim se dar conta de que você nunca tem outra opção a não ser a de estar aqui agora.

9. Redescobrindo o descanso

Num escaldante fim de semana de verão alguns anos atrás, juntei-me aos apaixonados membros de um grupo de ativistas, chamado Pegue de Volta Seu Tempo, num abafado salão de conferências universitário em Seattle, onde tinham se reunido para levar adiante sua missão de longa data para "eliminar a epidemia do trabalho excessivo". O encontro do qual participei, sua conferência anual, teve um público esparso — em parte porque, como reconheceram os organizadores, era agosto e muita gente estava de férias, e a organização mais estridentemente favorável ao relaxamento na América dificilmente poderia reclamar disso. Mas foi também porque o Pegue de Volta Seu Tempo promove o que é tido, hoje, como uma mensagem altamente subversiva. Não existe nada de incomum em suas demandas por mais dias de folga ou jornadas de trabalho mais curtas; essas propostas são cada vez mais comuns. No entanto, quase sempre são justificadas com base na ideia de que um trabalhador descansado é um trabalhador mais produtivo — e foi exatamente esse raciocínio que o grupo pôs em questão. Por que, queriam seus membros saber, férias na praia, refeições com amigos, manhãs ociosas na cama tinham que ser justificadas em termos de um desempenho melhorado no trabalho? "Você continua a ouvir pessoas alegando que mais tempo de folga pode ser bom para a economia", esbravejou John de Graaf, um esfuziante cineasta setentão e a força motriz atrás do Pegue de Volta Seu Tempo. "Mas por que deveríamos ter que justificar *vida* em termos de *economia*? Não faz sentido!" Depois, eu soube da existência de uma iniciativa rival, Projeto: Tempo de Folga, que, diferentemente do Pegue de Volta Seu Tempo, usufruía de generoso patrocínio de empresas e de conferências com um público maior — e não foi surpresa saber que sua missão era promover "os benefícios pessoais, de negócios, sociais e econômicos" do lazer. Também era apoiado pela US Travel Association [Associação de Viagem dos Estados Unidos], que tinha seus próprios motivos para querer que as pessoas tirassem mais férias.

O DECLÍNIO DO PRAZER

De Graaf tocou em um dos mais sinuosos problemas sobre tratar o tempo apenas como algo a ser usado tão bem quanto possível, que é o fato de começarmos a sofrer pressão para usar nosso tempo de lazer produtivamente também. Usufruir de lazer como valor por si mesmo — o que, como você deve ter pressuposto, é a razão de ser do lazer — começa a ser percebido como algo não muito correto. Começa a parecer que você estará falhando na vida, de um modo indistinto, se não tratar seu tempo de folga como um investimento em seu futuro. Às vezes essa pressão toma a forma do argumento explícito de que você tem que considerar suas horas de lazer uma oportunidade para tornar-se um trabalhador melhor ("Relaxe! Você será mais produtivo"[1] é o cabeçalho de uma seção imensamente popular do *New York Times*). Mas uma forma mais furtiva da mesma atitude infectou também aquela sua amiga que parece estar sempre treinando para uma prova de dez quilômetros, mas que aparentemente é incapaz de apenas sair para dar uma corrida: ela se convenceu de que correr é uma coisa sem sentido, que deve ser feita a fim de se chegar a uma realização futura. E isso me infectou também, durante os anos em que passei frequentando aulas de meditação e retiros, com o pouco consciente objetivo de que poderia um dia alcançar uma condição de calma permanente. Mesmo um empreendimento tão aparentemente hedonista de passar um ano passeando pelo mundo com uma mochila nas costas pode ser afetado pelo mesmo problema se seu propósito não for o de explorar o mundo, e sim — sutil distinção esta — acrescentar isso a seu armazém mental de experiências, na esperança de que sentirá, mais tarde, que usou bem a sua vida.

A lamentável consequência de justificar o lazer somente por sua utilidade para outras coisas é que ele começa a ser vagamente percebido como uma tarefa — em outras palavras, como trabalho, no pior sentido desse termo. Essa era a armadilha que o crítico Walter Kerr comentou em 1962 em seu livro *The Decline of Pleasure* [O declínio do prazer]: "Somos todos compelidos", escreveu Kerr, "a ler visando lucro, ir a festas para fazer contatos... jogar por caridade, sair à noite para prestigiar a cidade, e ficar em casa no fim de semana para fazer reparos na casa".[2] Defensores do capitalismo moderno adoram ressaltar que, apesar de como as coisas possam parecer, na verdade temos mais tempo de lazer do que tínhamos em décadas passadas[3] — uma média de cerca de cinco horas por dia para homens, e apenas um pouco menos para mulheres. Mas talvez um motivo pelo qual nós não sentimos estar experimentando a vida dessa maneira é que o lazer não mais parece ser muito prazeroso. Em vez disso, é muito frequente percebê-lo como outro item na lista de coisas por fazer. E assim como muitos de nossos problemas com o tempo, a pesquisa sugere que esse problema fica pior quanto mais abastado você é.[4] Pessoas ricas estão sempre ocupadas trabalhando, mas também têm mais opções para usar qualquer determinada hora de tempo livre: como qualquer outra pessoa, elas poderiam ler um romance ou fazer uma caminhada; mas poderiam igualmente ir assistir a uma ópera ou planejar uma temporada de esqui em Courchevel. Assim, são mais propensas a perceber que há atividades de lazer que poderiam estar realizando, mas não estão.

Provavelmente não podemos esperar captar quão totalmente estranha essa atitude em relação ao lazer pareceria ser para alguém que viveu em qualquer momento antes da Revolução Industrial. Para os filósofos do mundo antigo, o lazer não era um meio para algum outro fim; pelo contrário, era o fim para o qual tudo o mais que valia a pena fazer era um meio. Aristóteles disse que o verdadeiro lazer — que para ele significava reflexão e contemplação filosófica — estava entre as mais altas virtudes porque valia a pena optar por ele por seu próprio valor, enquanto outras virtudes, como coragem na guerra ou comportamento nobre no governo, só eram virtuosas porque levavam a alguma outra coisa. A palavra latina para negócio, "negotium", traduz-se literalmente como "não lazer", refletindo a ideia de que o trabalho era um desvio da mais alta vocação humana. Nesse entendimento da situação, o trabalho deveria ser uma inevitável necessidade para certas pessoas — acima de tudo, para os escravos cuja labuta possibilitava o lazer dos cidadãos de Atenas e de Roma —, mas era fundamentalmente indigno, e por certo não o principal objetivo de estar vivo.

A mesma ideia essencial permaneceu intacta durante séculos de subsequente inquietação histórica: a de que o lazer era o centro de gravidade da vida, o estado-padrão do qual o trabalho era, às vezes, uma inevitável interrupção. Mesmo as opressivas vidas dos camponeses medievais ingleses eram impregnadas de lazer: elas se desenvolviam segundo um calendário que era dominado por feriados religiosos e dias santos, junto com festivais de aldeia que duravam dias, conhecidos como *ales*, para marcar ocasiões solenes como casamentos e mortes. (Ou menos solenes, como a temporada em que as ovelhas tinham crias — qualquer pretexto para se embriagar.) Alguns historiadores alegam que um camponês mediano no século XVI trabalhava apenas 150 dias por ano,[5] e, embora haja controvérsia quanto a esse número, ninguém duvida que o lazer estava praticamente no centro de quase toda vida. À parte qualquer outra coisa, por mais que toda essa recreação possa ter sido divertida, não era exatamente opcional. As pessoas enfrentavam forte pressão social para não trabalhar o tempo todo: observavam-se feriados religiosos porque a Igreja assim o exigia; e num povoado coeso não seria fácil se esquivar das outras festividades. Outro resultado foi que um senso de vagareza e pachorra penetrou nos dias que as pessoas passavam no trabalho. "O homem trabalhador", reclamou o bispo de Durham, James Pilkington, por volta de 1570, "vai ter seu longo descanso pela manhã; uma boa parte do dia se passou antes de ele chegar no trabalho. Depois ele tem de ter seu desjejum, embora ainda não o tenha ganhado, na hora de costume, caso contrário vai haver resmungos e murmúrios... Ao meio-dia ele tem de ter sua sesta, depois seu lanche à tarde, e já passou grande parte do dia."[6]

Contudo, a industrialização, catalisada pela disseminação da mentalidade da hora do relógio, varreu tudo isso para longe. Fábricas e usinas requeriam o trabalho coordenado de centenas de pessoas, pagar por hora, e o resultado foi que o lazer se tornou nitidamente delineado a partir do trabalho. Implicitamente, oferecia-se um acordo aos trabalhadores: você pode fazer o que quiser em seu tempo de folga, contanto que não prejudique — e preferivelmente melhore — seu desempenho no emprego. (Assim havia uma questão de lucro em jogo quando as classes superiores expressavam horror pelo entusiasmo das classes inferiores em beber gim: chegar ao trabalho de ressaca porque passou seu tempo de folga embebedando-se era uma violação do acordo.) Num sentido estrito, essa nova situação deixou os trabalhadores mais livres do que antes, uma vez que seu lazer era mais verdadeiro do que o que tinham quando a Igreja e a comunidade ditavam quase tudo que faziam com ele. Mas, ao mesmo tempo, uma nova hierarquia se estabelecera. O trabalho, agora, tinha que ser visto como o real objetivo da existência; o lazer era meramente uma oportunidade para recuperação e reposição, visando ao trabalho que se seguiria. O problema para o trabalhador mediano numa usina ou fábrica era que o trabalho industrial não era suficientemente significativo para ser o objetivo da existência: ele o fazia por dinheiro, não para sua própria e intrínseca satisfação. Assim, agora a vida como um todo — tanto o trabalho quanto o lazer — deveria ser valorizada em benefício de outra coisa, no futuro, e não por si mesma.

Ironicamente, os líderes sindicais e reformadores do trabalho que faziam campanha por mais tempo livre, e que mais tarde conseguiram o dia de trabalho de oito horas e o fim de semana com dois dias, ajudaram a arraigar a atitude instrumental em relação ao lazer, segundo a qual ele só se justifica com base em algo que não é apenas fruição e diversão. Argumentavam que trabalhadores deviam usar qualquer tempo livre adicional que recebessem para se aprimorar, mediante atividades educacionais e culturais — em outras palavras, que deviam usá-lo para mais do que apenas relaxar. Mas há algo de comovente no caso dos trabalhadores têxteis de Massachusetts no século XIX, que contaram a um pesquisador o que realmente ansiavam por fazer com mais tempo livre: "Olhar em volta para ver o que estava acontecendo". Ansiavam por um verdadeiro lazer, não um tipo diferente de produtividade. Queriam o que o dissidente marxista Paul Lafargue chamaria posteriormente, no título de seu panfleto mais conhecido, *O direito à preguiça*.[7]

Disso tudo nós herdamos uma ideia profundamente bizarra do que significa passar "bem" seu tempo de folga — e, inversamente, o que quer dizer desperdiçá-lo. Nessa ideia de tempo, qualquer coisa que não crie alguma forma de valor para o futuro é, por definição, mero ócio. Descanso é permissível, mas apenas com o propósito de se recuperar para o trabalho, ou talvez para alguma outra forma de autoaperfeiçoamento. Fica difícil usufruir de um momento de descanso por si mesmo, sem relação com potenciais benefícios futuros, porque o descanso que não tem valor instrumental é percebido como desperdício.

A verdade, então, é que passar pelo menos parte de seu tempo de lazer "em desperdício", focado apenas no prazer da experiência, é o único modo de *não* desperdiçá-lo — de ter verdadeiramente lazer, em vez estar encobertamente engajado num autoaprimoramento focado no futuro. Para poder habitar mais plenamente a única vida que terá, você tem que *abster-se* de usar cada hora livre para seu crescimento pessoal. Dessa perspectiva, o ócio não é apenas perdoável; ele é praticamente uma obrigação. "Se a satisfação de um homem idoso ao beber um cálice de vinho não conta para nada", escreveu Simone de Beauvoir, "então produção e riqueza são apenas mitos vazios; elas só têm significado se forem capazes de serem recuperadas em individual e viva alegria."[8]

PRODUTIVIDADE PATOLÓGICA

Ainda, vamos precisar confrontar uma verdade raramente reconhecida sobre o descanso, que é a de que não somos meramente as vítimas de um sistema econômico que nos nega qualquer oportunidade para ele. Cada vez mais, somos o tipo de pessoa que na verdade não quer descansar — que acha extremamente desagradável fazer uma pausa em nossos esforços de terminar de fazer coisas e que fica impaciente quando acha que não está sendo suficientemente produtivo. Um exemplo extremo é o caso da romancista Danielle Steel, que, numa entrevista à revista *Glamour*, em 2019, revelou o segredo de como conseguiu escrever 179 livros até idade de 72 anos, lançando-os a um ritmo de quase sete por ano: trabalhando quase literalmente o tempo todo, em dias de vinte horas, com um punhado de períodos mensais de 24 horas seguidas de escrita, com uma única semana de férias por ano, e praticamente sem dormir. ("Não vou para a cama enquanto não estiver tão cansada a ponto de poder dormir no chão", teria dito ela.[9] "Se eu dormir quatro horas, para mim é realmente uma boa noite.") Steel foi amplamente elogiada por seus hábitos de trabalho "durões". Mas decerto não seria insensato perceber nesse tipo de rotina diária a evidência de um sério problema — o de uma profundamente enraizada incapacidade de abster-se de usar o tempo produtivamente. Na verdade, a própria Steel parece admitir que usa a produtividade como um modo de confrontar emoções difíceis. Suas provações pessoais incluíram a perda de um filho adulto por overdose, e nada menos que cinco divórcios — e o trabalho, ela disse à revista, "é onde busco refúgio. Mesmo quando coisas ruins aconteceram em minha vida pessoal, esta é uma constante. É algo sólido para onde posso escapar".

Se parece pouco caridoso acusar Steel de ser patologicamente incapaz de relaxar, devo esclarecer que essa doença é amplamente disseminada. Eu padeci dela tão agudamente quanto qualquer um; e, diferente de Steel, não posso alegar ter levado alegria a milhões de leitores de ficção romântica, como um feliz efeito colateral. Psicólogos chamam essa incapacidade de descansar de "aversão à ociosidade",[10] o que a faz parecer apenas com mais uma pouco importante fraqueza comportamental; mas, em sua famosa teoria sobre a "ética de trabalho protestante",[11] o sociólogo alemão Max Weber alegou que ela era um dos ingredientes essenciais da alma moderna. Surgiu primeiro, segundo o relato de Weber, entre cristãos calvinistas na Europa setentrional, que acreditavam na doutrina da predestinação — de que todo humano, desde antes de ter nascido, foi pré-selecionado para ser um membro dos eleitos, e portanto habilitado a passar a eternidade no céu, com Deus, após a morte, ou então como um dos malditos, e assim certamente condenado ao inferno. O capitalismo inicial obteve muito de sua energia de mercadores e comerciantes calvinistas que achavam que o trabalho duro e implacável era uma das melhores maneiras de provar — para os outros, mas também para si mesmos — que pertenciam à primeira categoria, e não à segunda. Seu comprometimento com uma vida frugal forneceu a outra metade da teoria de Weber sobre o capitalismo: quando pessoas passam seus dias gerando grandes quantidades de riqueza mediante trabalho árduo, mas também se sentem obrigadas a não desperdiçá-la com luxo, o resultado inevitável é um grande acúmulo de capital.

Deve ter sido um modo singularmente angustiante de viver. Não havia chance de que todo esse trabalho duro pudesse aumentar a probabilidade de alguém ser salvo: afinal, toda a questão da doutrina da predestinação era que nada poderia influenciar a sina de alguém. Por outro lado, alguém que já estivesse salvo não deveria demonstrar naturalmente uma tendência para labuta virtuosa e frugalidade? Nesse tenso entendimento, o ócio torna-se uma experiência especialmente indutora de ansiedade, a ser evitada a todo custo — não apenas um vício que pode levar à danação se você for superindulgente com ele, como muitos cristãos afirmam há muito tempo, mas um que pode ser a evidência da horripilante verdade de que você já *foi* amaldiçoado.

Nós nos jactamos de já termos superado essas superstições hoje em dia, mas elas permanecem, em nosso desconforto com qualquer coisa que se pareça demais com desperdício de tempo, um anseio por algo que não é tão dessemelhante da salvação eterna. Enquanto estiver preenchendo toda hora do dia com alguma forma de empenho, você chega a crer que todo esse esforço o leva a algum lugar — a um imaginado futuro estado de perfeição, um reino celestial no qual tudo acontece suavemente, seu tempo limitado não o faz sofrer, e você está livre do sentimento de culpa de que há mais coisas que precisa fazer para justificar sua existência. Talvez devêssemos ficar surpresos demais quando as atividades com as quais preenchemos nossas horas de lazer cada vez mais começam a parecer não meramente trabalho, mas, às vezes, como no caso de uma aula de SoulCycle ou uma sessão de CrossFit, uma verdadeira punição física — a autoflagelação de culpados pecadores ansiosos por expungir a mancha da preguiça antes que seja tarde demais.[12]

Descansar em benefício do próprio descanso — usufruir de uma hora de preguiça pela preguiça em si — implica primeiro aceitar o fato de que é isto aí: seus dias *não* estão progredindo em direção a um futuro estado de felicidade perfeitamente invulnerável, e que abordá-los supondo que estejam é tirar sistematicamente o valor de nossas 4 mil semanas. "Nós somos a soma de todos os momentos de nossas vidas", escreve Thomas Wolfe,"tudo que é nosso está neles: não podemos escapar disso ou ocultar isso."[13] Se vamos participar, e assim encontrar alguma satisfação, de nosso breve tempo no planeta, melhor começar a participar agora.

REGRAS PARA O DESCANSO

Considerando toda a culpa que tenho colocado aqui na religião pela incapacidade para relaxar do ocidental moderno, pode parecer perverso sugerir que deveríamos procurar na religião também o antídoto. Mas foram membros de comunidades religiosas que compreenderam primeiro o fato crucial sobre o descanso, que não é simplesmente o que ocorre como padrão toda vez que você faz uma pausa no trabalho. Você precisa dispor de maneiras de fazer com que seja provável que o descanso de fato aconteça.

Alguns amigos meus moram num prédio de apartamentos no historicamente judaico Lower East Side de Nova York, que está equipado com um "elevador de Shabat": se você entrar nele entre o anoitecer de sexta-feira e o anoitecer do sábado, vai se ver parando em cada andar, mesmo que ninguém queira entrar ou sair ali, porque foi programado para poupar os moradores e visitantes judeus de violarem a regra que os proíbe de acionar dispositivos elétricos no Shabat. (Na verdade, a proibição, instituída na antiga lei judaica, é contra acender fogo, mas as autoridades modernas interpretam que isso inclui fechar circuitos elétricos. As outras 38 categorias de atividades banidas como proibidas vão desde inflar boias de braço na piscina até rasgar pedaços de papel higiênico do rolo.) Essas regras parecem absurdas a muitos de nós. Porém, se são, é um absurdo concebido sob medida para uma igualmente absurda realidade no que concerne a nós, humanos, que é a de que precisamos desse tipo de pressão para nos dispormos a descansar. Como explica a escritora Judith Shulevitz:

> A maioria das pessoas, erroneamente, acredita que tudo que você tem que fazer para parar de trabalhar é não trabalhar. Quem inventou o Shabat compreendeu que isso era um empreendimento muito mais complicado. Você não é capaz de desacelerar casual e facilmente, do modo como vai para a cama ao fim de um longo dia. Como diz o gato de chapéu:* "É divertido se divertir, mas você tem que saber como". É por isso que os Shabats puritano e judaico são tão exatamente intencionais, requerendo extensa preparação prévia — no mínimo uma casa meticulosamente limpa, uma despensa cheia e um banho. As regras não existem para torturar o fiel. Elas tencionam comunicar o entendimento de que a interrupção do incessante ciclo de esforços requer um surpreendentemente tenaz ato de vontade, que tem que ser reforçado pelo hábito, bem como por sanção social.[14]

A ideia de um só dia de descanso semanal comunitário parece hoje bastante antiquada, persistindo sobretudo nas memórias de quem tem mais de quarenta anos — que ainda pode lembrar quando a maioria das lojas ficava aberta apenas seis dias por semana — e em certas estranhas leis remanescentes, como uma de minha cidade, que proíbe a aquisição de bebida alcoólica nas manhãs de domingos. Consequentemente, corremos o risco de esquecer o que sempre

---

* Personagem do livro infantil *O gatola da cartola*, do famoso autor Dr. Seuss. (N. T.)

foi uma noção radical do Shabat — radical porque, como os ex-escravos que lhe deram início se esforçavam por ressaltar, ele se aplicava a todos, sem exceção. (Shulevitz observa que, nos versículos da Torá que estabelecem as regras do Shabat judaico, o fato de que até os escravos têm direito ao descanso é mencionado duas vezes, como se fosse uma ideia estranha, que o autor do texto sabia que precisaria ser levada à força a seu destinatário.) E desde o alvorecer do capitalismo, tem sido radical num segundo sentido: enquanto o capitalismo obtém sua energia da permanente ansiedade por mais esforço, o Shabat incorpora o pensamento de que, qualquer que tenha sido o trabalho que você completou, quando chega a noite de sexta-feira (já é sábado), isso já seria *bastante* — que não haveria sentido, agora, em tentar fazer mais. Em seu livro *Sabbath as Resistance* [Shabat como resistência],[15] o teólogo Walter Brueggemann descreve o Shabat como um convite a passar um dia por semana "na consciência e na prática da alegação de que estamos situados na extremidade recebedora das dádivas de Deus". Não é preciso ser religioso para sentir um pouco do alívio profundo que há na ideia de estar "na extremidade recebedora" — na possibilidade de que hoje, finalmente, possa não haver mais nada que você precise *fazer* para justificar sua existência.

Da mesma forma, com certeza nunca foi mais difícil do que é hoje realizar a requerida mudança psicológica — fazer uma pausa em seu trabalho por tempo suficiente para entrar numa experiência coerente, harmoniosa, uma experiência um tanto mais densa do tempo, que vem com o fato de estar "na extremidade recebedora" da vida, o sentimento de sair fora do relógio para um "tempo profundo", e não lutar incessantemente para dominá-lo. Pressões sociais fazem com que seja relativamente fácil tirar um tempo de folga: você não pode fazer compras, mesmo se quiser, quando as lojas não estão abertas, nem pode trabalhar quando o escritório está trancado. Além disso, seria muito pouco provável você não ir à igreja ou faltar ao almoço de domingo com seus familiares se soubesse que sua ausência faria sobrancelhas se erguerem. Agora, no entanto, as pressões estão todas em outra direção: as lojas estão abertas o dia inteiro, todo dia (e toda a noite, online). E graças à tecnologia digital, é muito fácil ficar trabalhando em casa.

Regras pessoais ou da casa, como aquelas relacionadas à ideia cada vez mais popular de um autoimposto "Shabat digital", podem preencher esse vácuo em alguma medida. Mas falta-lhes o reforço social que vem quando todos os outros também as estão seguindo, e assim é inevitavelmente mais difícil respeitá-las — e, por dependerem de força de vontade, estão propensas a todos os perigos decorrentes de você tentar se obrigar a estar mais "presente no momento", como explorado no capítulo anterior. Outra coisa importante que podemos fazer como indivíduos para ter a experiência de um descanso autêntico é simplesmente parar de esperar que isso nos faça nos sentir bem, ao menos na primeira instância. "Nada é mais estranho à era atual do que a ociosidade", escreve o filósofo John Gray. Ele acrescenta: "Como pode haver diversão numa época em que nada tem significado a menos que leve a alguma outra coisa?". Numa era assim, está praticamente garantido que o ato de verdadeiramente parar para um descanso — o contrário de treinar para uma corrida de dez quilômetros ou ir para um retiro de meditação com o objetivo de obter iluminação espiritual — vai provocar de início alguns sérios sentimentos de desconforto, e não de prazer. Esse desconforto não é sinal de que você não deveria estar fazendo isso, no entanto. É sinal de que, definitivamente, deveria sim.

CAMINHAR COMO UM FIM EM SI MESMO

São exatamente sete e meia de uma manhã chuvosa no meio do verão quando estaciono meu carro no acostamento, fecho o zíper de meu casaco impermeável e começo a caminhar pelas colinas da charneca de Yorkshire Dales, no norte da Inglaterra. Há um esplendor nesse terreno que é mais poderoso quando você está sozinho e não corre o risco de ser distraído do infrutífero drama de tudo isso por alguma conversa agradável. Assim, estou feliz por estar sozinho enquanto subo a montanha, passo por uma cachoeira que tem um nome satisfatoriamente satânico — Hell Gill Force [Rio da Força Infernal] — e entro em campo aberto, onde o trincar de minhas botas de caminhada faz voar assustados galos silvestres de seus esconderijos na urze. Cerca de um quilômetro e meio adiante, longe de qualquer estrada, deparo com uma pequena igreja de pedra abandonada cuja porta não está trancada. O silêncio lá dentro parece permanente, como se não tivesse sido perturbado durante anos, embora na verdade talvez tenham passado caminhantes por ali, tão recentemente quanto na tarde anterior. Vinte minutos depois, estou no topo da charneca, o rosto contra o vento, saboreando a desolação de que sempre gostei. Sei que há pessoas que iam preferir relaxar numa praia do Caribe, em vez de ficarem encharcadas atravessando arbustos de tojo sob um céu ameaçador; mas não vou fingir que as compreendo.

Claro, isso é apenas uma caminhada pelo campo, talvez a mais mundana das atividades de lazer — e ainda assim, como modo de passar o tempo, tem uma ou duas características que vale a pena notar. Por um lado, diferente de quase todas as outras coisas que faço em minha vida, não é relevante perguntar se sou bom nisso: tudo que faço é caminhar, uma aptidão na qual não me aprimorei notavelmente desde os quatro anos de idade. Além disso, uma caminhada pelo campo não tem um propósito, no sentido de um resultado que você está tentando alcançar ou algum lugar aonde quer chegar. (Mesmo quando vai até o supermercado, você tem um objetivo — chegar ao supermercado —, enquanto, numa caminhada, ou você segue um ciclo ou vai até dado ponto e depois retorna, de modo que a maneira mais eficiente de chegar ao ponto-final seria nunca sair dele, para começar.) Há efeitos colaterais positivos, como ficar fisicamente mais em forma, mas em geral não é por isso que pessoas fazem caminhadas. Dar um passeio no campo, assim como ouvir uma canção favorita ou se encontrar com amigos para uma conversa vespertina são bons exemplos do que o filósofo Kieran Setiya chama de "atividade atélica", significando que seu valor não deriva de seu telos, ou objetivo final. Você não teria como objetivo "completar" uma caminhada; nem estaria propenso a chegar a um ponto na vida no qual teria realizado todas as caminhadas que quis fazer. "Você pode parar de fazer essas coisas, e em algum momento vai parar, mas não pode *completá-las*", explica Setiya.[16] Elas não têm "um resultado cuja realização as exaure, e portanto as leve a um fim". E, assim, a única razão para fazê-las está somente nelas mesmas: "Não há mais motivo para ir fazer uma caminhada do que para fazer o que você está fazendo naquele momento".

Como Setiya relembra em seu livro *Midlife* [Meia-idade], ele estava chegando aos quarenta anos quando começou a sentir pela primeira vez uma crescente e insinuante sensação de vazio, que depois compreendeu ser o resultado de ter vivido uma vida impulsionada por projetos, abarrotada não com atividades atélicas, mas atividades télicas, cujo propósito primário era que ele as terminasse e obtivesse certos resultados. Setiya publicou trabalhos em periódicos de filosofia para acelerar seu caminho a um título acadêmico;

buscava o título para obter sólida reputação profissional e segurança financeira; ensinava estudantes para poder alcançar esses objetivos e também para ajudá-los a se graduar e lançar suas próprias carreiras. Em outras palavras, estava padecendo do mesmo problema que estamos explorando aqui: quando seu relacionamento com o tempo é quase totalmente instrumental, o momento presente começa a perder seu significado. E faz sentido que essa sensação possa impactá-lo na forma de uma crise de meia-idade, porque é na meia-idade que muitos de nós ficam pela primeira vez conscientes de que a mortalidade se aproxima — e a mortalidade faz com que seja impossível ignorar o absurdo que é viver somente para o futuro. Onde está a lógica de postergar constantemente uma satisfação para um momento ulterior no tempo quando logo não lhe terá sobrado nenhum "mais tarde"?

O mais implacavelmente pessimista dos filósofos, Arthur Schopenhauer, parece ter enxergado o vazio desse tipo de vida como um inevitável resultado de como funciona o desejo humano. Passamos nossos dias perseguindo várias realizações que queremos alcançar; e, contudo, para cada determinada realização — obter um título na universidade, digamos —, é sempre o caso ou de você não tê-lo conseguido ainda (e assim estar insatisfeito porque ainda não tem o que deseja) ou já tê-lo obtido (e assim estar insatisfeito porque não tem mais pelo que se esforçar mais adiante). Como diz Schopenhauer em sua obra-prima *O mundo como vontade e representação*, é portanto inerentemente doloroso para humanos terem "objetos do desejo" — coisas que você quer fazer ou ter na vida — porque ainda não tê-las é ruim, mas tê-las é sem dúvida ainda pior: "Se, por outro lado, [o animal humano] não tiver objetos de desejo, porque é de imediato privado deles novamente por ser uma satisfação tão fácil, um temível vazio e tédio se apossam dele; em outras palavras, seu ser e sua existência tornam-se fardos insuportáveis para ele. Por isso ele oscila como um pêndulo, para a frente e para trás, entre sofrimento e tédio".[17] Mas a noção da atividade atélica sugere que existe uma alternativa que Schopenhauer pode ter deixado escapar, que insinua uma solução parcial para o problema de uma vida extremamente instrumentalizada. Podemos buscar incorporar em nossa vida cotidiana mais coisas que fazemos apenas por elas mesmas — para passar parte de nosso tempo, isto é, em atividades nas quais a única coisa que estamos tentando obter delas é o ato de fazê-las.

ROD STEWART, RADICAL

Há um termo menos pomposo que cobre muitas das atividades a que Setiya se refere como atélicas: "hobbies". Sua relutância em usar essa palavra é compreensível, uma vez que significa algo levemente patético; muitos de nós tendemos a sentir que a pessoa que está profundamente envolvida em seu hobby, digamos, pintando fantasias de personagens em miniatura ou cuidando de sua coleção de cactos raros, é culpada de não participar da vida real tão energeticamente quanto faria se não fosse isso. Porém, certamente não é coincidência que hobbies tenham adquirido essa embaraçosa reputação numa era tão comprometida em usar o tempo instrumentalmente. Numa época de instrumentalização, a pessoa que tem um hobby é um subversivo: ela insiste em que há coisas que vale a pena fazer por elas mesmas, apesar de não oferecerem recompensa em termos de produtividade ou lucro. O escárnio com que tratamos o colecionador de selos ou o observador de trens pode de fato ser uma espécie de mecanismo de defesa para nos poupar de confrontar a possibilidade de que eles sejam verdadeiramente felizes de um modo que o resto de nós — perseguindo nossas vidas télicas, incessantemente em busca de uma realização futura — não somos. Isso também ajuda a explicar por que é muito menos embaraçoso (na verdade, é positivamente estiloso) ter um "bico", uma atividade tipo hobby que se exerce visando explicitamente a um lucro.

E assim, para poder ser uma fonte de real satisfação, um bom hobby provavelmente *deveria* ser um tanto embaraçoso; é um sinal de que você o está fazendo por ele mesmo, e não por algum resultado socialmente sancionado. Meu respeito pelo astro do rock Rod Stewart[18] aumentou alguns anos atrás quando eu soube — da cobertura nos jornais da entrevista que concedera à revista *Railway Modeler* —, que ele tinha passado as duas últimas décadas trabalhando num vasto e intricado modelo de ferrovia, numa maquete de cidade americana da década de 1940, um amálgama de Nova York e Chicago, completo, com arranha-céus, automóveis de época e calçadas encardidas, com a sujeira pintada à mão pelo próprio Sir Rod. (Ele levava a maquete nas turnês, requisitando um quarto adicional no hotel para acomodá-la.) Compare o hobby de Stewart com, digamos, as travessuras de kitesurf do empreendedor Richard Branson. Não há dúvida de que Branson achava sinceramente que o kitesurf era divertido, mas é difícil não interpretar sua escolha como um esforço calculado para reforçar sua marca de homem intrépido — enquanto o hobby de ferromodelismo está tão em desacordo com sua imagem, a do cantor com calças de couro e voz grave e áspera de "Do Ya Think I'm Sexy?", que é impossível evitar a conclusão de que ele faz isso genuinamente por amor.

Há um segundo ponto de vista de que os hobbies representam um desafio à nossa reinante cultura de produtividade e desempenho: é bom, e talvez preferível, ser medíocre no que concerne a eles. Stewart confessou à *Railway Modeler* que, na verdade, não era tão bom em construir maquetes de ferromodelismo. (Ele pagou outra pessoa para que fizesse a trabalhosa fiação elétrica.) Mas isso poderia ser parte do que ele tanto curte: perseguir uma atividade na qual você não espera tornar-se excepcional é pôr de lado, por um momento, a ansiosa necessidade de "usar bem o tempo", o que, no caso de Stewart, presumivelmente envolve a necessidade de continuar a agradar o público, lotar estádios, mostrar ao mundo que ele ainda está por cima. Meu outro passatempo favorito, além de caminhar — batucar as canções de Elton John em meu piano elétrico —, é tão edificante e envolvente, ao menos em parte, porque há zero perigo de que minha musicalidade de chimpanzé seja alguma vez recompensada com dinheiro ou aclamação dos críticos. Em contraste, escrever é um empreendimento muito mais estressante, no qual é mais difícil ficar totalmente absorvido, porque não consigo erradicar a esperança de que possa fazê-lo brilhantemente para obter altos elogios e grande sucesso comercial, ou ao menos fazer isso bem o bastante para sustentar meu senso de autovalorização.

A editora Karen Rinaldi[19] sente, em relação ao surfe, o mesmo que eu sinto quanto a rock brega no piano, só que mais: ela dedica a isso cada momento livre que pode, e até torrou suas economias num pedaço de terra na Costa Rica para ter melhor acesso ao oceano. Mas ela prontamente admite que continua sendo até hoje uma surfista terrível. (Levou cinco anos tentando pegar uma onda, até conseguir pela primeira vez.) Mas "no processo de tentar obter alguns momentos de felicidade", explica Rinaldi, "experimentei outra coisa: paciência e humildade, definitivamente, mas também *liberdade*. Liberdade para perseguir o fútil. E a liberdade de ser uma droga sem se incomodar é reveladora". Resultados não são tudo. Na verdade, melhor que não sejam, porque resultados sempre vêm mais tarde — e mais tarde é sempre tarde demais.

10. A espiral da impaciência

Se você morou muito tempo numa cidade onde o som das buzinas dos carros está fora de controle — digamos, Nova York ou Mumbai —, conhece a irritação especial que esse som provoca, que deriva do fato de não ser apenas uma interrupção da paz e do silêncio, mas, predominantemente, uma interrupção sem sentido também: ela reduz a qualidade de vida de qualquer pessoa sem melhorar a dos buzinadores. Em minha esquina no Brooklyn, o buzinaço na hora do rush ao entardecer começa por volta das quatro da tarde e continua até por volta das oito; e nesse espaço de tempo, não haverá mais do que umas poucas buzinadas em todo o bairro que tenham um propósito prático, como alertar alguém do perigo quando algum motorista não percebe que a luz do semáforo mudou. A mensagem de todas as outras buzinadas é simplesmente "Se apresse!". Mas todo motorista está atolado no mesmo trânsito, com o mesmo desejo de seguir logo em frente e a mesma incapacidade de fazer isso; nenhum buzinador em seu juízo perfeito vai acreditar seriamente que sua buzinada fará uma diferença essencial e conseguirá fazer com que as coisas por fim se movimentem. A buzinada sem sentido é, pois, sintomática de outra importante maneira pela qual não queremos reconhecer nossas limitações quando se trata de nosso tempo: é um uivo de raiva pelo fato de o buzinador não ser capaz de cutucar o mundo a seu redor para que se movimente tão rápido quanto ele gostaria.

Um dos insights centrais da antiga religião chinesa do taoismo é que nós sofremos quando adotamos esse tipo de atitude ditatorial em relação ao resto da realidade. O Tao Te Ching está cheio de imagens de flexibilidade e complacência: o homem sábio (o leitor está sendo constantemente informado) é como uma árvore que se curva em vez de se quebrar ao enfrentar o vento, ou a água que flui em torno de obstáculos em seu caminho. As coisas são simplesmente do jeito que são, é o que essas metáforas sugerem, não importa quão vigorosamente você possa querer que não sejam — e sua única esperança de exercer qualquer influência real sobre o mundo é trabalhar com o fato, e não contra ele. Mas o fenômeno da buzinada sem sentido, e, mais genericamente, da impaciência, sugere que a maioria de nós é de taoistas muito ruins. Tendemos a sentir que é um direito nosso que as coisas se movam na velocidade que desejamos, e o resultado é que isso nos faz ficar infelizes — não só porque passamos tanto tempo nos sentindo frustrados, mas porque pressionar o mundo para que se mova mais rapidamente é com frequência contraprodutivo, de qualquer maneira. Por exemplo, pesquisas de trânsito já estabeleceram há muito tempo que um comportamento impaciente ao dirigir tende a retardá-lo mais. (A prática de ir se aproximando aos pouquinhos do carro à sua frente enquanto espera a luz vermelha se tornar verde, hábito clássico de motoristas impacientes, é totalmente contraproducente[1] — pois, quando tudo começa a se movimentar, de novo você tem que acelerar mais lentamente do que faria para evitar bater na traseira do carro à frente.) E o mesmo acontece com muitos de nossos outros esforços para forçar o ritmo da realidade. Trabalhar rápido demais significa que você cometerá mais erros e que será obrigado a retroceder para corrigi-los; apressar uma criança a se vestir na hora de sair de casa é um meio garantido de fazer o processo durar muito mais.

VELOCIDADE DE ESCAPE

Embora seja difícil estabelecer isso com embasamento científico, quase com certeza estamos muito mais impacientes do que costumávamos ser. Nossa decrescente tolerância com demoras reflete-se em estatísticas sobre tudo, desde aquela fúria no trânsito e a duração das propagandas políticas até o número de segundos que um usuário da web mediano está disposto a esperar para baixar lentamente uma página. (Calculou-se que, se a página inicial da Amazon levasse um segundo a mais para carregar, a companhia perderia 1,6 bilhão de dólares de vendas por ano.[2]) E à primeira vista, como mencionei na introdução, isso parece ser extremamente estranho. Na prática, toda tecnologia nova, desde o motor a vapor até a banda larga móvel, permitiu que fizéssemos coisas mais rapidamente do que antes. Isso não deveria, portanto, ter *diminuído* nossa impaciência ao nos permitir viver, em alguma medida, mais próximos da velocidade que preferimos? Mas, desde o início da era moderna da aceleração, as pessoas têm respondido não com satisfação por todo o tempo poupado, mas com agitação cada vez maior por não conseguirem fazer as coisas se movimentarem ainda mais depressa.

Contudo, isso é outro mistério que se ilumina quando você o compreende como uma forma de resistência a nossas intrínsecas limitações humanas. O motivo pelo qual o progresso tecnológico exacerba nossos sentimentos de impaciência é que cada novo avanço parece nos aproximar do ponto que transcende nossos limites; parece prometer que *desta* vez, finalmente, seremos capazes de fazer as coisas andarem rápido o bastante para que nos sintamos totalmente no controle de nosso tempo que se desenrola. Assim, cada lembrete de que na verdade não *podemos* alcançar esse nível de controle tem como resultado fazer com que nos sintamos mais insatisfeitos. Uma vez tendo conseguido esquentar seu jantar no micro-ondas em sessenta segundos, começa a parecer autenticamente realista poder fazer isso de maneira instantânea, em zero segundo — e assim é cada vez mais enlouquecedoramente frustrante ter que esperar, em vez disso, um minuto inteiro. (Você deve ter percebido quão frequentemente o micro-ondas do escritório mostra que, no uso anterior, ainda faltavam sete ou oito segundos para terminar, registro exato do momento em que a impaciência foi demasiada para o usuário aguentar.) Infelizmente, nem vai fazer muita diferença se você conseguir mobilizar a serenidade interior para evitar esse tipo de reação, porque ainda acabaria sofrendo de impaciência *social* — isto é, das mais amplas expectativas culturais que surgem quanto a quão rapidamente as coisas devem acontecer. Uma vez que mais pessoas acreditem que uma pessoa deve ser capaz de responder a quarenta e-mails no espaço de uma hora, manter seu emprego pode depender de você ser capaz de fazer isso, independente de como se sente quanto a isso.

Talvez não haja demonstração mais vívida dessa triturante sensação de desconforto, de querer acelerar a realidade, do que o que aconteceu com a experiência da leitura. Durante a última década, mais ou menos, cada vez mais pessoas começaram a relatar uma sensação avassaladora sempre que pegam um livro, que poderiam rotular como "inquietação" ou "distração" — mas que na realidade seria mais bem entendida como uma forma de impaciência, uma repulsa pelo fato de que o ato de ler leva mais tempo do que gostariam que levasse. "Descobri que é cada vez mais difícil me concentrar em palavras, sentenças e parágrafos",[3] lamenta Hugh McGuire, fundador do serviço de audiolivro de domínio público LibriVox e (pelo menos até recentemente) um leitor de ficção literária durante a vida inteira. "Muito menos em capítulos. Capítulos quase sempre têm páginas e mais páginas de parágrafos." Ele descreve o que mudou na antiga e deliciosa experiência de se deitar na cama com um livro: "Uma sentença. Duas sentenças. Talvez três. E depois... Eu só precisava de *mais um pouco* de outra coisa. Algo que me mantivesse à tona. Algo que atiçasse minha mente — só uma olhada rápida no e-mail ou no iPhone; escrever, e apagar, uma resposta a um tuíte engraçado de William Gibson; encontrar, seguir, um link para um bom, realmente bom, artigo na *New Yorker*...".

As pessoas reclamam que não têm mais "tempo para ler", mas, na realidade, como assinalou o romancista Tim Parks, poucas vezes elas não podem, literalmente, alocar uma meia hora livre no decurso de um dia. O que elas querem dizer é que, quando encontram tempo, e o usam para tentar ler, descobrem que estão impacientes demais para se dedicar à tarefa. "Não é simplesmente que essa tarefa é interrompida", escreve Parks.[4] "É que existe efetivamente uma *inclinação* à interrupção." Não é tanto que estejamos ocupados demais, ou dispersos demais, mas sim que não estamos querendo aceitar a verdade de que a leitura é um tipo de atividade que opera muito de acordo com seu próprio cronograma. Você não é capaz de apressá-la muito sem que a experiência comece a perder seu sentido; ela recusa-se a concordar, pode-se dizer, com nosso desejo de exercer controle sobre como o tempo se desenrola. Em outras palavras, e de acordo com muitos mais aspectos da realidade do que aqueles que nos sentimos confortáveis para reconhecer, ler alguma coisa de modo adequado leva simplesmente o tempo que leva.

TEM QUE PARAR, NÃO CONSEGUE PARAR

No final da década de 1990, uma psicoterapeuta da Califórnia chamada Stephanie Brown[5] começou a notar certos padrões novos e impactantes entre os clientes que iam buscar sua ajuda. O consultório de Brown fica em Menlo Park, no coração do Vale do Silício, e quando o primeiro grande surto de pontocom ganhou impulso, ela começou a atender suas primeiras vítimas: pessoas altamente bem-sucedidas, muito bem pagas, de alto status, que estavam tão acostumadas a uma vida em constante movimentação e estimulação que ficar sentadas para uma sessão de terapia de cinquenta minutos parecia lhes causar um sofrimento quase físico. Não demorou muito para que Brown constatasse que aquele pulsante sentimento de urgência era uma forma de automedicação — algo que estavam fazendo como um meio de não sentir outra coisa. "Assim que diminuo o ritmo", ela lembra de uma mulher ter lhe dito, em resposta à sugestão de que deveria considerar levar as coisas com mais suavidade, "o sentimento de ansiedade se avoluma dentro de mim, e procuro uma forma de afastar isso." Pegar o smartphone, mergulhar de novo na lista de coisas por fazer, malhar no elíptico na academia — todas essas formas de vida em alta velocidade estavam servindo como algum tipo de evitação emocional. À medida que passavam os meses, ocorreu a Brown que ela mesma reconhecia, intimamente, esse tipo de evitação. Suas próprias experiências com isso pertenciam a uma vida que já tinha deixado para trás havia muito tempo. Mas, mesmo assim, a conexão era clara. "Essas pessoas estão falando *exatamente sobre a mesma coisa!*", ela me disse, com a empolgação dessa percepção inicial ainda audível em sua voz. As pessoas altamente bem-sucedidas do Vale do Silício lembravam a Brown seus dias de alcoólatra.

Para compreender a significância desse ponto, ajuda saber que Brown, como muitos ex-bebedores, tem em grande estima a filosofia de doze passos dos Alcoólicos Anônimos, que afirma que o alcoolismo é fundamentalmente resultado de tentar exercer um nível de controle sobre suas emoções que você nunca vai alcançar. O futuro alcoólico começa a beber num esforço para escapar a algum aspecto doloroso de uma experiência: Brown começou a beber seriamente aos dezesseis anos de idade, ela disse, porque parecia ser o único modo de banir a sensação de haver uma enorme distância emocional entre ela e seus pais, eles mesmos viciados de longa data. "Eu sabia que algo estava terrivelmente errado em nossa família desde que era pequena", ela relembra, "mas quando meu pai me ofereceu pela primeira vez um cálice de champanhe num casamento? Lembro que fiquei emocionada. Nenhuma reflexão. Era como se eu finalmente estivesse me juntando à família."

No início, essa estratégia parece funcionar, porque beber encobre temporariamente emoções desagradáveis. A longo prazo, contudo, o tiro sai pela culatra desastrosamente. Apesar de todos os esforços para fugir de sua experiência, a verdade é que você ainda está onde estava — empacado em sua família disfuncional ou em seu relacionamento abusivo, sofrendo de depressão ou não enfrentando a consequência de um trauma infantil —, e assim os sentimentos logo retornam, requerendo drinques mais fortes para poder encobri-los. Só que, agora, a alcoólica tem problemas adicionais: assim como luta para controlar suas emoções com a bebida, precisa tentar controlar a bebida, sob pena de isso lhe custar seu relacionamento, seu emprego ou até mesmo sua vida. Ela provavelmente começará a experimentar mais atritos no trabalho e em casa, e sentirá vergonha de sua situação — e tudo isso são desencadeadores de emoções ainda mais difíceis que serão mais facilmente encobertas com mais bebida. Essa é a espiral que constitui o cerne psicológico do vício. Você sabe que *tem* que parar, mas *não é capaz* de parar, porque aquilo que o está magoando — o álcool — parece ser o único meio de controlar as emoções negativas que, na verdade, a bebida está ajudando a causar.

Talvez pareça melodramático comparar o "vício da velocidade", como Brown chama nossa doença moderna de uma vida acelerada, com a condição de um alcoolismo grave. Algumas pessoas definitivamente ficam ofendidas quando ela faz isso. Mas seu enfoque não é que uma pressa compulsiva seja tão destrutiva fisicamente quanto o excesso de álcool, e, sim, que o mecanismo básico é o mesmo. À medida que o mundo fica cada vez mais rápido, acreditamos que nossa felicidade ou nossa sobrevivência financeira depende de sermos capazes de trabalhar e nos movimentar e fazer as coisas acontecerem numa velocidade sobre-humana. Ficamos ansiosos, com medo de não acompanhar — e assim, para acalmar a ansiedade, para tentar obter a sensação de que nossas vidas estão sob controle, movemo-nos mais depressa. Mas isso só cria uma espiral de vício. Nós nos empenhamos mais duramente para nos livrarmos da ansiedade, mas o resultado disso é na verdade mais ansiedade, porque quanto mais rápido vamos, mais claro fica que nunca conseguiremos fazer com que nós mesmos ou o restante do mundo se movam tão rápido quanto achamos que é necessário. (Enquanto isso, sofremos os outros efeitos de nos movermos tão depressa: trabalho de baixa qualidade, uma dieta pior, relacionamentos prejudicados.) E, ainda, a única coisa que parece factível, como modo de gerenciar toda essa ansiedade adicional, é nos movermos ainda mais rápido. Você sabe que tem que parar de acelerar, mas também sente, no entanto, que não é capaz disso.

Esse modo de vida é totalmente desagradável: assim como o álcool dá ao alcoólico uma excitação, há uma inebriante emoção em viver a uma velocidade vertiginosa. (Como assinala o escritor James Gleick, não é coincidência que outro significado da palavra em inglês rush [pressa] seja "sentimento de euforia".[6]) Mas como modo de adquirir paz de espírito, essa maneira de viver está condenada ao fracasso. Ao passo que, se você acabar escorregando para o alcoolismo, amigos compassivos podem tentar intervir para ajudar a orientá-lo na direção de uma vida mais sadia, o vício da velocidade tende a ser celebrado socialmente. É mais provável que seus amigos o exaltem por estar sendo "impelido".

A futilidade dessa situação — na qual os esforços do viciado para retomar o controle o fazem entrar numa espiral ainda mais fora de controle — é a base do insight, que soa paradoxal, pelo qual os Alcoólicos Anônimos ficaram famosos: o de que não se pode verdadeiramente esperar vencer o álcool a menos que se desista de toda esperança de vencê-lo. Essa mudança necessária de perspectiva acontece em geral como resultado de "ter chegado ao fundo do poço", que é a expressão do AA para quando as coisas ficam tão ruins que você já não é mais capaz de enganar a si mesmo. A essa altura, fica impossível ao alcoólico evitar se render à não palatável verdade de suas limitações — ver que ele simplesmente não tem a capacidade de usar o álcool como ferramenta estratégica para suprimir suas mais difíceis emoções. ("Admitimos", está escrito no primeiro dos Doze Passos, que "éramos impotentes perante o álcool — que tínhamos perdido o domínio sobre nossas vidas."[7]) Somente então, tendo abandonado a destrutiva tentativa de alcançar o impossível, ele pode começar a trabalhar no que efetivamente é *possível*; enfrentar a realidade — acima de tudo, a realidade de que, neste caso, não existe nenhum nível moderado de bebida que seja compatível com viver uma vida funcional — e depois trabalhar, lenta e sobriamente, para modelar uma existência mais produtiva e satisfatória.

Da mesma forma, argumenta Brown, nós, viciados em velocidade, temos que cair na realidade. Temos que desistir. Você se rende à realidade de que as coisas levam o tempo que levam e que você não pode aquietar suas ansiedades trabalhando mais rápido, porque não está em seu poder forçar o ritmo da realidade tanto quanto acha que precisa, e porque, quanto mais rápido você vai, mais rápido vai achar que precisa ir. Se conseguir deixar essas fantasias desmoronarem, descobriram os clientes de Brown, algo inesperado acontece, análogo a quando o alcoólico desiste de seu irreal desejo de controle, em troca de uma corajosa, pés no chão, experiência de recuperação confrontando a realidade. Psicoterapeutas chamam isso de "mudança de segunda ordem", significando que não é uma melhora incremental, mas uma mudança de perspectiva que reformula tudo. Quando finalmente enfrenta a verdade de que não é capaz de determinar quão rápido as coisas andam, você para de tentar correr mais rápido que sua ansiedade, e sua ansiedade se transforma. Mergulhar num projeto de trabalho desafiador que não pode ser apressado torna-se não um desencadeador de estressantes emoções, mas um estimulante ato de escolha; dedicar a um romance difícil o tempo que é necessário torna-se uma fonte de satisfação. "Você cultiva uma apreciação pelo que é duradouro, persistindo, e dando mais um passo à frente", explica Brown. Você desiste de "exigir uma resolução instantânea, alívio instantâneo de desconforto e dor, e correções mágicas". Você solta um suspiro de alívio e, quando mergulha na vida como ela realmente é, numa lúcida consciência de suas limitações, começa a adquirir o que se tornou o menos estiloso, mas talvez o mais significativo dos superpoderes: paciência.

11. Ficando no ônibus

É justo dizer que a paciência tem uma reputação terrível. Por um lado, a perspectiva de fazer algo que, assim lhe disseram, vai exigir paciência parece ser simplesmente nada palatável. Mais especificamente, no entanto, é perturbadoramente passiva. Paciência é a virtude que tradicionalmente foi invocada para as donas de casa, enquanto seus maridos levam vidas mais empolgantes fora de casa; ou para as minorias raciais, às quais se disse que esperem mais algumas décadas para obterem seus plenos direitos civis. A funcionária talentosa mas modesta que "espera pacientemente" por uma promoção, tendemos a achar, vai esperar por longo tempo: em vez disso, deveria estar alardeando suas realizações. Em todos esses casos, a paciência é um modo de você se acomodar psicologicamente à falta de poder, uma atitude cuja intenção é ajudá-lo a se resignar com sua posição inferior, com esperanças teóricas de melhores dias por vir. Mas quando a sociedade se acelera, algo muda. Cada vez em mais contextos, a paciência torna-se uma *forma* de poder. Num mundo engrenado para a pressa, a capacidade de resistir ao impulso para a pressa — permitindo que as coisas levem o tempo que têm que levar — é um modo de agarrar firmemente o mundo, fazer o trabalho que interessa e obter satisfação da própria ação de fazer, em vez de postergar toda a sua satisfação para o futuro.

Recebi essa lição pela primeira vez de Jennifer Roberts,[1] que ensina história da arte na Universidade Harvard. Quando você assiste a uma aula de Roberts, sua primeira tarefa é sempre a mesma, e dizem que provoca uivos de pavor de seus alunos: escolha uma pintura ou escultura num museu local, depois vá até lá e fique olhando para ela durante três horas seguidas. Sem checar e-mails ou mídia social; sem escapadelas ao Starbucks. (Ela permite, com relutância, idas ao banheiro.) Quando contei a um amigo que tinha planejado uma visita a Harvard para conhecer Roberts e fazer eu mesmo o exercício de olhar para uma pintura, ele lançou-me um olhar que misturava admiração e medo quanto a minha saúde mental. Foram longos momentos durante os quais eu fiquei me contorcendo no assento do Museu de Arte de Harvard, quando faria de boa vontade várias coisas que comumente não suporto fazer — comprar roupas, montar móveis, enfiar tachinhas em minha coxa —, simplesmente porque eu poderia fazer essas coisas depressa, em vez de ter que ser paciente.

Essas reações não são uma surpresa para Roberts. Ela insiste em que o exercício dure justo três horas porque sabe que é um tempo dolorosamente longo, sobretudo para qualquer pessoa acostumada a uma vida de velocidade. Ela quer que as pessoas experimentem em primeira mão quão estranhamente excruciante é ficar empacadas na mesma posição, sem poder forçar o ritmo, e por que vale tanto a pena passar por essas sensações para chegar ao que está além delas. A ideia surgiu, contou-me Roberts, porque seus alunos sofriam tantas pressões externas para se movimentarem depressa — da tecnologia digital, mas também da atmosfera ultracompetitiva de Harvard — que ela começou a sentir que era insuficiente, para uma professora como ela, apenas determinar tarefas e esperar pelos resultados. Sentiu que estaria falhando em seus deveres se não tentasse também influenciar o tempo no qual seus alunos trabalhavam, ajudando-os a desacelerar para a velocidade que a arte exige. "Eles precisavam de alguém que lhes desse permissão para passar esse tipo de tempo fazendo *qualquer coisa*", ela disse. "Alguém tinha que dar a eles um conjunto de regras e restrições diferente daquelas que estavam dominando suas vidas."

Certas formas de arte impõem restrições temporais a seu público de modo bastante óbvio: quando você assiste, por exemplo, a uma apresentação ao vivo de *As bodas de Fígaro* ou a uma projeção de *Lawrence da Arábia*, não tem muita escolha a não ser deixar a obra em questão tomar o seu tempo. Mas, para outros tipos, inclusive pintura, as restrições são externas — porque é muito fácil dizer a você mesmo que, depois de ter levado alguns segundos para *olhar* uma pintura, você, autenticamente, a terá *visto*. Então, para impedir que seus estudantes se apressassem ao cumprir a atribuição, Roberts teve de fazer com que a tarefa fosse "sem pressa".

Ela realizou o exercício pessoalmente, também, com uma pintura chamada *Menino com um esquilo*, do artista americano John Singleton Copley. (O quadro mostra um menino com um esquilo.) "Levei nove minutos para notar que o formato da orelha do menino replicava exatamente o de um tufo ao longo do ventre do esquilo", escreveu Roberts mais tarde, "e que Copley estava fazendo algum tipo de conexão entre o animal e o corpo humano... Foram 45 minutos até eu perceber que as aparentemente aleatórias dobras na cortina ao fundo do quadro eram na verdade cópias perfeitas da orelha e do olho do menino."

Não há nada de passivo ou resignado no tipo de paciência que surge desse esforço para resistir ao impulso da pressa. Ao contrário, é um ativo, quase muscular estado de presença alerta — e seus benefícios, como veremos, vão muito além da apreciação de arte. Mas, para registro, eis aqui o que acontece quando você passa três horas seguidas num pequeno assento dobrável no Museu de Arte de Harvard olhando para *Um escritório de algodão em New Orleans*, quadro de Edgar Degas, com seu telefone, laptop e outras distrações guardados fora de alcance na chapelaria: você passa os primeiros quarenta minutos se perguntando em que diabo estava pensando. Você se lembra — como poderia ter esquecido? — de que sempre odiou galerias de arte, sobretudo o modo como as multidões misturadas de visitantes transmitem uma espécie de letargia contagiosa ao ambiente. Você contempla quadros alternadamente, a partir de uma obra que agora o impacta como sendo obviamente uma escolha tediosa (ela mostra três homens, numa sala, inspecionando alguns fardos de algodão) para uma alternativa ao lado, que parece mostrar muitas pequenas almas sendo torturadas no inferno. Mas então é obrigado a admitir a si mesmo que começar do zero, escolhendo outra pintura, seria sucumbir àquela mesma impaciência à qual está ali para aprender a resistir — uma tentativa de assumir o controle de sua experiência é exatamente o que está procurando evitar. Assim, você espera. O amuo dá lugar à fadiga, depois a uma inquieta irritação. O tempo fica mais lento e afunda. Você se pergunta se já passou uma hora, mas, quando olha o relógio, descobre que foram dezessete minutos.

E depois, por volta da marca do octogésimo minuto, mas sem que você perceba exatamente quando ou como acontece, há uma mudança. Você por fim desiste de tentar fugir ao desconforto da passagem tão lenta do tempo, e o desconforto diminui. E Degas começa a revelar seus detalhes secretos: expressões sutis de vigilância e tristeza no rosto dos três homens — um dos quais, você nota pela primeira vez, é um mercador negro num ambiente, tirando ele, branco — além de uma sombra sem explicação que não tinha percebido antes, como se uma quarta pessoa estivesse espreitando, fora da vista; e uma curiosa ilusão de óptica que faz com que uma das figuras fique convenientemente sólida ou transparente, dependendo de como seus olhos interpretam as outras linhas do quadro. Não demora muito e você está experimentando a cena em toda a sua plenitude sensorial: a umidade e a claustrofobia daquele recinto em New Orleans, o ranger das tábuas do assoalho, o gosto da poeira no ar.

A mudança de segunda ordem aconteceu: agora que você abandonou seus inúteis esforços por ditar a velocidade na qual a experiência avança, a experiência real pode começar. E você passa a compreender o que o filósofo Robert Grudin quer dizer quando descreve a experiência da paciência como "tangível, quase comestível",[2] como se desse às coisas uma espécie de mastigabilidade — a palavra é inadequada, mas é a mais próxima que há — na qual você afunda seus dentes. Sua recompensa por desistir da fantasia de controlar o ritmo da realidade é alcançar, finalmente, uma real sensação de aquisição dessa realidade.

OBSERVANDO E ESPERANDO

Em seu livro *A trilha menos percorrida*, o psicoterapeuta M. Scott Peck relata uma experiência transformadora de se render à velocidade da realidade — experiência que enfatiza que a paciência não é meramente um modo de vida mais pacífico orientado para o presente, mas um talento concretamente proveitoso. Até os 37 anos, Peck explica, ele se considerava um "idiota mecânico", quase totalmente inepto no que concerne a consertar dispositivos domésticos, carros, bicicletas e coisas afins. Então, um dia ele abordou um vizinho que estava no meio do conserto de seu cortador de grama e o brindou com um cumprimento autodepreciativo: "Cara, eu realmente o admiro. Nunca fui capaz de consertar esse tipo de coisas!".[3]

"É porque você não dedica tempo para isso", respondeu o vizinho — comentário que deu uma mordida em Peck, perturbando algo em sua alma, e que ressurgiu algumas semanas mais tarde quando o freio de mão do carro de um de seus pacientes de terapia ficou emperrado. Normalmente, escreve, ele "de imediato ficaria puxando alguns cabos sem ter a mínima ideia do que estava fazendo, e depois, quando nada de construtivo resultasse disso, eu ergueria as mãos e proclamaria 'Não é para mim!'". Dessa vez, no entanto, Peck lembrou-se da admoestação do vizinho:

> Deitei-me no chão, debaixo do assento dianteiro do carro. Dei-me o tempo necessário para me sentir confortável. Uma vez confortável, dei-me tempo para examinar a situação... Primeiro tudo que vi foi uma mistura confusa de cabos, tubos e hastes, com cujo significado eu não atinei. Mas gradualmente, sem pressa, consegui me focar no mecanismo do freio e acompanhar seu percurso. E então ficou claro que havia uma pequena lingueta que impedia que o freio se soltasse. Estudei devagar essa lingueta até ficar claro para mim que, se eu a empurrasse para cima com a ponta do dedo, ela se deslocaria facilmente e soltaria o freio. Foi o que fiz. Um único movimento, uma leve pressão com a ponta do dedo, e o problema estava resolvido. Eu era um mestre mecânico!

A descoberta de Peck aqui — de que se você estiver disposto a suportar o desconforto de não saber algo, certamente vai se apresentar uma solução — seria útil o bastante se se tratasse apenas de uma dica para consertar cortadores de grama e carros. Mas a questão maior é que isso se aplica a quase tudo na vida: a trabalho criativo e a problemas de relacionamento, política e parentalidade. Sentimo-nos tão desconfortáveis com a experiência de deixar a realidade se desenrolar em sua própria velocidade que, quando enfrentamos um problema, achamos que é melhor correr para uma solução — qualquer solução, realmente, contanto que possamos dizer a nós mesmos que estamos "lidando" com a situação, mantendo com isso a sensação de estarmos no controle. Assim, irritamo-nos com nossos parceiros, em vez de escutá-los, porque esperar e prestar atenção nos fariam sentir — corretamente — que não estamos no controle da situação. Ou então abandonamos difíceis projetos criativos, ou o início de relacionamentos românticos, porque é menos incerto cancelar coisas do que esperar para ver como poderiam evoluir. Peck lembra-se de uma paciente, uma bem-sucedida analista financeira, que adotou essa mesma abordagem apressada no desafio de disciplinar seus filhos: "Ou ela fazia a primeira mudança de atitude que lhe viesse à mente em questão de segundos — fazendo-os comer mais no café da manhã ou mandando-os para a cama mais cedo —, independente de se essa mudança tinha a ver com o problema, ou vinha para sua sessão de terapia seguinte... desesperada: 'Está fora de meu alcance. O que vou fazer?'".

TRÊS PRINCÍPIOS DE PACIÊNCIA

Em termos práticos, três regras de ouro são especialmente úteis para aproveitar a força da paciência como uma força criativa na vida diária. A primeira é: *desenvolva um gosto por ter problemas*. Por trás de nosso impulso para atravessar qualquer obstáculo ou desafio, num esforço por ter "lidado com isso", há em geral a silenciosa fantasia de que um dia você finalmente alcançará o estado de não ter problemas, quaisquer que sejam. Como resultado, a maioria de nós trata os problemas com que deparamos como duplamente problemáticos: primeiro, devido ao problema específico, seja qual for; e segundo porque parece que acreditamos, mesmo que apenas subconscientemente, que não deveríamos de todo ter problemas. Mas a situação de não ter problemas, é claro, nunca vai acontecer. E, mais especificamente, você não deveria querer isso, porque uma vida destituída de qualquer problema não conteria nada que valesse a pena fazer, e portanto não teria significado. Porque, o que é realmente um "problema"? A definição mais genérica é simplesmente que é uma coisa que exige que você se dedique a ela — e se a vida não tivesse tais exigências, nada teria sentido. Uma vez que você tenha desistido do inatingível objetivo de erradicar todos os seus problemas, será possível desenvolver uma apreciação pelo fato de que a vida é exatamente um processo de se envolver num problema após outro, dedicando a cada um o tempo que ele requer — de que a presença de problemas em sua vida, em outras palavras, não é um impeditivo a uma existência significativa, mas a própria substância dessa existência.

O segundo princípio é: *abrace um incrementalismo radical*. O professor de psicologia Robert Boice passou sua carreira estudando os hábitos de escrita de seus colegas acadêmicos, chegando à conclusão de que os mais produtivos e bem-sucedidos entre eles geralmente faziam da escrita uma parte de sua rotina diária que era *menor* do que a dos outros, de modo que era muito mais factível continuar escrevendo dia após dia. Eles cultivavam a paciência para tolerar o fato de que provavelmente não estariam produzindo muito num dia, individualmente, resultando disso que produziam muito mais no longo prazo. Eles escreviam em breves sessões diárias — às vezes de dez minutos, e nunca com mais de quatro horas — e religiosamente faziam uma pausa nos fins de semana. Os apavorados estudantes de doutorado, nos quais Boice tentava inculcar seu regime, raramente tinham paciência para ouvir isso. Eles tinham prazos a cumprir, protestavam, e não podiam se permitir esses hábitos de trabalho autoindulgentes. Precisam terminar suas dissertações, e rapidamente! Mas, para Boice, essas reações provavam a correção de sua ideia. Era exatamente o impaciente desejo dos estudantes de apressar seu trabalho além do ritmo que seria apropriado, correndo para completá-lo, que estava impedindo seu progresso. Não podiam aguentar o desconforto que sentiam por serem forçados a reconhecer quão limitado era o controle que tinham da velocidade do processo criativo — e assim eles buscavam escapar disso, ou não se dispondo de todo a trabalhar, ou correndo precipitadamente para estressantes jornadas de dias inteiros de escrita, o que mais tarde levou à procrastinação, porque os fez aprender a odiar todo o processo.

Um aspecto fundamental da abordagem incrementalista radical, que vai contra muitas das principais recomendações quanto à produtividade, é, pois, querer parar quando seu tempo diário se esgotou, mesmo que você esteja cheio de energia e sentindo que é capaz de fazer muito mais. Se você decidiu trabalhar em determinado projeto durante cinquenta minutos, quando os cinquenta minutos tiverem passado, levante-se e afaste-se dele. Por quê? Porque, como explicou Boice, o impulso de seguir além desse ponto "inclui um grande componente de impaciência por não ter terminado, por não ter sido produtivo o bastante, por nunca mais achar novamente um momento tão ideal"[4] para o trabalho. Parar ajuda a fortalecer o músculo da paciência, que lhe permitirá retomar outra vez o projeto, várias e várias vezes, e assim manter sua produtividade durante toda uma carreira.

O princípio final é que, com mais frequência, *a originalidade fica no lado mais afastado da não originalidade*. O fotógrafo finlandês-americano Arno Minkkinen[5] dramatiza essa verdade profunda sobre o poder da paciência com uma parábola sobre a estação central de ônibus de Helsinque. Lá há duas dúzias de plataformas, ele explica, com várias linhas de ônibus diferentes partindo de cada uma — e na primeira parte da viagem cada ônibus que sai de qualquer determinada plataforma faz o mesmo percurso pela cidade que fazem todos os outros, realizando paradas idênticas. Pense em cada parada como representando um ano de sua carreira, sugere Minkkinen a seus alunos de fotografia. Você toma uma direção artística — talvez comece trabalhando em estudos de nus — e passa a acumular uma carteira de trabalho. Três anos (ou paradas de ônibus) depois, você a apresenta, orgulhoso, ao dono de uma galeria de arte. Mas fica consternado ao ouvir que suas fotos não são tão originais quanto você pensava, porque parecem imitações da obra do fotógrafo Irving Penn: o ônibus de Penn, assim se revela, esteve na mesma rota que o seu. Aborrecido consigo mesmo por ter desperdiçado três anos seguindo o caminho de outra pessoa, você salta desse ônibus, chama um táxi e volta para o lugar de onde partiu na estação de ônibus. Dessa vez, embarca num ônibus diferente, escolhendo outro gênero de fotografia no qual se especializar. Mas algumas paradas mais tarde, acontece a mesma coisa: você é informado de que seu novo tema de trabalho também é derivado de outro. De volta à estação de ônibus. Mas o modelo se repete: nada do que você produz é reconhecido como sendo verdadeiramente, e somente, seu.

Qual é a solução? "É simples", diz Minkkinen. "Fique no ônibus. *Fique na porra do ônibus.*" Um pouco mais adiante em suas viagens pela cidade, as rotas dos ônibus de Helsinque divergem, indo cada um a seu destino único através dos subúrbios e para a zona rural além deles. É aí que começa o trabalho distintivo. Mas ele só começa para aqueles que conseguem reunir paciência para imergir na primeira etapa — a fase de tentativa e erro, de copiar os outros, aprendendo novas competências e acumulando experiência.

As implicações desse insight não estão confinadas ao trabalho criativo. Em muitos setores da vida há uma forte pressão cultural para seguir numa direção singular — desdenhar das opções convencionais de se casar, ter filhos, permanecer em sua cidade ou trabalhar num escritório, em favor de algo aparentemente mais empolgante e original. Mas, se você sempre for atrás do não convencional, estará, dessa maneira, negando a si mesmo a possibilidade de experimentar essas outras, mais ricas, formas de singularidade que são reservadas aos que têm a paciência de viajar primeiro pelo caminho já muito percorrido. Como no exercício de Jennifer Roberts, de observar uma pintura durante três horas, este começa com a vontade de parar e ficar onde está — de se envolver com aquela parte da jornada também, em vez de estar sempre instigando a realidade a se apressar. Para experimentar a profunda compreensão mútua de um casal há muito tempo casado, você tem que ficar casado com uma pessoa; para saber o que é estar profundamente radicado numa determinada comunidade e num determinado lugar, você tem que parar de dar voltas. Esses são os tipos de realização significativos e singulares que levam o tempo que têm que levar.

12. A solidão do nômade digital

A paciência não é o único modo pelo qual é possível encontrar um tipo mais profundo de liberdade, rendendo-se a restrições temporais, em vez de sempre tentar ditar como as coisas vão se desenrolar. Outro modo diz respeito ao fenômeno perpetuamente irritante de outros seres humanos — que, como presumo que você tenha percebido, estão sempre interferindo em seu tempo de inúmeras e frustrantes maneiras. Um princípio comum a praticamente todas as recomendações de produtividade é que, num mundo ideal, a única pessoa a tomar decisões quanto a seu tempo seja você mesmo: você irá estabelecer seu próprio horário, trabalhar quando lhe aprouver, tirar férias quando quiser, e não deverá nada a ninguém. Mas é preciso salientar que esse grau de controle vem com um preço que, afinal, não vale a pena pagar.

Sempre que me sinto amargurado por causa de prazos, dos imprevisíveis padrões de sono do meu filho pequeno ou de outras incursões em minha soberania temporal, tento me lembrar da cautelar história de Mario Salcedo, um consultor financeiro cubano-americano que quase com certeza detém o recorde de número de noites passadas em navios de cruzeiro. Quase não há como duvidar de que Super Mario — como é conhecido pelo pessoal da Royal Caribbean Cruises, a firma à qual tem sido leal durante mais de duas décadas como residente dos oceanos, com a única interrupção na pandemia do coronavírus em 2020 — tem o total controle de seu tempo. "Eu não tenho que levar o lixo para fora, não tenho que limpar, que lavar roupa — eliminei todas essas atividades sem valor agregado, e tenho todo o tempo do mundo para curtir o que gosto de fazer",[1] ele disse uma vez ao cineasta Lance Oppenheim, à beira da piscina do *Enchantment of the Seas*. Mas não é surpresa, presumivelmente, constatar que ele não parecia estar tão feliz assim. No curta de Oppenheim, *The Happiest Guy in the World* [O sujeito mais feliz no mundo], Salcedo circula pelo convés, com um coquetel na mão, olhando o mar, provocando sorrisos com lábios apertados e dando beijinhos no rosto de pessoas que ele chama de seus "amigos" — os empregados da Royal Caribbean Cruises — e reclamando que não está conseguindo sintonizar o noticiário da Fox na televisão de sua cabine. "Sou provavelmente o sujeito mais feliz do mundo!", ele informa a grupos aleatórios de outros passageiros, com insistência demais; e eles sorriem e assentem, e educadamente fingem que têm inveja dele.

Claro, não cabe a mim afirmar que Salcedo não é tão feliz quanto clama ser. Talvez ele seja. Mas sei que *eu* não seria se estivesse vivendo a sua vida. O problema, creio, é que seu estilo de vida é baseado num equívoco quanto ao valor do tempo. Tomando emprestado da linguagem da economia, Salcedo vê o tempo como um tipo normal de "bem" — um recurso que tem tanto mais valor para você quanto mais você o comanda. (O dinheiro é o exemplo clássico: melhor ter controle sobre mais do que sobre menos.) Mas a verdade é que o tempo é também um "bem de rede", um bem cujo valor deriva de quantas *outras* pessoas têm acesso a ele, e quão bem a porção delas se coordena com a sua. Redes de telefonia são um exemplo óbvio aqui: telefones são valiosos na medida em que outros também os tenham. (Quanto mais pessoas possuírem telefones, mais benefício você terá ao possuir um; e, diferente do dinheiro, não tem sentido acumular quantos telefones seja possível para seu uso pessoal.) Plataformas de mídia social seguem a mesma lógica. O que importa não é quantos perfis de Facebook você tenha, mas sim que outros os tenham também, e que estejam conectados com o seu.

Assim como com dinheiro, é bom ter muito tempo, em circunstâncias ideais. Mas ser dono de todo o tempo do mundo não tem muito uso se você tiver que vivenciar isso sozinho. Para fazer inúmeras coisas importantes com o tempo — socializar, ter encontros, criar filhos, abrir um negócio, formar movimentos políticos, fazer avanços tecnológicos —, isso tem que ser sincronizado com o tempo de outras pessoas. Na verdade, ter muito tempo mas nenhuma oportunidade de usá-lo colaborativamente não só é inútil como, na verdade, desagradável — razão pela qual, para pessoas pré-modernas, o pior de todos os castigos era ser fisicamente ostracizado, abandonado em algum lugar remoto onde não se podia acompanhar os ritmos da tribo. E ao adquirir tão vasto domínio de seu tempo, Super Mario parece ter imposto a si mesmo uma versão um pouco mais suave da mesma sina.

ENTRANDO E SAINDO DE SINCRONIA

O pensamento verdadeiramente perturbador, no entanto, é que aqueles de nós que nunca sonharam em escolher um estilo de vida como o de Salcedo podem, assim mesmo, ser culpados do mesmo erro básico — o de tratar nosso tempo como algo a ser acumulado, quando a melhor abordagem é tê-lo como algo a ser compartilhado, mesmo se isso significar abrir mão de parte de seu poder de decidir exatamente o que vai fazer com ele, e quando. A busca de maior controle individual sobre meu tempo, devo admitir, foi um motivo importante para minha decisão de deixar meu trabalho num jornal para me tornar um escritor que trabalha em casa. E essa é a justificativa implícita por trás de muitas políticas laborais que tendemos a achar inquestionavelmente boas, como a de horários flexíveis para pais e disposições que dão a empregados a opção de trabalhar remotamente, o que parece que vai se tornar muito mais comum após a experiência de lockdown durante a pandemia. "Uma pessoa com um horário flexível e recursos medianos será mais feliz do que uma pessoa rica que tem tudo exceto um horário flexível",[2] comenta o cartunista que se tornou guru de autoajuda Scott Adams, resumindo o éthos da soberania do tempo individual. E assim, ele continua, "o passo número um em sua busca por felicidade é trabalhar continuamente para ter o controle de seu horário". A expressão mais extrema dessa visão é a escolha do estilo de vida moderno de se tornar um "nômade digital" — alguém que se liberta da corrida de ratos para percorrer o mundo com seu laptop, operando seu negócio pela internet de uma praia na Guatemala ou do topo de uma montanha na Tailândia, segundo dite seu capricho.

Porém, "nômade digital" é um nome impróprio — e instrutivo. Nômades tradicionais não são pessoas errantes e solitárias sem laptops; são pessoas intensamente focadas em grupo que, quando muito, têm *menos* liberdade pessoal do que membros de tribos sedentárias, já que sua sobrevivência depende de trabalharem juntas com sucesso. E em seus momentos mais sinceros, nômades digitais vão admitir que o principal problema com seu estilo de vida é uma aguda solidão. "No ano passado eu visitei dezessete países; este ano, vou visitar dez",[3] escreveu o escritor Mark Manson, quando ainda era um nômade. "No ano passado, vi o Taj Mahal, a Grande Muralha da China e Machu Picchu num período de três meses... Mas fiz tudo isso sozinho." Um camarada errante, constatou Manson, "irrompe em lágrimas num pequeno subúrbio no Japão observando uma família andando de bicicleta, todos juntos, num parque", quando lhe ocorreu que sua suposta liberdade — sua capacidade teórica de fazer o que quisesse, quando escolhesse — tinha deixado prazeres tão comuns como esse além de seu alcance.

A questão, para ser claro, não é que uma viagem livre de obrigações ou de longo prazo — muito menos políticas de trabalho amigáveis no que toca à família — seja intrinsecamente algo ruim. É que isso vem com um inevitável outro lado: todo ganho em liberdade pessoal temporal implica uma perda correspondente na facilidade para coordenar seu tempo com o de outras pessoas. O estilo de vida do nômade digital carece dos ritmos compartilhados necessários para que se enraízem relacionamentos profundos. Para o resto de nós, da mesma forma, mais liberdade para escolher quando e onde você trabalha faz com que seja mais difícil forjar conexões por meio do emprego, assim como será menos provável você estar livre para socializar quando seus amigos estiverem.

Em 2013, um pesquisador de Uppsala, na Suécia, chamado Terry Hartig, junto com vários colegas, provou elegantemente a conexão que há entre sincronização e satisfação na vida quando teve a engenhosa ideia de comparar os padrões de férias dos suecos com estatísticas relativas à taxa com que farmacêuticos vendem antidepressivos.[4] Uma de suas duas descobertas centrais não foi nada demais: quando os suecos tiram uma folga do trabalho, são mais felizes (o que se mede pela menor propensão, na média, a precisarem de antidepressivos). No entanto, a outra foi reveladora: o uso de antidepressivos caiu num grau maior, demonstrou Hartig, proporcionalmente ao tamanho da parcela da população da Suécia que estava de férias num determinado momento. Ou, para pôr as coisas de modo um pouco diferente, quanto mais suecos estavam de folga no trabalho simultaneamente, mais felizes ficavam as pessoas. Elas obtinham benefícios psicológicos não só das férias, mas de ter o mesmo tempo de férias junto com outras pessoas. Quando muitas estavam de férias ao mesmo tempo, era como se uma intangível, sobrenatural nuvem de relaxamento se instalasse sobre a nação como um todo.

Só que, quando você pensa sobre isso, faz todo sentido, nada sobrenatural. É muito mais fácil usufruir de relacionamentos com a família e os amigos quando eles também estão de folga no trabalho. Enquanto isso, se você pode ter certeza de que todo o escritório está deserto quando você está tentando relaxar, está sendo poupado da ansiedade de pensar em todas as tarefas não cumpridas que poderiam estar se acumulando, os e-mails enchendo a caixa de entrada ou colegas tramando para roubar seu emprego. Não obstante, havia algo um tanto assustador quanto a quão amplamente os efeitos benéficos das férias sincronizadas se propagaram no país. Hartig demonstrou que mesmo pessoas aposentadas, apesar de não terem empregos dos quais tirar uma folga, ficavam mais felizes quando mais gente da força de trabalho sueca estava de férias. Essa descoberta ecoou outra pesquisa, que demonstrou que pessoas desempregadas há muito tempo tinham um impulso de felicidade quando chegava o fim de semana, assim como pessoas empregadas que relaxam após uma semana de trabalho atarefado, embora não tenham essa semana de trabalho.[5] O motivo para isso é que parte do que faz o fim de semana ser divertido é passar algum tempo com outras pessoas que também não estão trabalhando — com o acréscimo, para o desempregado, de que o fim de semana oferece um alívio ao sentimento de vergonha de que ele deveria estar trabalhando, quando não está.

Hartig não vacilou ante a implicação controversa desses resultados. Eles sugeriam, observou, que aquilo de que as pessoas precisam não é um maior controle individual de seus horários, e sim do que ele chama de "regulação social do tempo": maior pressão externa para usar seu tempo de determinadas maneiras. Isso significa mais disposição para entrar nos ritmos da comunidade; mais tradições como o Shabat de décadas passadas ou o fenômeno francês das *grandes vacances*, em que quase tudo dá uma parada por várias semanas a cada verão. Talvez isso até signifique mais leis para regular quando as pessoas podem e não podem trabalhar, como limites para abertura de lojas no domingo ou uma recente legislação europeia banindo o envio, por certos empregadores, de e-mails de trabalho fora do horário do expediente.

Numa viagem a trabalho à Suécia alguns anos atrás, experimentei uma versão micro da mesma ideia na forma da *fika*, o momento diário em que todos, num determinado local de trabalho, erguem-se de suas mesas e se reúnem para um café e uma fatia de bolo. O evento é semelhante a uma concorrida hora do cafezinho, exceto que os suecos são propensos a ficar levemente ofendidos — que é o equivalente a um não sueco ficar muito ofendido — se você sugerir que é só isso. Porque algo intangível mas importante acontece na *fika*. O que em geral divide as pessoas é posto de lado; elas se misturam independentemente de idade, classe ou status no escritório, discutindo assuntos relacionados e não relacionados com o trabalho: por mais ou menos meia hora, comunicação e convivência têm precedência sobre hierarquia e burocracia. Um gerente sênior me disse que era, de longe, o modo mais eficaz de captar o que estava de fato acontecendo em sua companhia. Mas isso só funciona porque as pessoas envolvidas querem abrir mão de parte de sua soberania individual sobre seu tempo. Você pode optar por fazer uma pausa para um café em algum outro momento, se insistir, mas alguém poderá olhar torto para você.

Outro modo de perceber o quanto nos beneficiamos ao nos rendermos a um tempo comunitário — quer nos demos conta disso ou não — é observar o que acontece quando pessoas são impedidas de fazer isso. O historiador Clive Foss descreveu o pesadelo que surgiu quando a liderança da União Soviética, tomada do desejo de transformar a nação numa máquina tremendamente eficiente, começou a fazer reengenharia do próprio tempo.[6] Os soviéticos estavam inspirados havia muito tempo pelo trabalho do especialista em eficiência Frederick Winslow Taylor, cuja filosofia de "gestão científica" visava espremer o máximo possível dos operários nas fábricas americanas. No entanto, naquele momento, o economista-chefe de Stálin, Yuri Larin, inventara o que parecia, em retrospecto, um plano ambicioso de manter as fábricas soviéticas funcionando todos os dias do ano, sem interrupções. Daí, ele anunciou em agosto de 1929 que uma semana não teria sete, mas cinco dias de duração: quatro de trabalho, seguidos de um dia de descanso. No entanto, a ideia não era que todos os trabalhadores seguiriam esse calendário, mas, sim, que seriam divididos em cinco grupos, cada um identificado por uma cor — amarelo, verde, laranja, roxo e vermelho —, e a cada grupo seria designada uma semana diferente de quatro dias de trabalho e um dia de descanso, de modo que as operações nunca cessariam, nem por um dia. Enquanto isso, as autoridades soviéticas alegaram, haveria numerosos benefícios para o proletariado também: dias de folga mais frequentes e menos aglomeração em instituições culturais e supermercados, graças a um fluxo mais estável de clientes.

Mas o principal efeito para o cidadão comum da URSS, como explicou a escritora Judith Shulevitz, foi destruir a possibilidade de uma vida social. Era uma simples questão de horário. Dois amigos designados para dois grupos de calendário diferentes nunca estariam livres para socializar no mesmo dia. Maridos e mulheres deveriam supostamente pertencer ao mesmo grupo, mas quase sempre não pertenciam, gerando intenso estresse em famílias; e, por razões óbvias, encontros religiosos no domingo foram rompidos também — e nada disso era problema do ponto de vista de Moscou, pois fazia parte da missão do comunismo de minar os centros de poder rivais da família e da Igreja. (E. G. Richards, um historiador que fez a crônica do experimento, observou que "a viúva de Lênin, bem à moda marxista, considerava as reuniões familiares no domingo uma boa e suficiente razão para abolir esse dia".[7]) Como, com muita ousadia, um trabalhador reclamou ao jornal oficial *Pravda*: "O que vamos fazer em casa se a mulher está na fábrica, as crianças na escola, e ninguém vem nos visitar? O que restou se não ir a uma casa de chá pública? Que tipo de vida é este, em que feriados vêm em turnos, e não para todos os trabalhadores ao mesmo tempo? Não existe feriado, se você tem de celebrá-lo sozinho". A semana de trabalho reestruturada prevaleceu de alguma forma até 1940, quando foi abandonada devido a problemas que causou para a manutenção das máquinas. Mas não antes de o governo soviético ter inadvertidamente demonstrado que o valor do tempo não vem da quantidade de que você dispõe, mas de você estar em sincronia com as pessoas que mais lhe importam.

MANTENDO-SE JUNTOS NO TEMPO

Existe um modo ainda mais visceral, também, em tempo parecer ser *mais real* — mais intenso, mais vívido, mais pleno de significado — quando você está sincronizado com outras pessoas. Em 1941, um jovem americano chamado William McNeill foi convocado para o Exército dos Estados Unidos e enviado para treinamento básico num acampamento situado numa poeirenta expansão do cerrado do Texas. Teoricamente, sua missão era aprender a usar canhões antiaéreos, mas, como a base só tinha um desses canhões e milhares de recrutas a serem treinados, e como mesmo esse canhão não era totalmente funcional, os oficiais encarregados, em vez disso, preenchiam os longos períodos de tempo livre com os tradicionais exercícios de marcha. Pelo visto, como até mesmo um novato como McNeill percebia, esses exercícios eram completamente sem sentido: na época da Segunda Guerra Mundial, tropas eram transportadas a longas distâncias em caminhões e trens, não a pé; e na era da metralhadora, fazer uma marcha formal no calor da batalha era essencialmente pedir ao inimigo que o massacrasse. E assim McNeill não estava preparado para o modo como a experiência da marcha com seus companheiros soldados o impressionou:

> Marchar sem rumo no campo de exercícios, desfilando de acordo com posturas militares prescritas, consciente apenas de se manter no ritmo de modo a fazer o próximo movimento corretamente e no tempo certo, é, de certo modo, uma boa sensação. Palavras são inadequadas para descrever a emoção despertada pelo movimento prolongado em uníssono que o exercício envolvia. Uma sensação de pervasivo bem-estar, é do que me lembro; mais especificamente, um estranho senso de alargamento pessoal; uma espécie de inchamento, tornando-se maior do que a vida, graças à participação em ritual coletivo... Movimentar-se vivamente e manter o ritmo era bastante para fazer com que nos sentíssemos bem, satisfeitos por estarmos nos movimentando juntos, e vagamente contentes com o mundo como um todo.[8]

A experiência impactou McNeill, e depois da guerra, quando se tornou historiador profissional, ele voltou ao tema numa monografia chamada *Keeping Together in Time* [Mantendo-se juntos no tempo]. No livro, ele alega que o movimento sincronizado, junto com o canto sincronizado, tem sido uma força amplamente subestimada na história mundial, promovendo coesão entre grupos tão diversos como os construtores de pirâmides, os exércitos do Império Otomano e os funcionários de escritório japoneses que se levantam de suas mesas para fazer ginástica calistênica de grupo no início de cada dia de trabalho. Generais romanos estiveram entre os primeiros a descobrir que soldados marchando em sincronia podiam ser postos para percorrer distâncias muito mais longas antes de sucumbir à fadiga. E alguns biólogos evolucionistas especulam que a própria música — um fenômeno que se mostrou difícil de ser explicado nos termos da seleção natural darwiniana, exceto como um prazeroso subproduto de mecanismos mais importantes — pode ter surgido como um modo de coordenar grandes grupos de guerreiros tribais, que podiam se movimentar em uníssono seguindo ritmos e melodias, em que outras formas de comunicação talvez se mostrassem desajeitadas demais para a tarefa.[9]

Na vida diária, também, entramos em sincronia o tempo todo, em geral sem perceber: no teatro, o aplauso gradualmente se organiza num só ritmo; e, se você caminhar pela rua ao lado de um amigo, logo verá que os passos começam a se acertar. Esse impulso subliminar para uma ação coordenada é tão poderoso que mesmo rivais não resistem a ele. Seria difícil imaginar dois homens mais comprometidos em derrotar um ao outro — num nível consciente, pelo menos — do que os velocistas Usain Bolt e Tyson Gay, competindo pelo título dos cem metros rasos para homens no Campeonato Mundial de Atletismo de 2009. Porém, um estudo baseado numa análise quadro a quadro da corrida[10] mostra que, apesar de presumivelmente estar consumido pela vontade de vencer, Bolt não conseguiu evitar alinhar seus passos com os de Gay. E Bolt quase com certeza se beneficiou disso: outra pesquisa indicou que se submeter a um ritmo externo faz a passada de alguém ficar imperceptivelmente mais eficiente. Assim, é provável que Gay, mesmo sem querer, tenha ajudado seu adversário a conquistar um novo recorde mundial.

E como sabe quem dança, quando alguém se abandona à dança, a sincronia é também um portal para outra dimensão — o lugar sagrado onde os limites do "eu" ficam difusos e o tempo parece não existir. Eu senti isso como membro de um coro comunitário, quando os tons sustenidos e bemóis de vozes amadoras combinam-se numa perfeição que poucos dos cantores envolvidos poderiam obter sozinhos. (Os extraordinários benefícios psicológicos de cantar em coro, concluiu secamente um estudo em 2005, não se reduzem "quando o instrumento vocal é de qualidade medíocre".[11]) Aliás, eu senti isso em cenários ainda mais mundanos — trabalhando em meu turno mensal na cooperativa alimentar, por exemplo, arremessando caixotes de cenouras e brócolis na correia transportadora, sincronizado com outros trabalhadores que quase não conhecia, mas com quem, por algumas horas, compartilhei uma ligação que parecia mais profunda do que a que tenho com alguns de meus amigos. Por um momento, é como participar nos ritmos comunitários de um mosteiro, no qual as horas sincronizadas de oração e trabalho transmitem ao dia coerência e um senso de propósito compartilhado.

Algo misterioso entra em ação nesses momentos — e não deve haver melhor prova de quão potente isso é do que o fato de que pode ser usado para finalidades perigosas e até mesmo fatais. Do ponto de vista de comandantes militares, afinal, o principal benefício da sincronia entre soldados não é eles marcharem longas distâncias. É que, uma vez sentindo que pertencem a algo maior do que eles mesmos, estarão mais dispostos a dar a vida por sua unidade. No meio de um ensaio do oratório *O Messias*, de Handel, numa igreja de teto muito alto, é quase possível a um cantor amador imaginar como uma pessoa possa entrar em tal estado de espírito. O mundo "não se abre num milhão de cintilantes dimensões de esperança quando eu canto sozinho", observa a escritora e membro de coro Stacy Horn.[12] Isso só acontece "quando estou cercada pelos colegas de coro, e todos os sons diferentes que estamos fazendo combinam-se para nos deixar trauteando em harmonia — acesos juntos como pirilampos cintilando em sincronia por qualquer obra-prima que esteja então percorrendo nossos cérebros, corpos e corações".

A LIBERDADE PARA NUNCA VER SEUS AMIGOS

A questão é: que tipo de liberdade queremos de fato ter quando se trata de tempo? Por um lado, há o culturalmente celebrado objetivo da soberania individual sobre o tempo — a liberdade de estabelecer seu próprio horário, fazer suas próprias escolhas, estar *livre de* intrusões de outras pessoas em suas preciosas 4 mil semanas. Por outro lado, há o profundo senso de significado que vem da vontade de entrar nos ritmos do resto do mundo: estar *livre para* se envolver em todos os empreendimentos colaborativos que valham a pena e que requeiram ao menos algum sacrifício de seu controle único sobre o que você faz e quando faz. Estratégias para alcançar o primeiro tipo de liberdade são o tipo de coisa que enchem livros de conselhos para produtividade: rotinas matinais ideais, rígidos horários pessoais e táticas para limitar quanto tempo você passa respondendo a e-mails todo dia, mais homilias sobre a importância de "aprender a dizer não" — tudo isso funcionando como baluartes contra o risco de que outras pessoas exerçam influência demais sobre o modo como seu tempo está sendo usado. E, indubitavelmente, elas têm um papel a desempenhar: precisamos estabelecer limites firmes para que chefes assediadores, disposições de emprego exploradoras, cônjuges narcisistas ou uma tendência culposa de agradar pessoas não terminem ditando o curso de cada dia.

E, ainda, o problema com esse tipo de liberdade individualista, como assinala Judith Shulevitz, é que uma sociedade influenciada por isso, como a nossa é, acaba se dessincronizando — impondo a si mesma algo surpreendentemente semelhante, em seus resultados, ao desastroso experimento soviético com a assombrosa semana de cinco dias. Vivemos nossas vidas cada vez menos nos mesmos sulcos temporais em que vivem os outros. O reino desenfreado desse éthos individualista, preenchido pelas demandas da economia de mercado, sobrecarregou nossas maneiras tradicionais de organizar o tempo, o que significa que as horas nas quais descansamos, trabalhamos e socializamos tornaram-se ainda mais descoordenadas. É mais difícil do que nunca achar tempo para um tranquilo jantar em família, uma visita espontânea a amigos ou qualquer projeto coletivo — tratar de um jardim comunitário, tocar numa banda de rock amadora — que ocorra fora do local de trabalho.

Para os menos privilegiados, a dominância desse tipo de liberdade se traduz em nenhuma liberdade de todo: significa empregos numa imprevisível *gig economy* [ou economia freelancer] e "horário sob demanda", no qual o grande atacadista para o qual você presta serviço pode chamá-lo para trabalhar a qualquer momento, e seu trabalho é calculado algoritmicamente de hora em hora com base em volumes de venda — fazendo com que seja quase impossível planejar como cuidar das crianças ou consultas essenciais com o médico, muito menos uma noite fora com amigos. Mas mesmo para aqueles de nós que genuinamente têm muito mais controle pessoal sobre onde trabalhamos do que jamais tiveram gerações anteriores, o resultado é que o trabalho vai se filtrando pela vida como se fosse água, preenchendo toda fenda com mais coisas a fazer, fenômeno que pareceu só se intensificar durante o lockdown causado pelo coronavírus. Começa a parecer que você, seu cônjuge e seus amigos mais chegados foram designados para diferentes grupos de cor dos soviéticos. O motivo de ser tão difícil para minha mulher e para mim acharmos uma hora na semana para uma conversa séria, ou para mim e meus três amigos mais chegados nos encontrarmos para uma cerveja, não é comumente que não "tenhamos tempo", no sentido estrito da expressão, embora seja isso que dizemos a nós mesmos. É que dispomos do tempo — mas quase não há probabilidade de ser a mesma porção de tempo para cada um dos envolvidos. Livres para cumprir nossos próprios horários totalmente pessoais, mas ainda sob o jugo de nossos empregos, construímos vidas que não podem se entrelaçar com outras.

Tudo isso vem com implicações políticas também, porque políticas básicas — o mundo de encontros, comícios, protestos, e campanhas para conseguir votos — estão entre as mais importantes atividades coordenadas a que uma população dessincronizada tem dificuldade de estar presente. O resultado é um vácuo de ação coletiva, que é preenchido por líderes autocráticos, que prosperam no suporte de massa a pessoas que, fora isso, estão desconectadas — alienadas umas das outras, enfiadas num sofá em casa, audiência cativa para propaganda televisiva. "Movimentos totalitários são organizações em massa de indivíduos atomizados, isolados", escreve Hannah Arendt em *Origens do totalitarismo*.[13] É de interesse de um autocrata que a única ligação real entre seus apoiadores seja o apoio que dão a ele. Nessas ocasiões em que ação sincronizada perfura e atravessa o isolamento, como durante as demonstrações no mundo inteiro que se seguiram ao assassinato de George Floyd pela polícia de Minneapolis em 2020, não é incomum ouvir pessoas que protestam descrever experiências que evocam "a estranha sensação de alargamento pessoal" de William McNeill — um senso de espessamento e intensificação do tempo tingido com uma espécie de êxtase.

Como nossos outros problemas com o tempo, nossa perda de sincronia, é claro, não pode ser resolvida exclusivamente no nível do individual e da família. (Boa sorte em persuadir todo mundo em sua vizinhança a tirar o mesmo dia de folga toda semana.) Mas cada um de nós tem que decidir se vai colaborar com o éthos da soberania individual sobre o tempo ou resistir a ela. Você *pode* empurrar sua vida um pouco adiante na direção do segundo tipo, comunal, de liberdade. Por um lado, pode assumir os tipos de compromisso que tornam seus horários menos flexíveis em troca de recompensas comunitárias, juntando-se a coros amadores, equipes esportivas, grupos de campanha ou organizações religiosas. Pode priorizar atividades no mundo físico sobre as do mundo digital, onde até mesmo uma atividade colaborativa acaba transmitindo, curiosamente, uma sensação de isolamento. E se, como eu, você tem a inclinação natural do nerd da produtividade para a mania de controle quando se trata do tempo, você pode experimentar a sensação de *não* tentar lidar com seus horários com mão de ferro: deixando às vezes que os ritmos da vida em família, das amizades e da ação coletiva tenham precedência sobre sua perfeita rotina matinal ou seu sistema de programação da semana. Você poderá captar a verdade de que o poder sobre seu tempo não é algo que seja melhor acumular somente para você: que seu tempo pode ser demasiadamente seu.

13. Terapia da insignificância cósmica

O psicoterapeuta junguiano James Hollis[1] relembra a experiência de uma de suas pacientes, uma bem-sucedida vice-presidente de uma companhia de instrumental médico, que estava sobrevoando o Meio-Oeste americano numa viagem de negócios, lendo um livro, quando foi assaltada por um pensamento: "Odeio minha vida". Um mal-estar que estivera crescendo nela durante anos tinha se cristalizado na compreensão de que estava passando seus dias de um modo que não mais lhe parecia ter qualquer significado. O gosto que tinha por seu trabalho havia se esvaído; as recompensas que estivera perseguindo pareciam não ter valor; e agora a vida era uma questão de se desincumbir de tarefas, na evanescente esperança de que, de algum modo, tudo ainda pudesse valer a pena numa felicidade futura.

Talvez você saiba como ela estava se sentindo. Nem todo mundo tem esse tipo de súbita epifania, mas muitos de nós sabem o que é suspeitar de que pode haver coisas mais ricas, mais completas e mais suculentas que poderíamos estar fazendo com nossas 4 mil semanas — mesmo quando o que estamos fazendo atualmente com elas pareça, de fora, a própria definição de sucesso. Ou talvez lhe seja familiar a experiência de retornar a suas rotinas diárias depois de um incomumente satisfatório fim de semana na natureza ou com velhos amigos e lhe ocorrer o pensamento de que mais da vida deveria ser vivenciado daquela maneira — que não seria irracional esperar que essas partes profundamente cativantes fossem mais do que raras exceções. O mundo moderno é especialmente carente de boas respostas a esses sentimentos: a religião não mais provê a imediata sensação universal de propósito que um dia proveu, enquanto o consumismo nos desorienta a buscar significado onde não pode ser encontrado. Mas o sentimento em si mesmo é antigo. O escritor do livro do Eclesiastes, entre muitos outros, teria reconhecido instantaneamente o sofrimento da paciente de Hollis: "Contudo, quando avaliei tudo o que as minhas mãos haviam feito e o trabalho que eu tanto me esforçara para realizar, percebi que tudo foi inútil, foi correr atrás do vento; não há qualquer proveito no que se faz debaixo do sol".[2]

É profundamente inquietante você se ver em dúvida quanto ao que está fazendo com sua vida. Mas, na verdade, não é algo ruim, porque isso demonstra que já ocorreu uma mudança interior. Você não poderia alimentar essas dúvidas, em primeiro lugar, se já não tivesse adotado um novo ponto de vista na vida — a partir do qual já começou a enfrentar a realidade de que não pode depender de uma realização que chegará em algum ponto distante do futuro, depois que tiver posto sua vida em ordem ou atingido o critério mundial para o sucesso, e de que, ao contrário, a questão tem que ser considerada agora. Constatar, em meio a uma viagem de negócios, que você odeia a sua vida já é ter dado o primeiro passo em direção a uma vida que não odeia — porque isso significa que você captou o fato de que *estas* são as semanas que terá que passar fazendo algo que valha a pena, se sua vida futura significa alguma coisa. Essa é uma perspectiva a partir da qual você pode finalmente fazer a pergunta mais fundamental quanto à gestão de tempo: o que significaria passar o único tempo que você terá de modo que realmente sinta que o que está fazendo com ele tem sentido?

A GRANDE PAUSA

Às vezes essa sacudidela perceptiva já afeta toda uma sociedade ao mesmo tempo. Escrevi o primeiro rascunho deste capítulo num lockdown na cidade de Nova York, durante a pandemia do coronavírus. Quando, em meio à tristeza e à ansiedade, tornou-se normal ouvir pessoas expressando um tipo de gratidão acridoce pelo que estavam experimentando: que, apesar de estarem de licença forçada e perdendo o sono por causa do aluguel, era uma autêntica alegria estar vendo mais os filhos ou descobrir os prazeres de plantar flores ou assar pão. A pausa forçada no trabalho, na escola e na socialização levantou várias suposições sobre como deveríamos passar nosso tempo. Constatou-se, por exemplo, que muitas pessoas podiam realizar as tarefas de seu emprego adequadamente sem ter que se deslocar durante uma hora para um sombrio escritório, sem ficar até as seis e meia da tarde sentadas a uma escrivaninha só para parecer estar trabalhando duro. Também se evidenciou que a maior parte das refeições para viagem de restaurantes e cafés que eu me acostumara a consumir, presumivelmente com base na ideia de que melhoravam minha vida, podia ser descartada sem sensação de perda (uma revelação que tem dois gumes, considerando quantos empregos dependiam desse fornecimento). E ficou claro — do ritual de aplaudir quem trabalhava nas emergências de hospitais, de idas ao mercado feitas para vizinhos presos em casa, e muitos outros atos de generosidade — que as pessoas cuidavam umas das outras muito mais do que pensávamos. Era só porque antes do vírus, aparentemente, não tínhamos tempo para demonstrar isso.

As coisas não tinham mudado para melhor, obviamente, mas ao longo da devastação que ele forjou o vírus *nos* mudou para melhor, ao menos temporariamente, e ao menos em certos aspectos: ajudou-nos a perceber com mais clareza o que estava faltando em nossos dias pré-lockdown e as permutas que estávamos fazendo, voluntariamente ou não — por exemplo, perseguindo rotinas de trabalho que não deixavam tempo para curtir a vizinhança. Um escritor e diretor de Nova York chamado Julio Vincent Gambuto captou esse sentido daquilo que me descobri começando a pensar como sendo um "choque de possibilidade" — a surpreendente compreensão de que as coisas podiam ser diferentes, numa grande escala, se coletivamente nós quiséssemos isso o bastante. "O que o trauma nos demonstrou", escreveu Gambuto, "não pode deixar de ser percebido. Uma Los Angeles sem carros tem claros céus azuis, pois a poluição simplesmente parou. Numa Nova York silenciosa, você é capaz de ouvir os pássaros pipilarem no meio da Madison Avenue. Foram avistados coiotes na ponte Golden Gate. Essas são imagens de cartão-postal de como poderia parecer o mundo se achássemos um modo de ter um efeito menos mortal no planeta."[3] Claro, a crise também revelou sistemas de saúde subfinanciados, políticos corruptos, profundas desigualdades raciais, além de uma insegurança econômica crônica. Mas isso também contribuiu para o sentimento de que agora estávamos vendo o que efetivamente importava, o que exigia nossa atenção — e de que, em algum nível, sabíamos disso o tempo todo.

Quando o lockdown terminasse, Gambuto advertiu, corporações e governos iriam conspirar para nos fazer esquecer as possibilidades que tínhamos divisado, mediante novos e brilhantes produtos, serviços e guerras culturais que nos distraíssem; e estaríamos tão desesperados para voltar à normalidade que ficaríamos tentados a nos deixar levar. Em vez disso, no entanto, poderíamos nos agarrar ao senso de estranhamento e fazer novas escolhas sobre como usar as horas de nossas vidas:

> O que aconteceu é inexplicavelmente incrível. É o maior presente já desembrulhado. Não as mortes, não o vírus, mas a Grande Pausa... Por favor, não recue da luz brilhante que entra pela janela. Sei que machuca seus olhos. Machuca os meus também. Mas a cortina está amplamente aberta... O Grande Retorno Americano ao Normal está vindo... [mas] eu lhe imploro: inspire profundamente, ignore o barulho ensurdecedor. E pense profundamente sobre o que quer devolver à sua vida. Esta é sua oportunidade de definir uma nova versão do normal, uma rara e verdadeiramente sagrada (sim, sagrada) oportunidade de se livrar de toda besteira e só trazer de volta o que funciona para nós, o que torna nossas vidas mais ricas, o que faz nossos filhos mais felizes, o que nos faz ficar verdadeiramente orgulhosos.

No entanto, o perigo em qualquer discussão como essa sobre "o que importa mais" na vida é que ela tende a suscitar um tipo de grandiosidade paralisante. Começa a parecer que é dever seu encontrar algo realmente relevante para fazer com seu tempo — largar seu emprego no escritório para trabalhar com ajuda humanitária ou começar uma companhia de voos espaciais — ou então, se não estiver em condição de fazer um grande gesto, concluir que uma vida profundamente significativa não é opção para você. No nível de mudança política e social, torna-se tentador concluir que só vale a pena lutar pelas causas mais revolucionárias, transformadoras do mundo — que não teria sentido passar seu tempo, digamos, cuidando de um parente idoso que sofre de demência ou se voluntariando para ajudar no jardim comunitário local enquanto os problemas de aquecimento global e desigualdade de renda continuam sem solução. Entre tipos New Age, ou da Nova Era, essa mesma grandiosidade toma a forma da crença de que cada um de nós tem algum cosmicamente significativo Propósito de Vida, o qual o universo anseia que nós revelemos e depois realizemos.

Esse é o motivo pelo qual é útil começar esta última etapa de nossa jornada com uma franca porém inesperadamente libertadora verdade: que o que você faz com sua vida não importa tanto — e, no que concerne à maneira como você está usando seu tempo finito, o universo não dá absolutamente a mínima.

UMA VIDA MODESTAMENTE SIGNIFICATIVA

O falecido filósofo britânico Bryan Magee gostava de fazer a seguinte impressionante observação.[4] A civilização humana tem cerca de 6 mil anos, e temos o hábito de pensar que isso é um tempo incrivelmente longo: uma vasta duração no decorrer da qual impérios surgiram e caíram, e períodos históricos, aos quais demos rótulos do tipo "Antiguidade Clássica" ou "a Idade Média", sucederam uns aos outros "apenas no movimento do tempo — o tempo movendo-se do mesmo modo que geleiras se movem". Mas, agora, considere a questão de outra maneira. Em toda geração, mesmo lá atrás, quando a expectativa de vida era muito menor do que é hoje em dia, sempre houve ao menos algumas pessoas que viveram até os cem anos de idade (ou 5200 semanas). E quando cada uma *dessas* pessoas nasceu, deve ter havido algumas outras pessoas vivas na época que já tinham atingido elas mesmas os cem anos. Assim, é possível visualizar uma cadeia de durações de vida centenárias, estendendo-se continuamente para trás pela história, sem espaços entre elas: pessoas específicas que realmente viveram, e poderíamos nomear cada uma delas se o registro histórico fosse bom o bastante.

Agora a parte impressionante: por essa medida, a era de ouro dos faraós egípcios — uma era que impacta a maioria de nós como tão incrivelmente distante da nossa — teve lugar há escassas 35 durações de vida. Jesus nasceu vinte durações de vida atrás, e a Renascença aconteceu sete durações de vida atrás. Há meras cinco vidas centenárias Henrique VIII estava sentado no trono inglês. Cinco! Como observou Magee, o número de vidas de que você precisa para percorrer toda a civilização, sessenta, era o "número de amigos que eu espremia em minha sala de estar quando dava uma festa com bebidas".[5] Dessa perspectiva, a história humana não se desenrolou glacialmente, mas num piscar de olhos. Daí se segue, claro, que sua própria vida terá sido um minúsculo tremeluzir de quase nada no esquema das coisas: o menor dos pontículos, com duas incompreensivelmente vastas extensões de tempo, o passado e o futuro do cosmos como um todo, estendendo-se à distância em cada um dos lados.

É natural achar que essas coisas são aterrorizantes. Contemplar "a enorme indiferença do universo", escreve Richard Holloway, ex-bispo de Edimburgo, pode parecer "tão desorientador como estar perdido numa densa floresta, ou tão assustador como cair do convés de um navio no mar sem que ninguém saiba que caímos".[6] Mas existe outro ângulo que é estranhamente consolador. Você pode pensar nele como "terapia de insignificância cósmica": quando todas as coisas parecem ser demais, que consolo será melhor do que um lembrete de que elas são — contanto que você esteja disposto a dar um pouco de zoom — indistinguíveis de absolutamente nada? As ansiedades que atravancam uma vida mediana — problemas de relacionamento, rivalidades quanto a status, preocupação com dinheiro — reduzem-se instantaneamente à irrelevância. Aliás, o mesmo acontece com pandemias e presidências: o cosmos continua indiferente, calmo e imperturbável. Ou, para citar o título de um livro que uma vez eu revisei: *The Universe Doesn't Give a Flying Fuck About You* [O universo está cagando para você].[7] Lembrar quão pouco você importa, numa escala de tempo cósmica, é como descarregar um pesado fardo que a maioria de nós não percebe estar carregando, em primeiro lugar.

Essa sensação de alívio merece ser examinada um pouco mais de perto, no entanto, porque chama a atenção para o fato de que, no resto do tempo, a maioria de nós fica, *sim*, pensando em nós mesmos como razoavelmente centrais no desenrolar do universo; se não fôssemos, não haveria alívio algum em sermos lembrados de que na verdade não é esse o caso. Tampouco é esse um fenômeno limitado a megalomaníacos ou narcisistas patológicos, e sim algo muito mais fundamental ao fato de ser humano: é a compreensível tendência a julgar tudo da perspectiva em que você está, de modo que as poucas mil semanas nas quais *você* inevitavelmente estará presente são percebidas como a chave da história, para as quais estava sempre levando todo o tempo anterior a elas. Esses julgamentos autocentrados são parte do que os psicólogos chamam de "viés de egocentricidade", e fazem sentido de um ponto de vista evolucionário. Se você tivesse um senso mais realista de sua própria absoluta irrelevância, considerando a escala de tempo do universo, provavelmente estaria menos motivado a lutar para sobreviver, e portanto a propagar seus genes.

Você poderia imaginar, além disso, que viver com uma percepção tão irrealista de sua própria importância histórica faria a vida parecer mais significativa, ao revestir cada ação sua de um sentimento de significância cósmica, embora não justificada. Mas o que realmente acontece é que essa superestimação de sua existência faz surgir uma definição irrealista do que significaria usar bem seu tempo finito. Coloca o sarrafo alto demais. Sugere que, para poder ser considerada "bem vivida", sua vida precisa envolver realizações profundamente impressionantes ou deveria deixar um impacto duradouro em gerações futuras — ou no mínimo teria que, nas palavras do filósofo Iddo Landau, ter "transcendido o comum e o mundano".[8] Claramente, ela não poderia ser apenas comum: afinal, se sua vida é tão significativa no esquema das coisas como você tende a acreditar que é, como poderia você *não* se sentir obrigado a fazer algo verdadeiramente notável com ela?

Essa é a mentalidade do magnata do Vale do Silício, determinado a "deixar uma marca no universo", do político obcecado em deixar um legado, do romancista que secretamente pensa que sua obra não vai valer nada a menos que alcance as alturas e a consagração de um Liev Tolstói. Menos óbvia, no entanto, é também a percepção implícita daqueles que taciturnamente concluem que sua vida é definitivamente sem significado, e que é melhor parar de esperar que pareça ser outra coisa. O que eles de fato querem dizer é que adotaram um padrão de significância ao qual praticamente ninguém jamais poderá se equiparar. "Nós não desaprovamos uma cadeira por ela não poder ser usada a fim de ferver água para uma boa xícara de chá",[9] assinala Landau: uma cadeira simplesmente não é o tipo de coisa que deveria ter a capacidade de ferver água, por isso não é um problema ela não fazer isso. E, da mesma forma, não é "plausível, para quase toda pessoa, exigir de si mesma que seja um Michelangelo, um Mozart, ou um Einstein... Só houve poucas dezenas de pessoas assim em toda a história da humanidade".[10] Em outras palavras, você quase certamente *não vai* deixar uma marca no universo. De fato, dependendo do rigor de seu critério, mesmo Steve Jobs, que cunhou essa expressão, não conseguiu deixar essa marca. Talvez o iPhone seja lembrado durante mais gerações do que será qualquer coisa que você ou eu jamais realizaremos; mas, a partir de uma visão realmente cósmica, ele logo será esquecido, como tudo o mais.

Não é de admirar que seja um alívio ser lembrado de sua insignificância: é a sensação de constatar que você tem tido a si mesmo, todo esse tempo, em padrões aos quais não pode, razoavelmente, esperar corresponder. E essa constatação não é meramente tranquilizante, e sim libertadora, porque, uma vez que você não mais esteja sob o fardo de uma definição tão irrealista de uma "vida bem vivida", estará livre para considerar a possibilidade de que uma variedade muito mais ampla de coisas poderia se qualificar como maneiras significativas de usar seu tempo finito. Você está livre também para considerar a possibilidade de que muitas das coisas que *já está* fazendo são mais significativas do que supunha — e que até agora você as tem, subconscientemente, subestimado, sob o fundamento de que não eram "significativas" o bastante.

A partir dessa nova perspectiva, torna-se possível ver que preparar refeições nutritivas para seus filhos poderia importar tanto quanto qualquer coisa poderia importar, mesmo que você não ganhe nenhum prêmio de culinária; ou que seu romance merece ser escrito se ele emocionar ou entreter um punhado de seus contemporâneos, mesmo você sabendo que não é um Tolstói. Ou que praticamente qualquer carreira poderia ser um modo digno de passar uma vida de trabalho se ela faz as coisas serem um pouco melhores para as pessoas às quais serve. Além disso, isso significa que, se o que aprendemos da experiência da pandemia do coronavírus foi ficarmos um pouco mais sintonizados às necessidades de nossos vizinhos, teremos aprendido algo valioso como resultado da "Grande Pausa", não importa quão longe a sociedade continua de uma total e radical transformação.

A terapia da insignificância cósmica é um convite a enfrentar a verdade sobre sua irrelevância no grande esquema de coisas, a abraçar isso, o máximo que puder. (Não é hilário, em retrospecto, que você sempre imaginou que as coisas poderiam ser diferentes?) Fazer verdadeiramente justiça à espantosa dádiva de alguns milhares de semanas não é uma questão de resolver fazer "algo notável" com elas. Na verdade, isso implica exatamente o oposto: recusar-se a associá-las a um padrão abstrato e demasiadamente exigente de notabilidade, em relação ao qual elas só poderão estar sempre deficientes, e em vez disso assumi-las à sua maneira, caindo fora de fantasias divinas de significância cósmica para experimentar a vida como concretamente, finitamente — e com bastante frequência, maravilhosamente —, ela de fato é.

14. A doença humana

A fantasia por trás de tantas de nossas preocupações relacionadas com o tempo é a que está encapsulada no título do livro a que aludi no primeiro capítulo: *Master Your Time, Master Your Life* [Comande seu tempo, comande sua vida], do guru de gestão do tempo Brian Tracy. O motivo pelo qual o tempo é percebido como uma luta é que estamos constantemente tentando domá-lo — colocando-nos numa posição de domínio e controle sobre o desenrolar de nossas vidas de modo a finalmente nos sentirmos salvos e seguros, e não mais vulneráveis aos acontecimentos.

Para alguns de nós, a luta manifesta-se como uma tentativa de nos tornarmos tão produtivos e eficientes que nunca mais teremos de experimentar a culpa de desapontar os outros ou nos preocuparmos em sermos demitidos por desempenho insuficiente; ou de modo a podermos evitar ter que enfrentar a perspectiva de morrer sem ter realizado nossas maiores ambições. Outras pessoas evitam totalmente começar projetos importantes ou embarcar em relacionamentos íntimos porque não conseguem suportar a ansiedade de ter se comprometido com algo que pode ou não funcionar bem na prática. Desperdiçamos nossas vidas reclamando de engarrafamentos e de criancinhas por cometerem a temeridade de tomarem o tempo que tomam, por serem lembretes claros de quão pouco controle realmente temos sobre nossos horários. E perseguimos a fantasia definitiva do domínio sobre o tempo — o desejo, no momento em que morremos, de ter verdadeiramente importado no esquema cósmico de coisas, em oposição a sermos instantaneamente pisoteados pelos éons que avançam.

Esse sonho de algum dia sair vitorioso em nosso relacionamento com o tempo é a mais perdoável das ilusões humanas, uma vez que a alternativa é tão inquietante. Porém, infelizmente, a alternativa é que é verdadeira: a luta está condenada ao fracasso. Por ser sua quantidade de tempo tão limitada, você nunca chegará à posição de comando de ser capaz de lidar com toda demanda que possa lhe ser atirada ou perseguir toda ambição que lhe parece importante; será obrigado, em vez disso, a fazer duras escolhas. E como você não é capaz de ditar, ou mesmo prever com exatidão, grande parte do que acontece com a porção finita de tempo que você *realmente* tem, nunca vai sentir que está seguramente no controle dos acontecimentos, imune ao sofrimento, firme e forte para o que der e vier.

A VIDA PROVISÓRIA

A verdade mais profunda por trás de tudo isso, contudo, pode ser encontrada na misteriosa sugestão de Heidegger de que nós não *arranjamos* ou *temos* tempo de forma alguma — e sim que nós *somos* tempo. Nós nunca obtemos o controle de nosso relacionamento com os momentos de nossa vida porque não somos nada a não ser esses momentos. "Dominá-los" implicaria primeiro sair deles, nos separarmos deles. Mas para onde iríamos? "O tempo é a substância da qual sou feito", escreve Jorge Luis Borges, "o tempo é um rio que me varre junto com ele, mas eu sou o rio; é um fogo que me consome, mas eu sou o fogo."[1] Não há como galgar a ribanceira do rio em busca de segurança quando o rio é você. E assim, insegurança e vulnerabilidade são o estado-padrão — porque, em cada um dos momentos em que você inescapavelmente está, tudo pode acontecer, desde um e-mail urgente que acaba com seus planos para aquela manhã até um luto que abala as fundações de seu mundo.

Uma vida passada com o foco em adquirir segurança no que tange ao tempo, quando na verdade essa segurança é inatingível, só pode, sempre, terminar parecendo provisória — como se a questão de você ter nascido ainda esteja no futuro, logo além do horizonte, e sua vida em toda a sua completude possa começar assim que conseguir isso, como na expressão de Arnold Bennett, "em condições adequadas de funcionamento". Depois que eu tiver me livrado das pendências, você diz a si mesmo; ou depois que tiver implementado um sistema melhor de organização pessoal, tirado o diploma, investido um número de anos suficiente em aprimorar seu ofício, ou de ter encontrado sua alma gêmea, tido filhos, ou quando os filhos saíram de casa, ou depois que chegar a revolução e se estabelecer a justiça social — é então que você finalmente se sente no controle, capaz de relaxar um pouco e de encontrar a verdadeira plenitude de um significado. Até então, a vida é necessariamente percebida como uma luta: às vezes uma luta empolgante, às vezes extenuante, mas sempre a serviço de algum momento de verdade que ainda está no futuro. Em 1970, Marie-Louise von Franz, a psicóloga suíça e estudiosa de contos de fadas, capturou a atmosfera sobrenatural de tal existência:

> Existem uma estranha atitude e um sentimento de que esse alguém *ainda não está* na vida real. Por enquanto ele está fazendo isto e aquilo, mas seja [um relacionamento com] uma mulher, ou um trabalho, *ainda não é* o que realmente queria, e há sempre a fantasia de que em algum momento no futuro a coisa real vai acontecer... A única coisa temida o tempo todo por esse tipo de homem é estar ligado a alguma coisa, seja o que for. É um medo terrível de ser fixado em algum lugar, de entrar completamente no espaço e no tempo, e de ser o humano único que ele é.[2]

"Entrar completamente no espaço e no tempo" — ou mesmo parcialmente, que pode ser o mais longe aonde qualquer um de nós chegará — significa admitir derrota. Significa deixar morrerem suas ilusões. Você tem que aceitar que sempre haverá coisas demais a fazer; que não pode evitar duras escolhas ou fazer o mundo correr na velocidade que você prefere; que nenhuma experiência e, menos que todas, os relacionamentos próximos com outros seres humanos jamais podem ter garantia antecipada de correr bem e sem sofrimento — e que, de um ponto de vista cósmico, quando tudo terminar, não terá sido grande coisa, de qualquer maneira.

E em troca de aceitar tudo isso? Você consegue realmente *estar* aqui. Consegue adquirir alguma coisa real na vida. Consegue passar seu tempo finito focado em algumas coisas que importam a você, por si mesmas, bem agora, neste momento. Talvez valha a pena deixar claro que nada disso é um argumento contra empreendimentos de longo prazo como se casar ou ter filhos, fundar organizações ou reformar sistemas políticos, e certamente não contra enfrentar a crise climática; essas estão entre as coisas que mais importam. Porém, é um argumento de que mesmo essas coisas só podem importar agora, em cada momento do trabalho envolvido, tendo ou não atingido o que o resto do mundo chama de fruição. Porque agora é tudo que você terá.

É tentador pensar que terminar ou ao menos aliviar a luta com o tempo também pode fazer você ficar *feliz*, na maior parte do tempo ou o tempo todo, mas não tenho motivo para imaginar que isso seja verdade. Nossas vidas finitas estão cheias de todos os dolorosos problemas da finitude, desde caixas de entrada abarrotadas até a morte, e confrontá-los não faz com que deixem de ser percebidos como problemas — ou não exatamente, de qualquer forma. A paz de espírito aqui em oferta é de uma ordem mais elevada: está no reconhecimento de que ser incapaz de escapar dos problemas da finitude não é, em si mesmo, um problema. A doença humana é frequentemente dolorosa, mas, como diz a professora zen Charlotte Joko Beck,[3] ela só é *insuportável* enquanto você estiver sob a impressão de que poderia haver uma cura. Aceite a inevitabilidade da aflição, e daí segue-se a liberdade: você é capaz de continuar vivo, afinal. A mesma constatação que me impactou naquele banco de parque no Brooklyn impactou o poeta francês Christian Bobin, como ele relembra, num momento semelhantemente mundano: "Eu estava descascando uma maçã vermelha do pomar quando de repente compreendi que a vida só me daria sempre uma série de problemas maravilhosamente insolúveis. Com esse pensamento, um oceano de paz profunda penetrou meu coração".[4]

CINCO PERGUNTAS

Para deixar tudo isso um pouco mais concreto, pode ser útil fazer as seguintes perguntas quanto a sua própria vida. Não importa se as respostas não vierem logo; a questão, como na famosa expressão de Rainer Maria Rilke, é "viver as perguntas".[5] Mesmo fazê-las com sinceridade já é ter começado a lidar com a realidade de sua situação e a obter o máximo de seu tempo limitado.

1. Onde, em sua vida ou em seu trabalho, você está atualmente buscando conforto, quando o que se precisa é de um pouco de desconforto?

Ir atrás de projetos de vida que mais lhe importam quase sempre implica *não* se sentir completamente no controle de seu tempo, imune aos dolorosos ataques de realidade, ou confiante quanto ao futuro. Significa embarcar em empreendimentos de risco que podem fracassar, talvez porque você sinta que lhe falta talento suficiente; significa arriscar constrangimentos, manter conversas difíceis, desapontar os outros, e entrar em relacionamentos tão profundos que um sofrimento adicional — quando coisas ruins acontecem à pessoa com quem você se importa — é quase garantido. E assim, nós naturalmente tendemos a tomar decisões sobre nosso uso diário do tempo que priorizem, em vez disso, evitação de ansiedade. Procrastinação, distração e fobia a compromissos, além de resolver pendências e assumir projetos demais de uma só vez, são maneiras de tentar manter a ilusão de que você está dando conta das coisas. De modo mais sutil, assim também é a preocupação compulsiva, que oferece sua própria sombria porém confortadora sensação de que você está fazendo algo construtivo ao tentar ficar no controle.

James Hollis recomenda perguntar, a cada decisão significativa na vida: "Esta escolha me diminui ou me engrandece?".[6] A questão contorna o impulso de tomar decisões como meio de aliviar a ansiedade e, em vez disso, ajuda você a fazer contato com suas intenções mais profundas em relação a seu tempo. Se está tentando decidir se deve deixar determinado emprego ou relacionamento, digamos, ou redobrar seu comprometimento, perguntar o que o deixaria mais feliz é provável que o atraia à opção mais confortável, ou então o deixe paralisado pela indecisão. Mas em geral você sabe, intuitivamente, se permanecer num relacionamento ou num emprego representaria o tipo de desafios que o ajudará a crescer como pessoa (engrandecimento) ou o tipo que fará sua alma murchar a cada semana que passa (apequenamento). Prefira um engrandecimento desconfortável a um confortável apequenamento sempre que puder.

2. Você está se agarrando a padrões de produtividade ou desempenho impossíveis de serem alcançados ou se julgando com base nesses padrões?

Um sintoma comum da fantasia de algum dia atingir total domínio do tempo é que estabelecemos para nós metas inerentemente impossíveis para o uso dele — metas que sempre têm que ser postergadas para o futuro, já que nunca podem ser alcançadas no presente. A verdade é que é impossível você se tornar tão eficiente e organizado a ponto de ser capaz de corresponder a um número ilimitado de exigências. Em geral, é igualmente impossível passar o que se percebe como "tempo bastante" em seu trabalho e com seus filhos, e em socialização, viagens ou envolvido em ativismo político. Mas há uma enganosa sensação de conforto em acreditar que você está no processo de construir uma vida assim, que agora isso deverá acontecer qualquer dia desses.

O que você hoje faria de diferente com seu tempo se soubesse, lá no fundo, que a salvação jamais virá — que seus padrões sempre foram inatingíveis, e que portanto você nunca conseguirá ter tempo para tudo que esperava poder fazer? Talvez fique tentado a objetar que seu caso é especial, que em sua situação particular você realmente *precisa* conseguir o impossível, no que concerne ao tempo, para evitar uma catástrofe. Por exemplo, talvez você tema ser demitido e perder sua renda se não der conta de sua impossível carga de trabalho. Porém, isso é um equívoco. Se o nível de desempenho que está exigindo de si mesmo for genuinamente impossível, então é impossível, mesmo na iminência de uma catástrofe — e enfrentar essa realidade só pode ajudar.

Existe uma espécie de crueldade, ressalta Iddo Landau, em se agarrar a padrões que ninguém jamais poderia alcançar (e os quais muitos de nós nunca sonhariam em exigir de outras pessoas).[7] A abordagem mais humana é largar esses esforços da melhor maneira que puder. Deixe que seus padrões impossíveis se espatifem no chão. Depois pegue dos destroços algumas tarefas significativas e as inicie ainda hoje.

3. De que modo você ainda tem que aceitar o fato de que você é quem é, não a pessoa que pensa que deveria ser?

Um modo muito parecido de postergar o confronto com a finitude — com a verdade angustiante que *é isso aí* — é tratar sua vida atual como parte de uma jornada em direção a se tornar o tipo de pessoa que você acredita que *deveria* ser tornar, aos olhos da sociedade, da religião, de seus pais, estejam ou não ainda vivos. Uma vez tendo adquirido seu direito de existir, você diz a si mesmo, a vida deixará de parecer tão incerta e fora de controle. Em tempos de crise política e ambiental, essa mentalidade com frequência toma a forma da crença de que nada é realmente digno de ser feito com seu tempo exceto enfrentar essas emergências de cabeça erguida, o tempo todo — e que você está totalmente certo ao se considerar culpado e egoísta por passar o tempo de outra maneira.

A busca por justificar sua existência aos olhos de alguma autoridade exterior pode se estender longamente na idade adulta. Mas "numa certa idade", escreve o psicoterapeuta Stephen Cope, "por fim nos ocorre que, chocantemente, ninguém realmente *se importa* com o que estamos fazendo com nossa vida. Essa é uma descoberta muito inquietante para aqueles de nós que vivemos a vida de alguma outra pessoa e renegamos a nossa própria: ninguém realmente se importa a não ser nós".[8] A tentativa de obter segurança justificando nossa existência, constata-se, foi tanto fútil quanto desnecessária esse tempo todo. Fútil porque a vida sempre parecerá ser incerta e fora de nosso controle. E desnecessária porque, em consequência, não há sentido em esperar para viver quando tiver obtido validação de outro alguém ou algo. A paz de espírito, e uma entusiasmante sensação de liberdade, vem não de se obter a validação, mas de se render à realidade de que, se você a obtivesse, isso não lhe traria segurança.

Estou convencido, de qualquer maneira, de que é a partir dessa posição, de *não* sentir que precisa ganhar suas semanas no planeta, que você pode fazer com elas o bem mais autêntico. Uma vez que não sinta mais a sufocante pressão para se tornar um tipo particular de pessoa, você pode confrontar a personalidade, as forças e fraquezas, os talentos e entusiasmos que descobrir em si mesmo, aqui e agora, e seguir até onde eles o levam. Talvez sua contribuição particular a um mundo que enfrenta múltiplas crises não seja primariamente passar seu tempo indo atrás de ativismo ou se afiliando a um partido, e sim cuidando de um familiar idoso, fazendo música ou trabalhando como um chef confeiteiro, como meu cunhado, um robusto sul-africano que você confundiria com um jogador de rúgbi, mas cujo trabalho envolve inventar intricadas estruturas de açúcar caramelizado e glacê de manteiga que detonam pequenas explosões de alegria em quem as recebe. A professora budista Susan Piver assinala que pode ser surpreendentemente radical e desconcertante, para muitos de nós, perguntar como gostaríamos de *aproveitar* nosso tempo.[9] Mas, no mínimo, você não deveria descartar a possibilidade de que a resposta a essa pergunta é uma indicação de como deveria usar melhor seu tempo.

4. Em que setores da vida você ainda está se mantendo parado até sentir que sabe o que está fazendo?

É fácil passar anos tratando sua vida como se fosse um ensaio geral, pela lógica segundo a qual o que você está fazendo, por enquanto, é adquirir as aptidões e a experiência que lhe permitirão assumir mais tarde o controle peremptório das coisas. Mas às vezes eu penso em minha jornada pela idade adulta até agora como uma caminhada na qual se descobre incrementalmente a verdade de que não existe instituição, nem caminhada de vida, em que todo mundo não esteja simplesmente improvisando, o tempo todo. Ao crescer, presumi que o jornal na mesa do café da manhã tinha que ser feito por pessoas que realmente soubessem o que estavam fazendo; então arranjei um emprego num jornal. Inconscientemente, transferi minhas suposições quanto a competência para outro lugar, inclusive para pessoas que trabalhavam no governo. Mas então conheci algumas pessoas que trabalhavam — e que admitiriam, depois de alguns drinques, que seus empregos envolviam cambalear de crise em crise, inventando políticas que soassem plausíveis, nos bancos traseiros de carros rumo às conferências de imprensa nas quais essas políticas seriam anunciadas. Mesmo assim, eu me descobri supondo que isso tudo poderia ser explicado como uma manifestação do orgulho perverso que o povo britânico às vezes sente por ser desajeitadamente medíocre. Depois me mudei para os Estados Unidos — onde, assim se revelou, todo mundo está improvisando também. Os desenvolvimentos políticos nos anos que transcorreram desde então só deixaram mais claro que as pessoas "no comando" não têm mais comando sobre o que acontece no mundo do que o resto de nós tem.

É alarmante enfrentar a perspectiva de que você talvez *nunca* sinta verdadeiramente que sabe o que está fazendo, no trabalho, no casamento, como progenitor ou como qualquer outra coisa. Mas é libertador também, porque isso remove a razão central de se sentir constrangido ou inibido quanto a seu desempenho nesses domínios no momento presente: se o sentimento de autoridade total nunca irá chegar, você poderia da mesma forma não esperar mais para se dedicar inteiramente a essas atividades — pôr em prática planos ousados, parar de ser cauteloso. É ainda mais libertador refletir que todos os outros estão no mesmo barco, estejam ou não conscientes disso.

5. *Como você passaria seus dias de modo diferente se não cuidasse tanto de ver suas ações resultarem em fruição?*

Uma derradeira manifestação comum do desejo de comandar o tempo vem da suposição silenciosa descrita no capítulo 8 como a catástrofe causal: a ideia de que o verdadeiro valor de como passamos nosso tempo é sempre e somente julgado pelos resultados. Dessa percepção se segue, muito naturalmente, que você deveria focar seu tempo nas atividades cujos resultados você espera estar ali para ver. Porém, em seu documentário *A Life's Work* [A obra de uma vida],[10] o diretor David Licata traça o perfil de pessoas que seguiram outro caminho, dedicando-se a projetos que quase com certeza não seriam completados durante seu tempo de vida — como o da equipe formada por pai e filho tentando catalogar cada árvore nas antigas florestas remanescentes do mundo e o da astrônoma em sua mesa no Instituto SETI, na Califórnia, depurando ondas de rádio para captar sinais de vida extraterrestre. Todos têm o brilho nos olhos das pessoas que sabem que estão fazendo coisas que importam e que adoram seu trabalho exatamente porque não precisam tentar convencer a si mesmas de que suas contribuições se mostrarão decisivas ou lhes proporcionarão fruição ainda enquanto estão vivas.

Entretanto, existe um sentido no qual todo trabalho — inclusive o de ser pai ou mãe, de criar comunidade, e tudo mais — tem essa qualidade de não ser completável durante nosso tempo de vida. Todas essas atividades sempre pertencem a um contexto temporal muito maior, com um valor definitivo que só será mensurável muito depois de termos ido embora (ou talvez nunca, já que o tempo se estende indefinidamente). E assim vale a pena perguntar: quais ações — que atos de generosidade ou de cuidado com o mundo, quais esquemas ambiciosos ou investimentos no futuro distante — poderiam ser significativas para começar a empreendê-las hoje, se você puder aceitar o fato de que nunca verá os resultados? Estamos todos na situação de pedreiros medievais, acrescentando mais alguns tijolos à catedral cujo fim da construção sabemos que nunca iremos ver. Mesmo assim, a catedral ainda é digna de ser construída.

A PRÓXIMA COISA MAIS NECESSÁRIA

Em 5 de dezembro de 1933, Carl Jung escreveu uma carta a uma correspondente, Frau V., respondendo a várias perguntas sobre a maneira apropriada de conduzir a vida, e sua resposta é boa para terminar este livro. "Querida Frau V.", começa Jung, "suas perguntas são irrespondíveis, porque você quer saber como viver. Uma pessoa vive como pode. Não existe um modo único, definido... Se é isso que você quer saber, melhor juntar-se à Igreja católica, onde eles lhe dirão o que é o quê."[11] Em contraste, o caminho individual "é o que você faz para você mesma, que nunca é prescrito, que você nunca conhece com antecedência, e que simplesmente passa a existir quando você põe um pé à frente do outro". Seu único conselho para percorrer esse caminho foi "fazer tranquilamente a próxima e mais necessária coisa. Enquanto você pensar que ainda não sabe que coisa é essa, você ainda tem dinheiro demais para gastar em especulação inútil. Mas, se você fizer com convicção a próxima e mais necessária coisa, estará sempre fazendo algo significativo e tencionado pelo destino". Uma versão modificada desse insight, "faça a próxima coisa certa", tornou-se o lema favorito dos Alcoólicos Anônimos, como um modo de prosseguir atravessando com sensatez momentos de crise aguda. Mas, na verdade, a "próxima e mais necessária coisa" é tudo que qualquer um de nós pode sempre aspirar fazer em qualquer momento. E temos que fazer isso apesar de não termos nenhum modo objetivo de ter certeza de qual seria a ação correta.

Felizmente, exatamente porque isso é tudo que você pode fazer, isso é também tudo que você sempre *tem* que fazer. Se for capaz de enfrentar a verdade quanto ao tempo dessa maneira — se pode penetrar mais completamente na condição de um ser humano limitado —, você alcançará os mais altos níveis de produtividade, realização, serviço e satisfação que desde o começo lhe estavam destinados. E a vida que você verá tomar forma de maneira crescente, no espelho retrovisor, será aquela que corresponde à única medida definitiva do que significa ter usado bem suas semanas: não quantas pessoas ajudou ou quantas coisas você fez; mas ter trabalhado dentro dos limites de seu momento na história e de seu tempo e talento finitos que você efetivamente aproveitou e usou para fazer — e, ao fazer, tornou a vida mais luminosa para o resto de nós — seja uma tarefa magnífica ou pequenas coisas estranhas, que foi para fazê-las que você veio até aqui.

Posfácio
Além da esperança

Só que há um problema: tudo está ferrado. Talvez você tenha percebido.

Um viajante no tempo de uma antiga civilização hindu não teria dificuldade em reconhecer nossa era como parte do Kali Yuga, a fase no ciclo da história na qual, segundo a mitologia hindu, tudo começa a se desenrolar: governos desmoronam, o meio ambiente colapsa e estranhos eventos climáticos proliferam, refugiados jorram atravessando fronteiras e doenças e ideologias dúbias espalham-se pelo mundo. (Muito disso vem quase que literalmente do Mahabharata, o épico sânscrito com 2 mil anos de idade, de modo que sua semelhança com minha linha de tempo no Twitter é ou coincidência, ou extremamente sinistra.) É verdade, como comentaristas mais otimistas gostam de nos lembrar, que as pessoas sempre acreditaram que estavam vivendo os tempos finais, e que muitas das notícias atuais são, na verdade, bem boas: mortalidade infantil, pobreza absoluta e desigualdade global estão caindo rapidamente, enquanto o letramento está subindo, e há menos probabilidade de você ser morto numa guerra. Ainda assim, os dias no Ártico com 34 graus de temperatura são reais também, assim como a pandemia do coronavírus, as queimadas épicas e os botes infláveis sobrecarregados de imigrantes desesperados. Para dizer o mais brandamente possível, é difícil permanecer totalmente confiante em que tudo vai ficar bem.

Por que focar na gestão do tempo numa época como esta? Poderia parecer o cúmulo da irrelevância. Mas, como tentei deixar claro, acho que é, sobretudo, uma consequência do foco equivocado da maioria dos conselhos sobre o assunto. Amplie um pouco sua perspectiva, e é óbvio que, em períodos de ansiedade, questões relativas ao tempo costumam adquirir uma renovada urgência: nosso sucesso ou fracasso ao responder aos desafios que enfrentamos vão depender inteiramente de como usamos as horas de que dispomos no dia. A expressão "gestão de tempo" poderia parecer tornar toda a coisa bem mundana. Mas acontece que uma vida mundana — no sentido daquela que tem que se desenrolar aqui e agora, neste exato momento — é tudo que temos para trabalhar.

Às vezes, há quem pergunte a Derrick Jensen, o ambientalista cofundador do grupo radical da Deep Green Resistance, como ele consegue ter esperança quando tudo parece tão sombrio.[1] Mas ele diz que não tem — e que acha que isso é bom. A esperança é tida como "nosso raio de luz no escuro", diz Jensen. Mas na realidade isso é uma maldição. *Ter esperança* em determinado resultado é depositar nossa fé em algo que está fora de nós, e fora do momento atual — o governo, por exemplo, Deus, a próxima geração de ativistas ou simplesmente "o futuro" —, para que, no fim, tudo fique bem. Como diz a monja budista americana Pema Chödrön, isso significa se relacionar com a vida acreditando que "sempre haverá uma babá disponível quando precisarmos de uma".[2] E às vezes essa atitude pode ser justificada: se eu me internar num hospital para uma cirurgia, por exemplo, eu simplesmente devo esperar que o cirurgião saiba o que está fazendo, pois nenhuma contribuição que eu possa dar pode fazer muita diferença. Mas, no resto do tempo, isso significa negar sua própria capacidade para mudar as coisas — o que, no contexto do campo de Jensen, o ativismo ambiental, significa render seus esforços às forças que você supostamente deveria combater.

"Muitas pessoas dizem que esperam que a cultura dominante pare de destruir o mundo", como assinala Jensen, mas, ao dizer isso, "elas assumiram que a destruição vai continuar, ao menos a curto prazo, e abdicaram de sua própria capacidade de participar para deter isso." Dar-nos esperança, em contraste, é reabitar o poder que você efetivamente tem. A essa altura, continua Jensen, "não temos mais que 'ter esperança'. Simplesmente temos que trabalhar. Garantir que o salmão sobreviva. Que nossos cães de pradaria sobrevivam. Que nossos ursos-cinzentos sobrevivam... Quando pararmos de ter esperança de que a terrível situação em que estamos se resolva por si só, quando pararmos de esperar que a situação de algum modo não piore, então estaremos livres — verdadeiramente livres — para começar honestamente a resolvê-la".

Você poderia pensar neste livro como um argumento ampliado para o potencial empoderador de desistir da esperança. Abraçar seus limites significa abrir mão da esperança de que, com as técnicas corretas e um pouco mais de esforço, você será capaz de atender às ilimitadas exigências de outras pessoas, realizar todas as suas ambições, destacar-se em qualquer papel ou dar a toda boa causa ou crise humanitária a atenção que ela parece merecer. Significa abrir mão da esperança de sempre sentir que está no controle de tudo, ou certo de que não vai deparar no caminho com experiências dolorosas. E significa abrir mão, tanto quanto possível, da esperança mestra que espreita por baixo de tudo isso, a esperança de que, de algum modo, isso não é realmente *isso* — é só um ensaio geral, e que um dia você estará totalmente confiante de que tem tudo de que precisa.

A chave para o que Chödrön chama de "pegar o jeito da desesperança" está em ver que as coisas *não* vão ficar bem. Na verdade, elas já não estão bem — em nível planetário e individual. O gelo no Ártico já está derretendo. A pandemia já matou milhões e arrasou a economia. A questão de quão mal qualificado se pode ser para a presidência dos Estados Unidos e ainda assim ir parar na Casa Branca já está definitivamente respondida. Milhares de espécies já desapareceram. Como disse uma mulher num artigo no *New York Times* sobre moradores urbanos aprendendo a sobreviver na floresta com carne de veado e bagas silvestres: "As pessoas dizem: 'Ah, quando o apocalipse chegar...'. Do que estão falando? Ele já está aqui".[3] O mundo já está destruído. E o que é verdadeiro para o estado da civilização é igualmente verdadeiro para a sua vida; sempre foi claro que você nunca viveria uma vida de perfeita realização ou segurança. E suas 4 mil semanas sempre estiveram se esgotando.

No entanto, isto é uma revelação: quando você começa a internalizar tudo isso, mesmo que só um pouco, o resultado não é desesperança, mas um impulso energizante de motivação. Você passa a ver que a terrível eventualidade contra a qual passou a vida subliminarmente tensionando seus músculos, porque ela seria chocante demais para experimentar, já aconteceu — e você ainda está aí, ainda vivo, ao menos por enquanto. "Abandonar a esperança é uma afirmação, o começo do começo", diz Chödrön.[4] Você constata que nunca precisou realmente do sentimento de completa segurança que antes estava tão desesperado para alcançar. Isso é uma libertação. Quando você deixar de precisar convencer a si mesmo de que o mundo não está cheio de incerteza e tragédia, está livre para se concentrar em fazer o que pode para ajudar. E, uma vez que não precisa mais convencer a si mesmo de que fará tudo que precisa ser feito, está livre para se focar em fazer algumas poucas coisas que realmente contam.

Outro modo de afirmar que abrir mão da esperança não vai matar você, como ressalta Jensen, é que, num certo sentido, isso mata você, sim. Mata a versão de você que é movida pelo medo, que persegue o controle, dominada pelo ego — a versão que se incomoda imensamente com o que os outros pensam de você, que não quer desapontar ninguém nem pisar muito fora da linha, para que as pessoas encarregadas não achem um modo de puni-lo por isso mais tarde. Você descobre, escreve Jensen, que "o você civilizado morreu. O você moldado, manufaturado, fabricado, estampado morreu. A vítima morreu". E o "você" que permanece está mais vivo do que antes. Mais pronto para a ação, mas também mais alegre, porque ocorre que, quando você está aberto o bastante para confrontar como as coisas são realmente, está aberto o bastante para deixar todas as coisas boas entrarem mais completamente também, à sua maneira, em vez de tentar usá-las para reforçar sua necessidade de saber que tudo vai acabar bem. Você passa a apreciar a vida no espírito brincalhão de George Orwell, num passeio pela Londres arrasada pela guerra, em 1946, observando pequenos gaviões mergulhando acima das escuras sombras de um gasômetro e girinos dançando em poças à beira da rua, escrevendo depois sobre a experiência: "A primavera está aqui, até mesmo em Londres N1, e eles não podem impedi-lo de aproveitar isso".[5]

A duração média da vida humana é absurdamente, terrivelmente, insultantemente curta. Mas isso não é motivo para um incessante desespero ou para viver num pânico cheio de ansiedade para aproveitar o máximo de seu tempo limitado. É causa para um alívio. Você tem que abrir mão de algo que sempre foi impossível — a busca por se tornar a otimizada, infinitamente capaz, emocionalmente invencível, totalmente independente pessoa que, oficialmente, supunha ser. Então você arregaça as mangas e começa a trabalhar no que, em vez isso, é gloriosamente possível.

Apêndice
Dez ferramentas para abraçar sua finitude

Neste livro, defendi a ideia de abraçar a verdade sobre seu tempo limitado e seu controle limitado sobre esse tempo — não simplesmente porque essa é a verdade, e por isso você deveria também enfrentá-la, mas porque fazer isso é ativamente empoderador. Ao entrar mais plenamente na realidade como ela de fato é, você consegue realizar mais daquilo que de fato importa e se sente mais realizado quanto a isso. Aqui, em acréscimo às sugestões ao longo do texto, estão mais dez técnicas para implementar essa filosofia de abraçar a limitação na vida diária.

1. Adote uma abordagem de "volume fixo" de produtividade.

Muitos conselhos sobre como fazer as coisas até o fim prometem implicitamente ajudá-lo a fazer com que *tudo* que é importante seja completado — mas isso é impossível, e lutar para conseguir isso só vai deixá-lo mais atarefado (veja o capítulo 2). Melhor começar da suposição de que escolhas difíceis são inevitáveis e se focar em fazê-las conscientemente também. Qualquer estratégia para limitar seu trabalho ora em andamento vai ajudar aqui (p. 65), mas talvez o mais simples seja **manter duas listas de coisas a fazer, uma "aberta" e outra "fechada"**. A lista aberta é para tudo que está por fazer, e sem dúvida será um pesadelo de tão longa. Felizmente, não é tarefa sua atacá-la: em vez disso, passe tarefas da lista aberta para a lista fechada — isto é, uma lista com um número fixo de itens, dez no máximo. A regra é que você não pode acrescentar uma nova tarefa até ter completado uma. (Você pode também requerer uma terceira lista, para tarefas que estão "em suspenso" até alguém devolvê-las.) Você nunca vai terminar as tarefas da lista aberta — mas nunca iria mesmo, seja como for, e pelo menos desse modo você completará muitas coisas às quais genuinamente dá importância.

Uma estratégia complementar é estabelecer **limites predeterminados de tempo para seu trabalho diário.** Em qualquer medida que sua atual situação no emprego permite, decida antecipadamente quanto tempo vai dedicar ao trabalho — você poderia resolver começar às oito e meia da manhã e terminar não depois das cinco e meia da tarde, digamos — em seguida tome todas as outras decisões relativas ao tempo à luz desses limites predeterminados. "Você pode preencher qualquer número arbitrário de horas com o que lhe pareça ser um trabalho produtivo", escreve Cal Newport, que explora essa abordagem em seu livro *Deep Work*.[1] Porém, se seu objetivo primário é fazer o que é necessário para terminar às cinco e meia, estará consciente das limitações de seu tempo, e mais motivado para usá-lo sensatamente.

2. Serialize, serialize, serialize

Seguindo a mesma lógica, **concentre-se num grande projeto de cada vez** (ou, no máximo, num projeto de trabalho e num projeto que não seja de trabalho) e complete-o antes de passar para o que vem em seguida. É sedutor tentar aliviar a ansiedade de ter muitas responsabilidades ou ambições começando com elas todas de uma vez, mas você fará pouco progresso dessa maneira; em vez disso, treine-se a ser cada vez melhor em *tolerar* essa ansiedade, postergando conscientemente tudo que puder, com exceção de uma única coisa. Logo, a satisfação de completar projetos importantes fará com que a ansiedade pareça valer a pena — e, como estará completando cada vez mais desses projetos, terá menos motivos para se sentir ansioso por isso. Naturalmente, não será possível postergar absolutamente tudo — você não pode parar de pagar suas contas, de responder a e-mails ou de levar as crianças para a escola —, mas essa atitude vai assegurar que as únicas tarefas que você não posterga quando lida com seu atual punhado de grandes projetos são as verdadeiramente essenciais, e não aquelas em que você mergulha somente para aplacar sua ansiedade.

3. Decida antecipadamente em que fracassar

Você inevitavelmente vai acabar não conseguindo realizar algo, simplesmente porque seu tempo e sua energia são finitos. Mas o grande benefício de um **baixo desempenho estratégico** — isto é, nomear antecipadamente áreas inteiras da vida nas quais você não espera excelência de si mesmo — é que você foca esse tempo e essa energia de modo mais eficaz. E não vai ficar consternado quando fracassar naquilo em que, o tempo todo, planejou fracassar. "Quando não é capaz de fazer tudo, você fica envergonhado e desiste", observa o autor Jon Acuff, mas, quando "decide antecipadamente quais são as coisas que vai bombardear... você remove o ferrão da vergonha."[2] Um gramado malcuidado ou uma cozinha em desordem são menos perturbadores quando você pré-seleciona "cuidar da grama" ou "arrumar a cozinha" como objetivos aos quais vai dedicar zero energia.

Quanto a serializar seus projetos, haverá muitos que você não poderá optar por "bombardear" se tem que ganhar a vida, manter-se saudável, ser um parceiro e progenitor decente etc. Mas, mesmo nesses domínios essenciais, há campo para **fracassar numa base cíclica**: ter como objetivo fazer o mínimo possível no trabalho durante os próximos dois meses, por exemplo, enquanto se concentra em seus filhos, ou deixar suas metas na malhação temporariamente suspensas enquanto se dedica a uma campanha eleitoral. Depois dirija suas energias ao que quer que esteja negligenciando. Viver dessa maneira é substituir a busca em alta pressão por "equilíbrio trabalho-vida" por uma forma consciente de *de*sequilíbrio, suportado por sua confiança em que os papéis nos quais seu desempenho é baixo agora terão em breve seu momento à luz dos refletores.

4. Foque-se no que você já completou, não só no que resta para completar

Uma vez que a busca por ter todas as coisas feitas é interminável por definição (pp. 39-42), é fácil ficar desanimado e se autocensurando: você não consegue se sentir bem consigo mesmo até tudo estar terminado — mas nunca estará terminado, assim nunca irá se sentir bem consigo mesmo. Parte do problema aqui é uma inútil suposição de que você começa toda manhã numa espécie de "débito de produtividade", que tem que se esforçar para saldar mediante trabalho duro, na esperança de que poderá chegar ao equilíbrio zero ao anoitecer. Como contraestratégia, **mantenha uma "lista do que está feito"**, que começa vazia no início da manhã e que você vai preenchendo gradualmente com tudo que consegue completar durante o dia. Cada entrada é outro alentador lembrete de que você *poderia*, afinal, ter passado os dias não fazendo nada que fosse remotamente construtivo — e veja o que você fez, em vez disso! (Se você está num sério atoleiro psicológico, baixe o sarrafo para o que será considerado uma realização: ninguém mais precisa saber que você acrescentou "dentes escovados" ou "café pronto" à lista.) Mas isso não é um mero exercício de consolação: há uma boa evidência do poder motivador de "pequenas vitórias",[3] de modo que uma provável consequência de comemorar suas pequenas conquistas dessa maneira é que você vai conseguir mais delas, e não tão pequenas, além disso.

5. Consolide sua dedicação a causas

A mídia social é uma máquina gigante para fazer você passar seu tempo cuidando das coisas erradas (pp. 79-82), mas, pelo mesmo motivo, é também a máquina para fazer você cuidar de coisas *demais*, mesmo que indiscutivelmente valham a pena. Estamos expostos, hoje, a um infindável fluir de atrocidades e injustiças — cada uma das quais poderia reivindicar corretamente nosso tempo e nossas doações para caridade, mas que, em seu total, são mais do que aquilo com que qualquer humano poderia efetivamente arcar. (Pior, a lógica da economia da atenção obriga os ativistas a apresentarem qualquer crise da qual estejam cuidando como a mais singularmente urgente. Nenhuma organização moderna de angariação de fundos sonharia em descrever sua causa como a quarta ou quinta mais importante do momento.)

Uma vez tendo você captado o mecanismo que opera aqui, fica mais fácil **escolher conscientemente suas batalhas na caridade, no ativismo e na política**: decidir que *seu* tempo livre, nos próximos dois anos, será passado fazendo lobby para a reforma de prisões e ajudando um banco de alimentos — não porque queimadas na Amazônia ou o destino dos refugiados não importem, mas porque você compreende que, para fazer alguma diferença, tem que focar sua capacidade finita de se dedicar a uma causa.

6. Abrace uma tecnologia maçante e de propósito único

Distrações digitais são tão sedutoras porque parecem oferecer a oportunidade de escapar para um reino onde não cabem dolorosas limitações humanas: você nunca precisa se sentir entediado ou constrangido em sua liberdade de ação, o que não é o caso quando se trata de um trabalho que importa (pp. 85-8). Você pode combater esse problema fazendo seus dispositivos serem tediosos — primeiro, removendo aplicativos de mídia social, até mesmo e-mail, se tiver essa ousadia, e depois **mudando a tela colorida para escalas de cinza.** "Após passar para a escala de cinza, não sou subitamente uma pessoa diferente, mas sinto que controlo mais meu telefone, que agora parece ser um instrumento, e não um brinquedo", escreve a jornalista de tecnologia Nellie Bowles, no *New York Times*.[4] Enquanto isso, ao máximo possível, **escolha dispositivos que têm apenas um propósito**, como o leitor de ebooks Kindle, no qual é maçante e desajeitado fazer qualquer coisa a não ser ler. Se um streaming de música ou uma mídia social espreitam à distância de apenas um clique ou um toque dos dedos, será impossível resistir quando surgir o primeiro sinal de tédio ou dificuldade na atividade na qual você está tentando se focar.

7. Busque novidade no mundano

Constata-se que pode haver um modo de perder, ou mesmo reverter, a desanimadora maneira pela qual o tempo parece acelerar quando envelhecemos, de modo que, quanto menos semanas nos restam, mais depressa parece que as estamos perdendo (p. 14). A explicação mais provável para esse fenômeno é que nosso cérebro codifica a passagem dos anos com base em quanta informação processamos em qualquer dado intervalo. A infância envolve muitas experiências novas, assim as lembramos como tendo durado para sempre; mas, quando ficamos mais velhos, a vida fica rotinizada — ficamos ligados aos mesmos poucos lugares de residência, aos mesmos poucos relacionamentos e empregos —, e a novidade se dissipa. "À medida que cada ano que passa converte... experiência em rotina automática", escreveu William James, logo "os dias e as semanas suavizam-se na lembrança em inúmeras unidades, e os anos se esvaziam e colapsam."[5]

O conselho-padrão para se contrapor a isso é abarrotar sua vida com experiências novas, e isso funciona, mas também piora outro problema, a "sobrecarga existencial" (pp. 42-4). Além disso, é impraticável: se você tem um emprego ou filhos, grande parte da vida terá necessariamente que ser alguma rotina, e as oportunidades para uma viagem exótica podem ser limitadas. Uma alternativa, explica Shinzen Young, é **prestar mais atenção em todo momento, mesmo que mundano:** encontrar novidade não apenas em fazer coisas radicalmente diferentes, mas mergulhando mais profundamente na vida que você já tem. Experimente viver com o dobro da intensidade usual, e "sua experiência de vida será *duas vezes mais plena* do que é atualmente"[6] —, e qualquer período de vida será lembrado como tendo durado duas vezes mais. A meditação ajuda nesse caso, mas também ajuda fazer passeios não planejados para ver aonde eles o levam, usando um percurso diferente para ir ao trabalho, tirando fotos, observando pássaros, desenhando ou escrevendo sobre a natureza, brincando de "I Spy"* com uma criança: qualquer coisa que atraia sua atenção mais plenamente do que aquilo que você está fazendo atualmente.

8. Seja um "pesquisador" em relacionamentos

O desejo de se sentir seguro no controle de como nosso tempo se desenrola causa numerosos problemas em relacionamentos, nos quais se manifesta não somente num comportamento abertamente "controlador", mas em fobia de compromisso, incapacidade de prestar atenção, tédio e o desejo de tanta soberania pessoal sobre seu tempo que você acaba perdendo experiências enriquecedoras da vida em comum (capítulo 12). Uma abordagem útil para afrouxar seu agarramento ao tempo vem do especialista em educação pré-escolar Tom Hobson, embora, ele assinala, seu valor dificilmente se limite a interações com crianças pequenas: quando diante de um momento desafiador ou entediante, tente **deliberadamente adotar uma atitude de curiosidade**, na qual seu objetivo não é obter qualquer resultado particular ou explicar com sucesso qual é sua posição, mas, como diz Hobson, "imaginar quem é esse

* Brincadeira na qual o "espião" anuncia: "Estou espionando [aqui em volta] uma coisa que começa com a letra X", e o(s) outro(s) têm que adivinhar do que se trata. (N. T.)

ser humano com o qual estamos".[7] Curiosidade é uma postura bem adequada à inerente imprevisibilidade da vida com outros, porque pode ser satisfeita com o comportamento deles de maneiras das quais você pode gostar ou não — enquanto a postura de exigir certo resultado é frustrada cada vez que as coisas deixam de seguir o modo que você quer.

De fato, você poderia tentar adotar essa atitude em relação a tudo, como a escritora de autoajuda Susan Jeffers sugere em seu livro *Embracing Uncertainty* [Abraçando a incerteza].[8] Não saber o que vem em seguida — que é a situação em que você sempre está em relação ao futuro — representa uma oportunidade ideal para preferir a curiosidade (*perguntando-se* o que poderia acontecer em seguida) à preocupação (*esperando* que algo determinado e específico aconteça em seguida, e temendo que não) sempre que puder.

9. Cultive a generosidade instantânea

Estou trabalhando definitivamente o hábito proposto (e praticado) pelo professor de meditação Joseph Goldstein: sempre que um impulso generoso surgir em sua mente — para doar dinheiro, visitar um amigo, enviar um e-mail elogiando algum trabalho —, **aja sob esse impulso imediatamente**, em vez de postergá-lo. Quando deixamos de agir sob esses impulsos, raramente é porque estamos mal-intencionados ou porque temos outras ideias quanto a se o futuro beneficiário mereça isso. Mais frequentemente, é devido a alguma atitude oriunda de nossos esforços para nos sentirmos no controle de nosso tempo. Dizemos a nós mesmos que voltaremos a isso quando nosso trabalho urgente estiver fora do caminho, ou quando tivermos bastante tempo livre para fazer isso realmente bem; ou que primeiro temos que pesquisar mais quem serão os melhores beneficiários de nossas doações antes de fazermos qualquer uma etc. Mas as únicas doações que contam são as que você efetivamente se mexe para fazer. E enquanto seu colega talvez apreciasse uma mensagem bem redigida de elogio mais do que uma escrita apressadamente, esta última é preferível considerando o que é de fato mais provável de acontecer se você adiar, que é você nunca se dispor a enviar essa mensagem. Tudo isso exige algum esforço inicial, mas, como observa Goldstein, as recompensas mais egoístas são imediatas, porque uma ação generosa, confiavelmente, o fará se sentir muito feliz.

10. Pratique *fazer nada*

"Eu descobri que toda a infelicidade dos homens surge de um único fato, o de que eles não conseguem ficar tranquilos em seu próprio quarto", escreveu Blaise Pascal.[9] Quando se trata do desafio de usar bem suas 4 mil semanas, a capacidade de fazer nada é indispensável, porque, se você não é capaz de aguentar o desconforto de *não* agir, é muito mais provável que faça escolhas ruins com seu tempo simplesmente para se sentir como se estivesse agindo — escolhas tais como tentar, cheio de estresse, apressar atividades que não deveriam ser apressadas (capítulo 10) ou sentir que deveria passar todo momento sendo produtivo a serviço de futuros objetivos, postergando assim sua realização para um tempo que nunca chegará (capítulo 8).

Tecnicamente, é impossível fazer nada completamente: enquanto estiver vivo, você está sempre respirando, adotando alguma postura física, e assim por diante. Então, treinar você para "fazer nada" significa realmente treiná-lo para resistir ao impulso de manipular sua experiência ou as pessoas e coisas que o cercam no mundo — deixar as coisas ficarem como estão. Young ensina **meditação "Fazer nada"**, para a qual as instruções são simplesmente regular um timer, no início talvez para apenas cinco ou dez minutos; sentar-se numa cadeira; e parar de tentar fazer qualquer coisa. Toda vez que notar que está fazendo alguma coisa — inclusive pensando, focando-se em sua respiração, ou qualquer outra coisa —, pare de fazer isso. (Se notar que está se criticando interiormente por fazer coisas, bem, isso também é um pensamento, então pare de fazer isso também.). Fique parado até o timer desligar. "Nada é mais difícil de fazer do que nada", observa a autora e artista Jenny Odell,[10] mas tornar-se melhor nisso é começar a retomar sua autonomia — parar de ficar motivado pela tentativa de se evadir de como a realidade parece ser aqui e agora, se acalmar, e fazer melhores escolhas em seu breve quinhão de vida.

Agradecimentos

Este livro levou o tempo que precisava levar para ser escrito. Sinto-me tremendamente agradecido a todos que permitiram isso, e que lhe deram forma em muitos e inestimáveis aspectos ao longo do caminho. E aqui perdoo todos os amigos que acharam que seria engraçado salientar como um livro sobre a finitude do tempo estava consumindo tanto desse tempo. (E *foi* engraçado, digamos assim, nas primeiras vezes...)

Este projeto chegaria exatamente a lugar nenhum não fosse Tina Bennett, agente extraordinária, a quem agradeço por sua orientação especializada e por seu inabalável apoio, e por muitos insights que estão inseridos neste livro. Tive também a extrema fortuna de trabalhar com Tracy Fisher na William Morris, junto com sua colega em Londres, Matilda Forbes Watson. Entre as inúmeras pessoas na FSG a quem sou grato, mencionarei aqui especialmente meu editor Eric Chinski, que (além de demonstrar enorme paciência) aprimorou muito o texto e me estimulou a ser muito mais claro em minhas ideias; e Julia Ringo, por cuidar das etapas posteriores da editoração com tanta proficiência. Muitos agradecimentos a Lottchen Shivers e seus colegas no departamento de publicidade, e a Judy Kiviat, Maureen Klier, Christine Paik e Chris Peterson. Stuart Williams, no The Bodley Head, contribuiu com indispensáveis comentários editoriais. O fato de tanto desse tempo e atenção ter sido ofertado quando escolas e escritórios estavam fechados como resultado da pandemia do coronavírus só aumenta minha apreciação e gratidão.

Primeiro, explorei muitos dos tópicos discutidos aqui em outros locais, trabalhando com pessoas talentosas, como Melissa Denes, Paul Laity, Ruth Lewy, Jonathan Shainin, e David Wolf no *The Guardian*; Zan Boag na *New Philosopher*; e Peter McManus, na BBC. Conversas com Lila Cecil, Jon Krop, Robin Parmiter e Rachel Sherman foram cruciais para que essas ideias tomassem a forma de um livro. As seguintes pessoas também contribuíram generosamente com sua sabedoria no decurso de minha pesquisa: Jessica Abel, Jim Benson, Stephanie Brown, Carl Cederström, James Hollis, Derrick Jensen, o falecido Robert Levine, Geoff Lye, Antina von Schnitzler, María Martinón Torres, Jennifer Roberts, Michael Taft, Rebecca Wragg Sykes, e Shinzen Young. Ashley Tuttle forneceu um maravilhoso lugar onde trabalhar num momento crítico, e tive sorte, uma vez mais, por escrever muito do restante deste livro na Brooklyn Creative League, onde Neil Carson e Erin Carney estabeleceram uma comunidade cálida e solidária. Sou muito grato também pela amizade e pelas conversas de Kenneth Folk e Maxon McDowell.

Cruzei um limiar temporal enquanto escrevia este livro: o tempo em que conheço Emma Brockes passou a ser maior em minha vida do que o tempo em que não a conhecia. Estou muito contente com isso, e pelo fato de que nossos filhos agora são amigos. Muitas conversas com ela, algumas sobre questões cruciais, entraram neste livro. Profundos agradecimentos a meus pais, Steven Burkeman e Jane Gibbins; meus amigos de York; minha irmã, Hanna, junto com Alton, Layla, e Ethan; Jeremy, Julia, Mari, e Merope Mills; June Chaplin; e a família Crawford-Montandon.

Por mais sentenças que eu escreva, não farão justiça ao papel de Heather Chaplin em minha vida, mas permitam-me dizer aqui, assim mesmo, quão ridiculamente grato sou por seu amor, sua parceria, seu humor e sua integridade, e pelos muitos sacrifícios que fez por este livro. Nosso filho, Rowan, chegou não muito depois que comecei a trabalhar nele. Seria uma descaracterização (digamos assim) sugerir que isso ajudou a acelerar o processo de completar o livro, mas a experiência transformadora de vir a conhecê-lo está certamente refletida nestas páginas. Amor sem limites para vocês dois.

Minha querida avó Erica Bukerman, cuja partida, na infância, da Alemanha nazista eu descrevi no capítulo 7, morreu em 2019, aos 96 anos. Não sei se ela iria ler este livro, mas sem dúvida contaria a todos os seus conhecidos que eu o tinha escrito.

Notas

INTRODUÇÃO: A LONGO PRAZO, ESTAREMOS TODOS MORTOS
[pp. 11-9]

1. Duas décadas depois de Jeanne Calment morrer, dois pesquisadores russos fizeram a chocante alegação de que "Jeanne" era na verdade Yvonne, filha de Jeanne, que tinha assumido a identidade da mãe após sua morte, anos antes. Para o relato definitivo da controvérsia — agora amplamente resolvida em favor da versão original dos acontecimentos —, veja Lauren Collins, "Living Proof", *New Yorker*, 17 e 24 fev. 2020.

2. Por exemplo, Bryan Hughes e Siegfried Hekimi, "Many Possible Maximum Lifestyle Trajectories", *Nature*, v. 546, pp. E8-E9, 2017.

3. Seneca, "De Brevitate Vitae", em *Moral Essays*, v. 2, trad. John W. Basore (Cambridge, MA: Loeb Classical Library, 1932), p. 287.

4. Thomas Nagel, "The Absurd", *Journal of Philosophy*, v. 68, n. 20, pp. 716-27, 1971.

5. Veja Jonathan Gershuny, "Busyness as the Badge of Honor for the New Superordinate Working Class", *Social Research*, v. 72, pp. 287-315, 2005.

6. Anina Vercruyssen et al., "The Effect of Busyness on Survey Participation: Being Too Busy or Feeling Too Busy to Cooperate?", *International Journal of Social Research Methodology*, v. 17, pp. 357-71, 2014.

7. Veja James Williams, *Stand Out of Our Light: Freedom and Resistance in the Attention Economy* (Cambridge: Cambridge University Press, 2018).

8. Fredrick Matzner, citado em Matt Simon, "Why Life During a Pandemic Feels So Surreal", *Wired*, 31 mar. 2020. Disponível em: <www.wired.com/story/why-life-during-a-pandemic-feels-so-surreal/>.

9. Edward T. Hall, *The Dance of Life: The Other Dimension of Time*. Nova York: Anchor, 1983, p. 84.

10. Malcolm Harris, *Kids These Days: The Making of Millennials*. Nova York: Back Bay, 2018, p. 76.

11. David Allen, *Getting Things Done: The Art of Stress-Free Productivity*. Nova York: Penguin, 2015, p. 3.

12. Ibid., p. 11.

13. "Economic Possibilities for Our Grandchildren", 1930, baixado de <www.econ.yale.edu/smith/econ116a/keynes1.pdf>.

14. Charles Eisenstein, *The More Beautiful World Our Hearts Know Is Possible*. Berkeley, CA: North Atlantic Books, 2013, p. 2.

15. Marilynne Robinson, *The Givenness of Things: Essays*. Nova York: Farrar, Straus and Giroux, 2015, p. 4.

1. A VIDA ABRAÇANDO O LIMITE [pp. 23-36]

1. Veja Ángel Sánchez-Crespo, "Killer in the Rye: St. Anthony's Fire", *National Geographic*, 27 nov. 2018. Disponível em: <www.nationalgeographic.com/history/magazine/2018/11–12/ergotism-infections-medieval-europe/>.

2. Lewis Mumford, *Technics and Civilization*. Chicago: University of Chicago Press, 2010, p. 15.

3. E. P. Thompson, "Time, Work-Discipline, and Industrial Capitalism", *Past and Present*, n. 38, p. 81, 1967..

4. Richard Rohr, "Living in Deep Time", *On Being* podcast. Disponível em: <https://www.wnyc.org/story/richard-rohr--living-in-deep-time/>.

5. Gary Eberle, *Sacred Time and the Search for Meaning*. Boston: Shambhala, 2002, p. 7.

6. Ibid, p. 8.

7. Carl Jung, *Memories, Dreams, Reflections*. Nova York: Vintage, 1989, p. 25.

8. Thompson, "Time, WorkDiscipline, and Industrial Capitalism", op. cit., 81.

9. Friedrich Nietzsche, *The Gay Science*. Nova York: Vintage, 1974, p. 259.

10. É o de Brian Tracy, *Master Your Time, Master Your Life: The Breakthrough System to Get More Results, Faster, in Every Area of Your Life* (Nova York: TarcherPerigee, 2016).

11. Mumford, *Technics and Civilization*, op. cit., 14.

12. Bruce Tift, *Already Free: Buddhism Meets Psychotherapy on the Path of Liberation*. Boulder: Sounds True, 2015, p. 152.

13. Friedrich Nietzsche, *Untimely Meditations*. Cambridge: Cambridge University Press, 1997, p. 158.

14. Morten Svenstrup, *Towards a New Time Culture*, trad. Peter Holm-Jensen. Copenhague: Author, 2013, p. 8.

15. Anne Helen Petersen, "How Millennials Became the Burnout Generation", BuzzFeed, 5 jan. 2019. Disponível em: <www.buzzfeednews.com/article/annehelenpetersen/millennials-burnout-generation-debt-work>.

16. Charles Garfield Lott Du Cann, *Teach Yourself to Live*. Londres: Teach Yourself, 2017, loc. 107 of 2101, Kindle.

2. A ARMADILHA DA EFICIÊNCIA [pp. 37-51]

1. Sobre o modo como a "pobreza de tempo" e a "pobreza econômica" interagem, veja, por exemplo, Andrew S. Harvey e Arun K. Mukhopadhyay, "When Twenty-Four Hours Is Not Enough: Time Poverty of Working Parents", *Social Indicators Research*, v. 82, n. 1, pp. 57-77, 2007. Mas, para sentimentos de (e reclamações quanto a) negócios, que são atualmente piores entre os que ganham mais, veja Daniel Hammermesh, *Spending Time: The Most Valuable Resource* (Nova York: Oxford University Press, 2018).
2. Daniel Markovits, "How Life Became na Endless, Terrible Competition", *The Atlantic*, set. 2019. Disponível em: <www.theatlantic.com/magazine/archive/2019/09/meritocracys-miserable-winners/594760/>.
3. Todas as citações de *How to Live on 24 Hours a Day* são da transcrição não diagramada do Projeto Gutenberg. Disponível em: <www.gutenberg.org/files/2274/2274-h/2274-h.htm>.
4. Ruth Schwartz Cowan, "The Invention of Housework: The Early Stages of Industrialization", em *More Work for Mother: The Ironies of Household Technology from the Open Hearth to the Microwave* (Londres: Free Association, 1989), pp. 40-68.
5. C. Northcote Parkinson, "Parkinson's Law", *The Economist*, 19 nov. 1955. Disponível em: <www.economist.com/news/1955/11/19/parkinsons-law>.
6. Hartmut Rosa, *Social Acceleration: A New Theory of Modernity*. Trad. Jonathan Trejo-Mathys. Nova York: Columbia University Press, 2015.
7. Jonathan TrejoMathys, "Translator's Introduction", em Rosa, *Social Acceleration*, op. cit., p. xxi.
8. Jim Benson, comunicação pessoal.
9. Alexis Ohanian, *Without Their Permission: How the 21st Century Will Be Made, Not Managed*. Nova York: Business Plus, 2013, p. 159.
10. Tim Wu, "The Tyranny of Convenience", *New York Times*, 18 fev. 2018.
11. Sylvia Keesmaat, "Musings on an Inefficient Life", *Topology*, 16 mar. 2017. Disponível em: <www.topologymagazine.org/essay/throwback/musings-on-an-inefficient-life/>.
12. Ibid.

3. ENFRENTANDO A FINITUDE [pp. 52-61]

1. Martin Heidegger, *Being and Time*. Trad. John Macquarrie e Edward Robinson. Oxford: Blackweel, 1962, p. 227 passim.
2. Ibid., p. 139.
3. Ibid. p. 295.
4. Martin Heidegger, citado em Richard Polt, *Heidegger: An Introduction*. Ithaca, NY: Cornell University Press, 1999, p. 1.
5. Sarah Bakewell, *At the Existentialist Café: Freedom, Being, and Apricot Cocktails*. Nova York: Other Press, 2016, p. 51.
6. Martin Hägglund, *This Life: Why Mortality Makes Us Free*. Londres: Profile, 2019, p. 5.
7. Citado em Hägglund, *This Life*, op. cit., p. 4.
8. Marion Coutts, *The Iceberg: A Memoir*. Nova York: Black Cat, 2014, loc. 23 de 3796, Kindle.

9. Richard Rohr, *Falling Upward: A Spirituality for the Two Halves of Life*. San Francisco: Jossey-Bass, 2011, p. 117.

10. Parafraseando o poema de Jack Gilbert "A Brief for the Defense", publicado em *Collected Poems* (Nova York: Knopf, 2014), p. 213.

11. Bruce Ballard, revisão de "Heidegger's Moral Ontology by James Reid", *Review of Metaphysics*, v. 73, n. 3, pp. 625-6, 2020.

12. Paul Sagar, "On Going On and On and On", *Aeon*, 3 set. 2018. Disponível em: <aeon.co/essays/theres-a-big-problem-with-immortality-it-goes-on-and-on>.

13. Todas as citações de David Cain neste capítulo vêm de "Your Whole Life Is Borrowed Time", *Raptitude*, 13 ago. 2018. Disponível em: <www.raptitude.com/2018/08/your-whole-life-is-borrowed-time>.

4. TORNANDO-SE UM MELHOR PROCRASTINADOR [pp. 62-74]

1. Gregg Krech, *The Art of Taking Action: Lessons from Japanese Psychology*. Monkton, VT: ToDo Institute, 2014, p. 19.

2. Stephen R. Covey, *Primeiro o mais importante*. Rio de Janeiro: Sextante, 2017.

3. As citações de Jessica Abel vêm de "How to Escape Panic Mode and Embrace Your Life Expanding Projects". Disponível em: <jessicaabel.com/pay-yourself-first-life-expanding-projects/>.

4. Jim Benson e Tonianne DeMaria Barry, *Personal Kanban: Mapping Work, Navigating Life*. Scotts Valley, CA: CreateSpace, 2011, p. 39.

5. O relato das supostas origens desta história, e do comentário de Buffett de que não pode lembrar nada do tipo, está em Ruth Umoh, "The Surprising Lesson This 25-Year-Old Learned from Asking Warren Buffett an Embarrassing Question", CNBC Make It, 5 jun. 2018. Disponível em: <www.cnbc.com/2018/06/05/warren-buffetts-answer-to-this-question-taught-alex-banayan-a-lesson.html>.

6. Elizabeth Gilbert atribui esse dito a um "sábio homem idoso" num post no Facebook datado de 4 nov. 2015. Disponível em: <www.facebook.com/GilbertLiz/posts/how-many-times-in-your-life-have-you-needed-to-say-thisand-do-you-need-to-say-it/915704835178299/>.

7. Costica Bradatan, "Why Do Anything? A Meditation on Procrastination", *New York Times*, 18 set. 2016.

8. Em acréscimo às cartas originais, reproduzidas em *Letters to Felice*, org. Erich Heller e Jürgem Born (Nova York: Schoken, 1973), meu relato do relacionamento entre Kafka e Felice Bauer vem de Eleanor Bass, "Kafka Was a Terrible Boyfriend", LitHub, 14 fev. 2018. Disponível em: <lithub.com/Kafka-was-a-terrible-boyfriend>; e Rafia Zakaria, "Franz Kafka's Virtual Romance: A Love Affair by Letters as Unreal as Online Dating", *The Guardian* books blog, 12 ago. 2016. Disponível em: <www.theguardian.com/books/booksblog/2016/aug/12/franz-kafkas-virtual-world-romance-felice-bauer>.

9. Morris Dickstein, "A Record of Kafka's Love for a Girl and Hate for Himself", *New York Times*, 30 set. 1973.

10. Henri Bergson, *Time and Free Will. An Essay on the Immediate Data of Consciousness*. Trad. F. L. Pogson. Mineola, NY: Dover, 2001, p. 9.

11. Ibid., p. 10.
12. Robert E. Goodin, *On Settling*. Princeton, NJ: Princeton University Press, 2012, p. 65.
13. Daniel Gilbert e Jane Ebert, "Decisions and Revisions: The Affective Forecasting of Changeable Outcomes", *Journal of Personality and Social Psychology*, v. 82, n. 4, pp. 503-14, 2002.

5. O PROBLEMA DA MELANCIA [pp. 75-82]

1. Chelsea Marshall, James Harness e Edd Souaid, "This Is What Happens When Two BuzzFeed Employees Explode a Watermelon", BuzzFeed, 8 abr. 2016. Disponível em: <www.buzzfeed.com/chelseamarshall/watermelon-explosion>.
2. "In Online First, 'Exploding Watermelon' Takes the Cake", Phys.org, 8 abr. 2016. Disponível em: <phys.org/news/2016-04-online-watermelon-cake.html>.
3. Citado em Jane Porter, "You're More Biased Than You Think", *Fast Company*, 6 out. 2014. Disponível em: <www.fastcompany.com/3036627/youre-more-biased-than-you-think>.
4. Seneca, "De Brevitate Vitae", em *Moral Essays*, v. 2, trad. John W. Basore (Cambridge, MA: Loeb Classical Library, 1932), p. 327.
5. Viktor Frankl, *Man's Search for Meaning*. Boston: Beacon, 2006.
6. Mary Oliver, *Upstream: Selected Essays*. Nova York: Penguin, 2016, loc. 166 de 1669, Kindle.
7. Citado em "Full Q&A: *Zucked* Author Roger McNamee on *Recode Decode*", *Vox*, 11 fev. 2019. Disponível em: <www.vox.com/podcasts/2019/2/11/18220779/zucked-book-roger-mcnamee-decode-kara-swisher-podcast-mark-zuckerberg-facebook-fb-sheryl-sandberg>.
8. Citado em James Williams, *Stand Out of Our Light* (Cambridge: Cambridge University Press, 2018), p xii.
9. T.S. Eliot, "Burnt Norton", em *Four Quartets* (Boston: Mariner, 1968), p. 5.
10. Por exemplo, em Bianca Bosker, "The Binge Breaker", *The Atlantic*, nov. 2016. Disponível em: <www.theatlantic.com/magazine/archive/2016/11/the-binge-breaker/501122/>.

6. O INTERRUPTOR ÍNTIMO [pp. 83-8]

1. Meu relato da história de Steve/Shinzen Young e todas as citações de Young vêm de minha entrevista com ele e de Shinzen Young, *The Science of Enlightenment: How Meditation Works* (Boulder: Sounds True, 2016).
2. Mary Oliver, *Upstream: Selected Essays*, loc. 305 de 1669, Kindle.
3. Ibid. loc. 302 de 1669, Kindle.
4. Krech, *The Art of Taking Action*, op. cit., p. 71.
5. Tift, *Already Free*, op. cit., p. 152.
6. James Duesterberg, "Killing Time", *The Point Magazine*, 29 mar. 2020. Disponível em: <thepointmag.com/politics/killing-time/>.
7. Veja, por exemplo, John Tarrant, "You Don't Have to Know", *Lion's Roar*, 7 mar. 2013. Disponível em: <www.lionsroar.com/you-dont-have-to-know-tales-of-trauma-and-transformation-march-2013/>.

7. NUNCA TEMOS TEMPO REALMENTE [pp. 91-8]

1. Douglas Hofstadter, *Gödel, Escher, Bach: An Eternal Golden Braid*. Nova York: Basic Books, 1999, p. 152.
2. *The Onion*, 22 set. 2012. Disponível em: <www.theonion.com/dad-suggests-arriving-at-airport-14-hours-early-1819573933>.
3. David Cain, "You Never Have Time, Only Intentions", *Raptitude*, 23 maio 2017. Disponível em: <www.raptitude.com/2017/05/you-never-have-time-only-intentions>.
4. Blaise Pascal, *Pensées*. Trad. W. F. Trotter. Mineola, NY: Dover, 2018, p. 49.
5. Simone de Beauvoir, *All Said and Done*. Trad. Patrick O'Brian. Nova York: Putnam, 1974, p. 1.
6. Stephen Mitchell, *Tao Te Ching: A New English Version*. Nova York: Harper Perennial Modern Classics, 2006, p. 92.
7. Citado em Shaila Catherine, "Planning and the Busy Mind", fala transcrita. Disponível em: <www.imsb.org/teachings/written-teachings-articles-and-interviews/planning-and-the-busy-mind-2>.
8. Mateus 6,34, *The Bible: King James Version*. Londres: Penguin Classics, 2006, p. 1555.
9. Citado em Bhava Ram, *Deep Yoga: Ancient Wisdom for Modern Times* (Coronado, CA: Deep Yoga, 2013), p.76.
10. Citado em Catherine, "Planning and the Busy Mind, op. cit.

8. VOCÊ ESTÁ AQUI [pp. 99-110]

1. Steve Taylor, *Back to Sanity*. Londres: Hay House, 2012, p. 61.
2. Tara Brach, comunicação pessoal.
3. Alan Watts, "From Time to Eternity", em *Eastern Wisdom, Modern Life: Collected Talks, 1960-1969* (Novato, CA: New World Library, 2006), pp. 109-10.
4. Robert A. LeVine e Sarah LeVine, *Do Parents Matter? Why Japanese Babies Sleep Soundly, Mexican Siblings Don't Fight, and American Families Should Just Relax*. Nova York: PublicAffairs, 2016, p. x.
5. Adam Gopnik, "The Parenting Paradox", *New Yorker*, 29 jan. 2018.
6. Tom Stoppard, *The Coast of Utopia*. Nova York: Grove, 2007, p. 223.
7. Sam Harris, "The Last Time", uma fala no app Waking Up. Disponível em: <www.wakingup.com>.
8. Veja, por exemplo, o Happy Planet Index, em happyplanetindex.org; e John Helliwell, Richard Layard, e Jeffrey Sachs, (Orgs.), *World Happiness Report 2013* (Nova York: UN Sustainable Development Solutions Network, 2013).
9. M. Cathleen Kaveny, "Billable Hours and Ordinary Time: A Theological Critique of the Instrumentalization of Time in Professional Life", *Loyola University of Chicago Law Journal*, v. 33, pp. 173-220, 2001.
10. John Maynard Keynes, "Economic Possibilities for Our Grandchildren" (1930), baixado de <www.econ.yale.edu/smith/econ116a/keynes1.pdf>.
11. Robert M. Pirsig, *Zen and the Art of Motorcycle Maintenance*. Nova York: William Morrow, 1974, p. 341.

12. Thich Nhat Hanh, *The Miracle of Mindfulness*. Trad. Mobi Ho. Boston: Beacon, 1999, p. 3.
13. George Loewenstein et al., "Does Increased Sexual Frequency Enhance Happiness?", *Journal of Economic Behavior and Organization*, v. 116, pp. 206-18, 2015.
14. Jay Jennifer Matthews, *Radically Condensed Instructions for Being Just as You Are*. Scotts Valley, CA: CreateSpace, 2011, p. 27, ênfase acrescentada.

9. REDESCOBRINDO O DESCANSO [pp. 111-25]

1. Tony Schwartz, "Relax! You'll Be More Productive", *New York Times*, 10 fev. 2013.
2. Walter Kerr, citado em Staffan Linder, *The Harried Leisure Class* (Nova York: Columbia University Press, 1970), p. 4.
3. Veja, por exemplo, J. H. Ausuble e A. Gruebler, "Working Less and Living Longer: Long-Term Trends in Working Time and Time Budgets", *Technological Forecasting and Social Change*, v. 20, n. 3, pp. 113-31, 1995.
4. A pesquisa de Daniel Hamermesh é discutida em Allana Akhtar, "Wealthy Americans Don't Have Enough Time in the Day to Spend Their Money, and It's Stressing Them Out", *Business Insider*, 26 jun. 2019. Disponível em: <markets.businessinsider.com/news/stocks/how-the-desire-for-status-symbols-leads-to-stress-2019-6-1028309783>.
5. Juliet Shor, *The Overworked American*. Nova York: Basic Books, 1992, p. 47.
6. Livia Gershon, "Clocking Out", *Longreads*, jul. 2018. Disponível em: <longreads.com/2018/07/11/clocking-out/>.
7. Paul Lafargue, *The Right To Be Lazy*, 1883. Disponível em: <www.marxists.org/archive/lafargue/1883/lazy/>.
8. Simone de Beauvoir, *The Ethics of Ambiguity*. Nova York: Open Road, 2015, 146.
9. Todas as citações de Danielle Steel vêm de Samantha Leach, "How the Hell Has Danielle Steel Managed to Write 179 Books?", *Glamour*, 29 maio 2019. Disponível em: <www.glamour.com/story/danielle-steel-books-interview>.
10. C. K. Hsee et al., "Idleness Aversion and the Need for Justifiable Busyness", *Psychological Science*, v. 21, n. 7, pp. 926-30, 2010.
11. Max Weber, *The Protestant Ethic and the Spirit of Capitalism and Other Writings*. Londres: Penguin Classics, 2002.
12. Devo esse pensamento a David Zahl, *Seculosity: How Career, Parenting, Technology, Food, Politics, and Romance Became Our New Religion and What to Do About It* (Minneapolis: Fortress Press, 2019), pp. 106-7.
13. Thomas Wolfe, *Look Homeward, Angel*. Nova York: Simon & Schuster, 1995, p. xv.
14. Judith Shulevitz, "Bring Back the Sabbath", *New York Times*, 2 mar. 2003.
15. Walter Brueggemann, *Sabbath as Resistance: Saying No to the Culture of Now*. Louisville, KY: Westminster John Knox Press, 2014, p. xiv.
16. Kieran Setiya, *Midlife: A Philosophical Guide*. Princeton, NJ: Princeton University Press, 2017, p. 134.
17. Citado em Setiya, *Midlife*, op. cit., p. 131.

18. Steve Flint e Craig Tiley, "In My Heart, and in My Soul: Sir Rod Stewart on His Lifelong Love of Model Railways", *Railway Modeler*, dez. 2019.

19. Karen Rinaldi, "(It's Great to) Suck at Something", *New York Times*, 28 abr. 2017.

10. A ESPIRAL DA IMPACIÊNCIA [pp. 126-33]

1. S. Farzad Ahmadi et al., "Latent Heat of Traffic Moving from Rest", *New Journal of Physics*, v. 19, 2017. Disponível em: <iopscience.iop.org/article/10.1088/1367–2630/aa95f0>.

2. Veja Kit Eaton, "How One Second Could Cost Amazon $1.6 Billion in Sales", *Fast Company*, 15 mar. 2012. Disponível em: <www.fastcompany.com /1825005/how-one-second-could-cost-amazon-16-billion-sales>.

3. Hugh McGuire, "Why Can't We Read Anymore?", *Medium*, 22 abr. 2015. Disponível em: <medium.com/@hughmcguire/why-can-t-we-read-anymore-503c38c131fe>.

4. Tim Parks, "Reading: The Struggle", *New York Review of Books*, nyr Daily blog, 10 jun. 2014. Disponível em: <www.nybooks.com/daily/2014/06/10/reading-struggle/>.

5. Todas as citações de Stephanie Brown vêm de minha entrevista com Brown e de Stephanie Brown, *Speed: Facing Our Addiction to Fast and Faster—and Overcoming Our Fear of Slowing Down* (Nova York: Berkley, 2014).

6. James Gleick, *Faster: The Acceleration of Just About Everything*. Nova York: Pantheon, 1999, p. 12.

7. Os doze passos dos Alcoólicos Anônimos estão disponíveis em: <https://www.aa.org.br/informacao-publica/principios-de-a-a/os-passos/>.

11. FICANDO NO ÔNIBUS [pp. 134-41]

1. Todas as citações de Jennifer Roberts vêm de minha entrevista com Roberts e de Jennifer Roberts, "The Power of Patience", *Harvard Magazine*, nov.-dez. 2013. Disponível em: <https://harvardmagazine.com/2013/11/the-power-of-patience>.

2. Robert Grudin, *Time and the Art of Living*. Cambridge: Harper and Row, 1982, p. 125.

3. Todas as citações de M. Scott Peck vêm de "Problem-Solving and Time", em *The Road Less Traveled: A New Psychology of Love, Traditional Values and Spiritual Growth* (Londres: Arrow Books, 2006), pp. 15-20.

4. Robert Boice, *How Writers Journey to Comfort and Fluency: A Psychological Adventure*. Westport, CT: Praeger, 1994, p. 33.

5. Uma transcrição do início da fala de Minkkinen em 2004, "Finding Your Own Vision", na Escola de Fotografia da Nova Inglaterra, onde destaca sua teoria, está disponível em: <jamesclear.com/great-speeches/finding -your-own-vision-by-arno-rafael-minkkinen>.

12. A SOLIDÃO DO NÔMADE DIGITAL [pp. 142-54]

1. Todas as citações de Mario Salcedo vêm de Lance Oppenheim, "The Happiest Guy in the World", 1º maio 2018. Disponível em: <www.nytimes.com/2018/05/01/opinion/cruise-caribbean-retirement.html>.
2. Scott Adams, *How to Fail at Almost Everything and Still Win Big: Kind of the Story of My Life*. Nova York: Portfolio, 2013, p. 173.
3. Mark Manson, "The Dark Side of the Digital Nomad". Disponível em: <markmanson.net/digital-nomad>.
4. Terry Hartig et al., "Vacation, Collective Restoration, and Mental Health in a Population", *Society and Mental Health*, v. 3, n. 3, pp. 221-36, 2013..
5. Cristobal Young e Chaeyoon Lim, "Time as a Network Good: Evidence from Unemployment and the Standard Workweek", *Sociological Science*, v. 1, n. 2, pp. 10-27, 2014..
6. Clive Foss, "Stalin's Topsy-Turvy Work Week", *History Today*, set. 2004. Também em Judith Shulevitz, "Why You Never See Your Friends Anymore", *The Atlantic*, nov. 2019.
7. E. G. Richards, *Mapping Time: The Calendar and Its History*. Oxford: Oxford University Press, 2000, p. 278. Ver também "What Are We to Do at Home if the Wife is in the Factory", citado em Shulevitz, "Why You Never See Your Friends Anymore", op. cit.
8. William H. McNeill, *Keeping Together in Time: Dance and Drill in Human History*. Cambridge, MA: Harvard University Press, 1995, p. 2.
9. Veja Jay Schulkin e Greta Raglan, "The Evolution of Music and Human Social Capability", *Frontiers in Neuroscience*, v. 8, p. 292, 2014.
10. Manuel Varlet e Michael J. Richardson, "What Would Be Usain Bolt's 100-Meter Sprint World Record Without Tyson Gay? Unintentional Interpersonal Synchronization Between the Two Sprinters", *Journal of Experimental Psychology: Human Perception and Performance*, v. 41, n. 1, pp. 36-41, 2015.
11. Betty Bailey e Jane Davidson, "Effects of Group Singing and Performance for Marginalized and Middle-Class Singers", *Psychology of Music*, v. 3, n. 3, pp. 269-303, 2005.
12. Stacy Horn, "Ode to Joy", *Slate*, 25 jul. 2013. Disponível em: <slate.com/human-interest/2013/07/singing-in-a-choir-research-shows-it-increases-happiness.html>.
13. Hannah Arendt, *As origens do totalitarismo*. São Paulo: Companhia de Bolso, 2013.

13. TERAPIA DE INSIGNIFICÂNCIA CÓSMICA [pp. 155-62]

1. Em James Hollis, *Finding Meaning in the Second Half of Life: How to Finally, Really Grow Up* (Nova York: Gotham, 2005), p. 2.
2. Eclesiastes 2,11, *The Bible: English Standard Version*. Wheaton, IL: Crossway, 2005, p. 471.
3. Todas as citações de Julio Vincent Gambuto são de "Prepare for the Ultimate Gaslighting", *Medium*, 10 abr. 2020. Disponível em: <forge.medium.com/prepare-for-the-ultimate-gaslighting-6a8ce3f0a0e0>.
4. Bryan Magee, *Ultimate Questions*. Princeton, NJ: Princeton University Press, 2016, pp. 1-2.
5. Ibid. p. 2.

6. Richard Holloway, *Looking in the Distance*. Edimburgo: Canongate, 2005, p. 13.
7. Johnny Truant, publicado pelo autor, Amazon Digital Services, 2014. Kindle.
8. Iddo Landau, *Finding Meaning in an Imperfect World*. Nova York: Oxford University Press, 2017, p. 31.
9. Ibid., p. 39.
10. Ibid.

14. A DOENÇA HUMANA [pp. 163-72]

1. Jorge Luis Borges, "A New Refutation of Time", em *Labyrinths* (Nova York: New Directions, 2007), p. 234.
2. Marie Louise von Franz, *The Problem of the Puer Aeternus*. Toronto: Inner City, p. 8.
3. Citado em Joan Tollifson, *Death: The End of Self-Improvement* (Salisbury, UK: New Sarum, 2019), p. 60.
4. Christian Bobin, citado em Christophe André, *Looking at Mindfulness: Twenty-Five Paintings to Change the Way You Live* (Nova York: Blue Rider, 2011), p. 256.
5. Rainer Maria Rilke, *Cartas a um jovem poeta*. São Paulo: Biblioteca Azul, 2004.
6. James Hollis, *What Matters Most: Living a More Considered Life*. Nova York: Gotham, 2009, p. 13.
7. Landau, *Finding Meaning in an Imperfect World*, op. cit., pp. 40-1.
8. Stephen Cope, *The Great Work of Your Life: A Guide for the Journey to Your True Calling*. Nova York: Bantam, 2015, p. 37.
9. Susan Piver, "Getting Stuff Done by Not Being Mean to Yourself", 20 ago. 2010. Disponível em: <openheartproject.com/getting-stuff-done-by-not-being-mean-to-yourself>.
10. David Licata, *A Life's Work*, 2019. Disponível em: <alifesworkmovie.com>.
11. Carl Jung, *Cartas, 1906-1950*. (Rio de Janeiro: Vozes, 2018).

POSFÁCIO: ALÉM DA ESPERANÇA [pp. 173-6]

1. Todas as citações de Derrick Jensen vêm de "Beyond Hope", *Orion*. Disponível em: <https://orionmagazine.org/article/beyond-hope/>.
2. Pema Chödrön, *When Things Fall Apart*. Boulder: Shambhala, 2016, p 38.
3. Nellie Bowles, "Fleeing Babylon for a Wild Life", *New York Times*, 5 mar. 2020.
4. Chödrön, *When Things Fall Apart*, op. cit., p. 40.
5. George Orwell, "Some Thoughts on the Common Toad", publicado primeiramente em *Tribune*, 12 abr. 1946. Disponível em: <www.orwellfoundation.com/the-orwell-foundation/orwell/essays-and-other-works/some-thoughts-on-the-common-toad/>.

APÊNDICE: DEZ FERRAMENTAS PARA ABRAÇAR SUA FINITUDE [pp. 177-84]

1. Cal Newport, "Fixed-Schedule Productivity: How I Accomplish a Large Amount of Work in a Small Number of Work Hours". Disponível em: <www.calnewport.com/blog/2008/02/15/fixed-schedule-productivity-how-i-accomplish-a-large-amount-of-work-in-a-small-number-of-work-hours/>, com mais discussão em Cal Newport, *Deep Work* (Nova York: Grand Central, 2016).
2. Jon Acuff, *Finish: Give Yourself the Gift of Done*. Nova York: Portfolio, 2017, p. 36.
3. Veja Teresa Amabile e Steven Kramer, *The Progress Principle: Using Small Wins to Ignite Joy, Engagement, and Creativity at Work*. Brighton, MA: Harvard Business Review Press, 2011.
4. Nellie Bowles, "Is the Answer to Phone Addiction a Worse Phone?", *New York Times*, 12 jan. 2018.
5. William James, *The Principles of Psychology*, v. 1. Nova York: Dover, 1950, p. 625.
6. Young, *The Science of Enlightenment*, op. cit., p. 31.
7. Tom Hobson numa conversa com Janet Lansbury, "Stop Worrying About Your Preschooler's Education". Disponível em: <www.janetlansbury.com/2020/05/stop-worrying-about-your-preschoolers-education>.
8. Susan Jeffers, *Embracing Uncertainty: Breakthrough Methods for Achieving Peace of Mind When Facing the Unknown*. Nova York: St. Martin's Press, 2003.
9. Pascal, *Pensées*, op. cit., p. 49.
10. Jenny Odell, *How to Do Nothing*. Nova York: Melville House, 2019, p. ix.

Índice remissivo

Abel, Jessica, 63-5
aborrecimentos, 59-60
aceitando quem você é, 168-9
acomodação, 71-4
Acuff, Jon, 179
Adams, Scott, 144
advogados, 106
Alcoólicos Anônimos, 130, 132, 172
alcoolismo, 130-3
alegria de ter perdido algo, 61, 74
Alemanha nazista, 78, 92
Allen, David, 16
Allen, Woody, 58
Amazon, 128
aniversário, cartões de, 48
ansiedade, 95, 98, 103, 163, 167, 174; preocupações com o futuro e, 93-5, 98, 167, 183; vício da velocidade e, 130-3
antidepressivos, 145
Apple Pay, 48
aptidão, aquisição e experiência, 170
Arendt, Hannah, 153
Aristóteles, 113
arquiteto de Shiraz, fábula do, 67, 86
arte de fazer acontecer, A (Allen), 16
atélicas, atividades, 122-3

atenção, 76-8, 85; como recurso finito, 76; economia da atenção, 79-80; involuntária e voluntária, 78; mídia social e, 79-82; *ver também* distração; foco
atenção plena (*mindfullness*), 108
aurora boreal, 108
Auschwitz, 78

Bach, Richard, 35
Back to Sanity (Taylor), 99
baixo desempenho estratégico, 179
Bakewell, Sarah, 53
Ballard, Bruce, 58
Barry, Tonianne DeMaria, 65
Bauer, Felice, 68-71
Beauvoir, Simone de, 96, 116
bebês, 26
Beck, Charlotte Joko, 166
Bennett, Arnold, 39-40, 164
bens de rede, 143
bens orçamentários, 143
Benson, Jim, 46, 65
Bergson, Henri, 70, 73
Bobin, Christian, 166
Boice, Robert, 139-40
Bolt, Usain, 150

Borges, Jorge Luis, 164
Bowles, Nellie, 181
Bradatan, Costica, 67
Branson, Richard, 124
Brod, Max, 68
Brown, Stephanie, 130-1, 133
Brueggemann, Walter, 120
bucketlist, 44
budismo, 83-4, 88, 109
Buffett, Warren, 66
burnout, 15, 36
BuzzFeed, 75

Cain, David, 59-60, 94
Calment, Jeanne, 11
calvinismo, 117
caminhada, 121-2
Campeonato Mundial de Atletismo, 150
canto, 149-51
capitalismo, 16, 105-6, 113, 117, 120
caridade, causas de, 180, 183
Carnegie Mellon, Universidade, 109
casamento, 33, 61, 73-4, 141, 170
catástrofe causal, 101-4, 171
certeza, 94-5, 98
Chödrön, Pema, 174-5
Coast of Utopia, The (Stoppard), 104
colaboração, 151
Como viver com 24 horas por dia (Bennett), 39-40
competência, assumindo, 170
compromisso, 65, 70-2, 74, 153, 163, 167, 182
comunidade, 35, 48, 141, 171; coordenando tempo com outros, 136, 144-8, 153
conforto, 166-7
conveniência, 47-51
Cope, Stephen, 169
Copley, John Singleton, 136
coronavírus, pandemia de, 12, 14, 142, 144, 152, 156-8, 162, 173, 175
corrida, 112, 121
Coutts, Marion, 57
Covey, Stephen, 63

Cowan, Ruth Schwartz, 40, 42
Crater, lago, 108
Crowley, Ambrose, 28
curiosidade, em relacionamentos, 182-3

dança, 150
de Graaf, John, 111
decisões *ver* escolhas e decisões
Decline of Pleasure, The (Kerr), 113
dedicação a causas sociais, 180
Deep Green Resistance, 174
Deep Work (Newport), 178
Degas, Edgar, 136
descanso e lazer, 111-25; atitude instrumental para com, 115; aversão a, 117, 121; hobbies em, 124-5; no período medieval, 114; produtividade e, 111-2, 114-5; Shabat e, 119-21, 146
desconforto, 166-7; com descanso, 118, 121; do que importa, 85-8; inevitabilidade do, 88
desemprego, 146
design persuasivo, 79, 81
Dickstein, Morris, 69
digitais, distrações, 76, 82, 87, 120, 181
direito à preguiça, O (Lafargue), 115
dirigindo, 126
dispositivos que "poupam trabalho", 40
distração, 13, 33, 36, 55, 76-8, 80, 82, 84-8, 129, 167; desconforto do que importa e, 85-8; digitais, 76, 82, 87, 120, 181; escolha e, 77; estratégia para derrotar, 87; impulso interior para, 85, 87-8; tabalho como, 77; *ver também* atenção
dizendo não, 67, 151
doença humana, 166
Dolly, a ovelha, 11
donas de casa, 40, 42, 134
Doze Passos (Alcoólicos Anônimos), 132
Dreaver, Jim, 97
Du Cann, Charles Garfield Lott, 36
Duesterberg, James, 87
duração da vida, 11-2, 43, 176; cadeia de vidas centenárias, 159

Eberle, Gary, 26
Eclesiastes, 156
educação, 101
eficiência, 37-51, 163
egocentricidade, viés da, 160
Eigenzeit, 35
Eisenstein, Charles, 18
elevador de Shabat, 119
Eliot, T. S., 82
e-mail, 16, 19, 41-2, 45-7, 128, 146, 151
Embracing Uncertainty (Jeffers), 183
escolhas e decisões, 54-5, 60, 74; diminuição ou engrandecimento por, 167; distração e, 77
escrita, 139-40
escritório de algodão em Nova Orleans, Um (Degas), 136-7
esperança, 173-6, 183
esperando na fila, 49
espontaneidade, 98
eternidade, 30
evitação: de emoções, 130-1; de finitude, 33, 55-6, 65, 67, 73, 86, 94, 166, 168
evolução, 78, 160

Facebook, 44, 76, 80, 87, 143
falhando em certas coisas, 179
faraós egípcios, 159
fazendo coisas pela última vez, 104-5
fazer nada, 184
felicidade, 105, 107, 118, 124, 166; coordenação do tempo e, 145-6
férias, 145-6
fika, 147
finitude: dez ferramentas para abraçar a, 177-84; enfrentando, 52-61, 94; evitação e negação da, 33, 55-6, 65, 67, 73, 86, 94, 166, 168; futuro e, 54; vida abraçando o limite e, 23-36, 175
fins de semana, 146
Floyd, George, 153
foco, 78, 84-5; implacável, 77; *ver também* atenção
Foss, Clive, 147

Frankfurt, Harry, 80
Frankl, Viktor, 78
fricção da vida diária, 47-8
frustrações, 59-60
futuro, 54, 70, 73, 174; certeza quanto ao, 94-5, 98; conselhos dos pais e, 102-3; finitude e, 54; foco no, 99-101, 105-7, 109, 118, 124; imaginado, 18, 29, 71, 73, 100; metas postergadas para o, 167; não ligar para o que acontece no, 98; planejando para o *ver* planejamento; preocupação e ansiedade quanto ao, 93-5, 98, 166-7, 183

Gambuto, Julio Vincent, 157-8
Gay, Tyson, 150
generosidade, instantânea, 183
gerenciamento científico, 147
Gilbert, Daniel, 73
Gilbert, Elizabeth, 67
Gilbert, Jack, 58
Glamour (revista), 116
Gleick, James, 132
Goldstein, Joseph, 98, 183
Goodin, Robert, 71-2
Gopnik, Adam, 103
grandes vacances, 146
grandiosidade, 158
gratidão, 60
Gray, John, 121
gregos antigos, 36, 76, 114
Grudin, Robert, 137

Hägglund, Martin, 55-6
Hall, Edward T., 15, 25
Happiest Guy in the World, The (curta), 143
Harris, Malcolm, 16
Harris, Sam, 104-5
Harris, Tristan, 82
Hartig, Terry, 145-6
Harvard, Universidade, 134-5
Heidegger, Martin, 52-5, 58, 94, 164
Helsinque, ônibus parador em, 140-1
Henrique VIII, rei, 159

hindu, mitologia, 173
história humana, duração da, 11, 159-61; visão cíclicla imutável da, 43
Hitler, Adolf, 92
hobbies, 124-5
Hobson, Tom, 182-3
Hofstadter, Douglas, 91
Hofstadter, Lei de, 91-2
Hollis, James, 155-6, 167
Holloway, Richard, 160
homem em busca de um sentido, O (Frankl), 78
horários, 144, 146; comunidade e, 153; liberdade e, 151; semana de cinco dias, 147-8, 152; sob demanda, 152
horas faturáveis, 106
Horn, Stacy, 151
hustle, 13

Iceberg, The (Coutts), 57
impaciência, 126-33, 140; dirigindo com, 126; leitura e, 129, 133; social, 128; tecnologia e, 16, 127-8
Inbox Zero, 16, 30
incrementalismo, radical, 139-40
infância, 181
internet, 44, 75, 87; *ver também* mídia social
iPhone, 161

James, William, 181
Jeffers, Susan, 183
Jensen, Derrick, 174, 176
Jesus, 97, 159
Jobs, Steve, 161
Jung, Carl, 26-7, 172

Kafka, Franz, 68-71
Kali Yuga, 173
Kaveny, Cathleen, 106
Keeping Together in Time (McNeill), 149
Keesmaat, Sylvia, 49-50
Kerr, Walter, 113
Keynes, John Maynard, 16-7, 107
Krech, Gregg, 62, 85

Krishnamurti, Jiddu, 97-8
Kristallnacht, 92

Lafargue, Paul, 115
Land Between, Canadá, 49
Landau, Iddo, 161, 168
Larin, Yuri, 147
lazer, *ver* descanso e lazer
leitura, 129, 133
liberdade, 35, 125, 169; comunitária, 153; individualista, 151-3
LibriVox, 129
Licata, David, 171
líderes autocráticos, 153
Life's Work, A (documentário), 171
limitação, paradoxo da, 34
limpando a área, 46-7, 164-5, 167
lista de coisas já feitas, 180
listas do que fazer, 16, 19, 30, 38, 45, 63, 64, 65, 87, 113; aberta, fechada e "em suspenso", 177
Lubbock, Tom, 57
Lye, Geoff, 60

Magee, Bryan, 159
Mahabharata, 173
Manhattan, ss, 92
Manson, Mark, 145
marcha, 149-51
Markovits, Daniel, 38
Master Your Time, Master Your Life (Tracy), 29, 163
Matthews, Jay Jennifer, 110
McGuire, Hugh, 129
McNamee, Roger, 79
McNeill, William, 148-9, 153
medieval, período, 23-8, 114
meditação, 112, 121, 182; fazer nada, 184
medo de ficar de fora, 35, 61
meia-idade, 123
melancia, vídeo da, 75-6
Menino com um esquilo (Copley), 136
México, 105

micro-ondas, forno de, 128
mídia social, 13, 15, 79-82, 85, 87, 143, 181; causas de caridade e, 180; Facebook, 44, 76, 80, 87, 143; Twitter, 80-1, 85, 173
Midlife (Setiya), 122-3
Minkkinen, Arno, 140-1
Montanhas Kii, 83
monte Koya, mosteiro de, 83-5
More Work for Mother (Cowan), 40, 42
morte, 24, 54, 56, 86, 107, 123, 166; roçar da, 56-7
mudanças de segunda ordem, 133, 137
mudando a largura do gol, 40-2
multitarefas, 29
Mumford, Lewis, 24, 27-8, 30
mundano, novidade no, 181-2
mundo como vontade e representação, O (Schopenhauer), 123
Museu Britânico, 99
Museu de Arte de Harvard, 135-7
música, 150

nada, fazer, 184
Nagel, Thomas, 12
não ligar para o que acontece, 97-8
negligência criativa, 63-7
Netflix, 49
neurose, 32
New York Times, 112, 175, 181
Newport, Cal, 178
Nhat Hanh, Thich, 109
Nietzsche, Friedrich, 29, 33
nômades, 144; digitais, 142-5
Nova Gales do Sul, 91
novidade no mundano, 181-2

objetivos, 66
Odell, Jenny, 184
Ohanian, Alexis, 48
OkCupid, 44
Oliver, Mary, 78, 85
On Settling (Goodin), 71-2
ônibus parador, 140-1

Onion, The (jornal), 92
Ópera de Sydney, 91
Oppenheim, Lance, 143
orientado para tarefa, 25-6
origens do totalitarismo, As (Arendt), 153
originalidade e falta de originalidade, 140-1
Orwell, George, 176
ostracização, 144

paciência, 133, 134-41; abraçando incrementalismo radical e, 139-40; desenvolvendo um gosto por ter problemas, 139; exercício de apreciar uma pintura para desenvolver a, 135-7, 141; fortalecendo o músculo da, 140; originalidade como estando no lado mais afastado da falta de originalidade e, 140-1; poder da, 133-5, 139; três princípios de, 139-41
padrões impossíveis, 167-8
pagando a você primeiro, 63-5
Parkinson, C. Northcote, 41
Parkinson, Lei de, 41
Parks, Tim, 129
Pascal, Blaise, 95, 184
passado, 95-6
Peck, M. Scott, 137-8
Pedra de Roseta, 99
pedras no jarro, parábola das, 63
Pegue de Volta Seu Tempo, 111-2
perda, 57
perfeição e paralisia, 67-71
Personal Kanban (Benson e Barry), 65
Petersen, Anne Helen, 36
Pilkington, James, 114
pinturas, exercício de apreciação de, 135-7, 141
Pirsig, Robert, 108
Piver, Susan, 169
planejamento, 91-5, 98; dando a você mais tempo do que pensa que precisa, 91-2; de longo prazo, 64
política, 14, 80, 82, 158, 180; básica, 153
Pomodoro, Técnica, 31, 36
pontocom, surto de, 130

pontos de dor, 47-8
possibilidade, choque de, 157
"Possibilidades econômicas de nossos netos" (Keynes), 16-7
postergando coisas importantes, 46
Pravda, 148
prazer, 44; declínio do, 112-6; *ver também* descanso e lazer
prazos, 46, 139
predestinação, 117
preocupação e ansiedade quanto ao futuro, 93-5, 98, 166-7, 183
presente, 29, 97, 107; atitude focada no futuro e, 99-101, 105-7, 109, 118, 124; como jornada para você se tornar a pessoa que deveria ser, 168-9; vivendo no momento, 107-10, 121
Primeiro o mais importante (Covey), 63
prioridades, 64; medianas, 66-7
problemas, 166; desenvolvento um gosto por, 139
procrastinação, 33, 62-74, 140, 167; em relacionamentos, 68-71; inevitabilidade da, 62; negligência criativa, 63-7; perfeição e, 67-71; tipo ruim de, 67
produtividade, 12, 15, 19, 30-1, 33-6, 46, 59, 62, 66, 87, 101, 107, 142, 163, 172; abordagem "volume fixo" de, 177-8; comunidade e, 154; "débito de", 179; descanso e, 111-2, 114-5; hobbies e, 124, 125; incrementalismo radical e, 140; no trabalho, 15-6; padrões impossíveis de, 167-8; patológica, 116-8; problema das pedras no jarro e, 63; soberania de tempo individual e, 151; *ver também* tempo, sistemas de gerenciamento do
progenitores, 101-4, 170
projeto de mesquita, fábula do, 67, 86
Projeto: Tempo de Folga, 112
projetos: focando em um de cada vez, 178; número de, 65-6, 167
propositividade, 107
protestante, ética de trabalho, 117
provisória, vida, 164-6

Radically Condensed Instructions for Being Just as You Are (Matthews), 110
Railway Modeler (revista), 124-5
recompensas variáveis, 79
relação autêntica com a vida, 55-8
relacionamentos, 48, 181; acomodação em, 71-4; casamento, 55, 61, 73-4, 141, 170; coordenação de tempo e, 145, 146; curiosidade em, 182-3; decisões sobre, 167; procrastinação em, 68-71
religiosas, crenças e práticas: budismo, 83-4, 88, 109; calvinismo, 117; ética de trabalho protestante, 117; Kali Yuga, 173; Mahabharata, 173; mitologia hindu, 173; predestinação, 117; Sermão da Montanha, 97; Shabat, 119-21, 146; Tao Te Ching, 97, 127; vida eterna, 43, 55-6, 97
relógios, 23, 25, 26-30, 114
Renascença, 159
Revolução Industrial, 27, 29, 113-5
Richards, E. G., 148
Rilke, Rainer Maria, 166
Rinaldi, Karen, 125
riqueza, 113, 116, 117
Roberts, Jennifer, 134-6, 141
Robinson, Marilynne, 18, 30
Rohr, Richard, 26, 57
Rosa, Hartmut, 43
rotina, 181
Royal Caribbean Cruises, 142

Sabbath as Resistance (Brueggemann), 120
Salcedo, Mario, 142-4
Scarry, Richard, 37, 50
Schopenhauer, Arthur, 123
Seamless (serviço de entrega), 48-9
Segunda Guerra Mundial, 93, 149
segurança, 164, 169, 175, 182
semana útil de cinco dias, 147-8, 152
Sêneca, 12, 77
ser, 53, 58
Ser e tempo (Heidegger), 53
serialização, 178

Sermão da Montanha, 97
Setiya, Kieran, 122-4
sexual, vida, 109-10
Shabat, 119-21, 146
Shawopa, Geshe, 97
Shulevitz, Judith, 119, 120, 148, 152
significância, padrão de, 161
sincronização, 143, 150-1; de canto, 149-51; de férias, 145-6; de movimento, 148-50; perda de, 147-8, 152-4
Sísifo, 41
smartphones, 79, 100
Sobre a brevidade da vida (Sêneca), 12, 77
sobrecarga, 37, 38, 42-4, 46, 49
sobrecarga existencial, 43-4, 47, 182
Social Acceleration (Rosa), 43
solidão, 48, 145
Stálin, Joseph, 147
Starbucks, 49
Steel, Danielle, 116-7
Stewart, Rod, 124-5
Stoppard, Tom, 104
Suécia, 145-7
surfe, 125

Tao Te Ching, 97, 127
tarefas completas x incompletas, foco em, 179-80
Taylor, Frederick Winslow, 147
Taylor, Steve, 99
Teach Yourself to Live (Du Cann), 36
Técnica e civilização (Mumford), 27
tecnologia, 16; impaciência e, 16, 127-8; tédio e propósito único, 181
tédio, 86, 123
telefonia, redes de, 143
télicas, atividades, 122, 124
tempo: acelerando quando se envelhece, 14, 181; acumular ou compartilhar, 144; "algo errado" no uso do, 18; como bem orçamentário, 143; como esteira rolante, 15, 25; como recurso, 28-9, 35; como um bem de rede, 143; deixando que ele use você, 35; desperdício de, 118; domínio sobre o, 163-4, 167; emprestado, 58-61; eternidade, 30; finito, *ver* finitude; ideia abstrata do, 24-5, 27; modo moderno de pensar sobre o, 24-5; pessoas na Idade Média e, 23-6; profundo (atemporalidade), 26-7, 29; regulação social do, 146; relacionamento instrumental com o, 99, 105-6, 109, 123, 124; relógios e, 23, 25, 26-30, 114; ser, 53, 164; ter ou arranjar, 94, 164; trabalho se expande para preencher o, 41; usando o, 28-9, 35, 99-101, 103, 112, 116, 125; vida como separada do, 28-9
tempo, sistemas de gerenciamento do, 12, 15, 19, 30, 33-4, 45, 62, 63, 75-6, 173; *lifehack*, 15; mais importante projeto no, 65; protegendo seu tempo no, 65; *ver também* produtividade
terapia da insignificância cósmica, 155-62, 165
This Life (Hägglund), 55-6
Tift, Bruce, 32, 86
Time and Free Will (Bergson), 70
tiros na Danforth Avenue, 59-60
totalitários, movimentos, 153
trabalho, 13-4, 16-9, 25, 31-3, 35, 37, 55, 113-5, 170-1, 182; acomodação no, 71; carreira, 162; como distração, 77; decisões sobre, 167; descanso e, 111-2; equilíbrio entre trabalho e vida, 19, 23, 32, 179; excessivo, 111; expansão do, para preencher o tempo disponível, 41; fins de semana e, 146; limites predeterminados de tempo para, 178; no período medieval, 23-6, 114; padrões impossíveis, 168; pagamento, 28; políticas de trabalho, 144-5; produtividade no, 15-6; Revolução Industrial e, 27, 29, 114-5
trabalhos em andamento, limitação, 65-7
Tracy, Brian, 163
Trejo-Mathys, Jonathan, 43
trilha menos percorrida, A (Peck), 137
Tudo dito e feito (Beauvoir), 96
Tuktoyaktuk, 108
Twitter, 80-1, 85, 173

U.S. Catholic (revista), 56
Uber, 47
última vez, fazendo coisas pela, 104-5

União Soviética, 147-8, 152
universo, indiferença do, 159-61
US Travel Association, 112

Vale do Silício, 130, 161
van Gogh, Vincent, 11
viagens, 145, 182
vício, 131; alcoolismo, 130-3; de velocidade, 130-3
vida: ações que não levam a fruição durante a, 171; "bem vivida", 161; como ensaio-geral enquando se adquirem aptidões, 170; como jornada para você se tornar a pessoa que deveria ser, 168-9; como sem significado, 161; como separada do tempo, 28-9; dicas para a, 15; equilíbrio trabalho-vida, 19, 32, 179; perguntas a serem feitas sobre a, 166-71; propósito de, 159; provisória, 164-6; validação de outros quanto à, 169

vida abraçando o limite, 23-36, 175
vida após a morte, vida eterna, 43, 55-6, 97
vivendo o momento, 107-10, 121
von Franz, Marie-Louise, 165

Watson, David, 60
Watts, Alan, 101
Weber, Max, 117
Wilson, Timothy, 76
Wolfe, Thomas, 118
Wu, Tim, 49

Yorkshire Dales, 121
Young, Shinzen, 182

Zen e a arte da manutenção de motocicletas (Pirsig), 108

1ª EDIÇÃO [2022] 1 reimpressão

ESTA OBRA FOI COMPOSTA PELA ABREU'S SYSTEM EM INES LIGHT E IMPRESSA EM OFSETE PELA LIS GRÁFICA SOBRE PAPEL PÓLEN DA SUZANO S.A. PARA A EDITORA SCHWARCZ EM FEVEREIRO DE 2025

A marca FSC® é a garantia de que a madeira utilizada na fabricação do papel deste livro provém de florestas que foram gerenciadas de maneira ambientalmente correta, socialmente justa e economicamente viável, além de outras fontes de origem controlada.